习近平新时代中国特色社会主义思想与实践研究丛书

主任：杜新山　执行主编：曾伟玉

新时代
经济发展论纲

董小麟 / 著

OUTLINE OF

ECONOMIC DEVELOPMENT

IN THE NEW ERA

社会科学文献出版社

SOCIAL SCIENCES ACADEMIC PRESS (CHINA)

习近平新时代中国特色社会主义思想与实践研究丛书编委会

主　　任：杜新山

执行主编：曾伟玉

编　　委：（按姓氏笔画排序）

王　宁　王　清　刘卓红　李仁武　杨　霖

吴　晴　张　浩　陈伟民　郭德焱　梅声洪

董小麟　傅京燕　潘晓东

编　　务：刘　颖　周　宇

总　序

当代中国马克思主义的理论逻辑与真理力量

姜　辉[*]

马克思主义是我们立党立国的根本指导思想，是我们党的灵魂和旗帜。2021 年 7 月 1 日，习近平总书记在庆祝中国共产党成立 100 周年大会上指出："中国共产党坚持马克思主义基本原理，坚持实事求是，从中国实际出发，洞察时代大势，把握历史主动，进行艰辛探索，不断推进马克思主义中国化时代化，指导中国人民不断推进伟大社会革命。中国共产党为什么能，中国特色社会主义为什么好，归根到底是因为马克思主义行！"① 这是对马克思主义具有科学性和真理性的深刻认识和充分肯定，表达出中国共产党人走过百年光辉历程并取得巨大成功所树立的强大理论自信。

马克思主义既是指导工人运动、"使无产阶级形成为阶级，推翻资产阶级的统治，由无产阶级夺取政权"② 的理论，也是实现人类彻底解放和建设美好生活的理论。100 年前，马克思主义传入中国，同中国工人运动

---

* 姜辉，中国社会科学院副院长、党组成员，中国社会科学院当代中国研究所所长。

① 习近平：《在庆祝中国共产党成立 100 周年大会上的讲话》，人民出版社，2021，第 12~13 页。

② 《马克思恩格斯选集》（第一卷），人民出版社，2012，第 413 页。

相结合，诞生了中国共产党。这是开天辟地的大事件。从此，马克思主义就作为中国共产党的指导思想，为中国人民翻身解放、推动中国社会发展进步、实现中华民族伟大复兴指明了方向和道路。100 年来，一代又一代中国共产党人始终坚持以马克思主义为指导，"攻克了一个又一个看似不可攻克的难关，创造了一个又一个彪炳史册的人间奇迹"。① 如今，"党的面貌、国家的面貌、人民的面貌、军队的面貌、中华民族的面貌发生了前所未有的变化，中华民族正以崭新姿态屹立于世界的东方"。② 可以说，马克思主义没有辜负中国，中国也没有辜负马克思主义。

马克思主义是指导人们认识世界、改造世界的行动指南，但绝不能简单套用于各个国家、各个民族进行社会变革的具体实践，必须跟每个国家、每个民族的具体实际相结合才能发挥出其真理的价值。正如恩格斯所言："马克思的整个世界观不是教义，而是方法。它提供的不是现成的教条，而是进一步研究的出发点和供这种研究使用的方法。"③ 就中国共产党领导中国人民进行革命、建设和改革的实践而言，马克思主义作为指导思想内蕴着中国化发展的演进逻辑和不断与时俱进的时代特征。从毛泽东思想到邓小平理论，从"三个代表"重要思想到科学发展观，再到习近平新时代中国特色社会主义思想，可以清楚地看到中国共产党人"坚持用马克思主义观察时代、解读时代、引领时代，用鲜活丰富的当代中国实践来推动马克思主义发展"④ 的理论自觉和不断创新。可以说，"不断推进马克思主义中国化时代化，指导中国人民不断推进伟大社会革命"⑤，正是马克思主义与中国具体实际相结合所迸发的生命所在、活力所在、价值所在。

---

① 《习近平谈治国理政》（第三卷），外文出版社，2020，第 12 页。
② 《习近平谈治国理政》（第三卷），外文出版社，2020，第 8 页。
③ 《马克思恩格斯选集》（第四卷），人民出版社，2012，第 664 页。
④ 《习近平谈治国理政》（第三卷），外文出版社，2020，第 76 页。
⑤ 习近平：《在庆祝中国共产党成立 100 周年大会上的讲话》，人民出版社，2021，第 13 页。

在时代和实践的不断进步过程中，时代是思想之母，实践是理论之源；实践没有止境，理论创新也没有止境。党的十九大明确宣告："经过长期努力，中国特色社会主义进入了新时代，这是我国发展新的历史方位。"① 对于近代以来久经磨难的中华民族而言，进入新时代意味着迎来了从站起来、富起来到强起来的伟大飞跃，它表明"我们比历史上任何时期都更接近、更有信心和能力实现中华民族伟大复兴的目标"②；对于国际共产主义运动的发展而言，意味着科学社会主义在 21 世纪的中国焕发出强大生机活力，在世界上高高举起了中国特色社会主义伟大旗帜，在人类社会发展史上具有重大意义。进入新时代，我们既要更加自觉地坚定道路自信、理论自信、制度自信、文化自信，凝聚起追梦新时代、奋进新时代的磅礴力量，又要面对前进路上可能出现的各种风险和挑战，在世界百年未有之大变局中站在历史正确的一边，坚定不移走好自己的路。这就必须不断坚定马克思主义信仰和共产主义理想，用发展着的马克思主义淬炼思想、指导实践，运用马克思主义的立场、观点、方法应对风险、克服困难、战胜挑战。"这是一个需要理论而且一定能够产生理论的时代，这是一个需要思想而且一定能够产生思想的时代。"③

党的十八大以来，我们党坚持解放思想、实事求是、与时俱进、求真务实，坚持辩证唯物主义和历史唯物主义，紧密结合新的时代条件和实践要求，以新的视野不断深化对共产党执政规律、社会主义建设规律、人类社会发展规律的认识，从理论和实践结合上系统回答了新时代坚持和发展什么样的中国特色社会主义、怎样坚持和发展中国特色社会主义这一重大时代课题，形成了习近平新时代中国特色社会主义思想。这是马克思主义中国化的最新成果，是全党全国人民为实现中华民族伟大复兴而奋斗的行动指南，是当代中国马克思主义、21 世纪马克思主义。

---

①　《习近平谈治国理政》（第三卷），外文出版社，2020，第 8 页。
②　《习近平谈治国理政》（第三卷），外文出版社，2020，第 12 页。
③　习近平：《在哲学社会科学工作座谈会上的讲话》，人民出版社，2016，第 8 页。

习近平新时代中国特色社会主义思想运用马克思主义立场、观点、方法聚焦新的时代命题，总结开创性、独创性的实践经验，具有系统完备的理论体系。如何深刻领会习近平新时代中国特色社会主义思想的精神实质和丰富内涵，并在各项工作中全面准确贯彻落实？如何深刻领会习近平新时代中国特色社会主义思想开辟当代中国马克思主义、21世纪马克思主义的理论新境界？如何深刻认识习近平新时代中国特色社会主义思想具有强大的真理力量？如何深入把握习近平新时代中国特色社会主义思想的时代意义、理论意义、实践意义和原创性贡献？这些问题既是开展马克思主义理论研究迫切需要回答的重要学术问题，也是承前启后、继往开来、在新的历史条件下继续夺取中国特色社会主义伟大胜利迫切需要回答的重大现实问题。中共广州市委宣传部、广州市社科联高度重视对这些重大理论和实践问题的学术研究，精心策划并组织广州地区的专家学者开展系列理论研究，出版了这套具有较高学术创见的"习近平新时代中国特色社会主义思想与实践研究丛书"。目前这样的研究并不多见，体现出较强的团队优势和鲜明的广州特色。

该丛书紧扣党的十九大及十九届历次全会精神，研究21世纪马克思主义新时代观的理论生成、时代逻辑、科学内涵、文明引领、重大价值等关乎时代问题的基本内容；在我国实现全面小康并开启全面建成中国特色社会主义现代化国家新征程的历史节点上，分析、凝练和前瞻性地阐明中国经济发展的内在规律与鲜明特色；聚焦党的十八大之后政治建设的实践，阐述与分析中国如何将制度优势转化为治理效能；深刻分析和把握当今文化建设和发展的内在规律与必然趋势，从实现中华民族伟大复兴和应对世界经历百年未有之大变局对文化发展提出的新要求，展开对推动新时代文化发展、建设社会主义文化强国的理论分析和对策研究；系统梳理和论述什么是社会治理、社会治理的格局与体制、社会治理创新的必要性、社会治理创新的路径与资源，以及社会治理效果的测量；从中国践行生态文明的国内外视角，从现实政策角度对中国生态文明近年的发展、面临的问题和未来方向进行多视角分析；对党的十八大以来以习近平同志为核心的党中央关于党的建设的重要论述进行系统梳理。这些研究对深入学习领会习近平新时代中国特色社会主义思想的核心内涵、基本方略、科学体系、思想方法和理论特色具有重要参考价值，对于运用习近平新时代中国特色社会主义思想指导工作，牢固树立"四个意识"、坚定"四个自信"、做到"两个维护"也具有重要现实意义。

2021 年 9 月

目 录
CONTENTS

第一章　导论

　　我们中华民族是伟大的民族。"在五千多年的文明发展历程中，中华民族为人类文明进步作出了不可磨灭的贡献。"[1] 我们的民族保持着勤劳勇敢、务实进取的奋斗精神，从而创造了世界上唯一绵延数千年从未间断传承的中华文明，中华民族对人类文明的贡献彪炳史册。我国在造纸、火药、指南针、印刷、地震测定、圆周率计算、中医药、建筑、水利、度量衡、丝绸纺织等许多领域，有世界历史上领先的科技发明和创造能力。自公元前 5 世纪起，中国就是世界最大经济体；直至 1820 年，中国仍然是世界上经济总量最大的国家，占世界经济总量的 1/3，而当时整个欧洲只占 26.6%。[2]

　　然而，封建社会后期的封闭保守使中国发展逐步走向停滞，国力衰减；而西方工业革命后资本主义列强崛起，为谋求资本霸权扩张，不择手段，甚至诉诸武力，一再侵华并企图瓜分中国。从第一次鸦片战争开始，一系列内忧外患，把近代中国带入百年屈辱之中。晚清政府无力领导国家抵御外侮，一而再再而三地被迫对外签订不平等条约，大量割地

---

[1]　《习近平谈治国理政》，外文出版社，2014，第 3 页。
[2]　参见萧国亮、隋福民编著《中华人民共和国经济史（1949—2010）》，北京大学出版社，2011，第 20~21 页。

赔款，进一步加剧经济凋敝、民不聊生的局面。在此期间，中国的经济总量在1892年被美国超越，在1917年被英国超越，在1948年被德国超越……中国经济总量在世界的占比从1820年的32.9%急剧下降，直至新中国成立后的1952年才恢复到5.2%。而中国人均GDP在从1850年至1949年的百年间呈现总体负增长局面；与此同时，中国人民的生存条件趋于恶化，平均预期寿命降至35岁。①

习近平指出："近代以后，我们的民族历经磨难，中华民族到了最危险的时候。自那时以来，为了实现中华民族伟大复兴，无数仁人志士奋起抗争，但一次又一次地失败了。中国共产党成立后，团结带领人民前仆后继、顽强奋斗，把贫穷落后的旧中国变成日益走向繁荣富强的新中国，中华民族伟大复兴展现出前所未有的光明前景。"② 一部中国近现代发展史，就是一部从苦难走向辉煌的历史。经过新中国成立初期近30年社会主义革命与建设的曲折探索，党的十一届三中全会确立了以经济建设为中心的党的基本路线，实行改革开放基本国策，走出了一条有中国特色的社会主义道路。党的十八大以来，中国经济社会发展进入新时代，在习近平新时代中国特色社会主义思想指引下，中国共产党人领导中国人民团结奋斗，在2020年全面建成小康社会，开启了建设社会主义现代化强国的新的伟大历史征程。

一 现代中国发展道路的前期探索

中国民主革命的先行者孙中山领导辛亥革命，推翻了封建帝制。但辛亥革命没有在事实上改变中国。孙中山为此不得不痛切地感叹："武昌革命而后，所谓中华民国者，仅有其名，而无其实，一切政权，仍在腐

---

① 部分历史数据参见萧国亮、隋福民编著《中华人民共和国经济史（1949—2010）》，北京大学出版社，2011，第22、27页。

② 《习近平谈治国理政》，外文出版社，2014，第3~4页。

败官僚、专横武人之手，益以兵灾水旱，迄无宁岁，人民痛苦，且加甚焉!"① 因此，纵然他曾在 1917～1919 年写出《建国方略》，构想了中国建设的宏伟蓝图，显示了他对中国发展的卓越见解和强烈期盼，但其宏图大略在当时无法实施。那么，辛亥革命为什么会失败？为什么"人民痛苦，且加甚焉"？西方一位有影响的历史学家做出了很有见地的分析：除了某些其他因素外，"年轻的受过西方教育的中国人也应负部分责任。他们中的一些人虽然在民国初期起了主要作用，但他们却试图在中国建立一些与他们从国外，尤其是从美国观察到的制度完全一样的制度。由于他们建立的制度显然对中国人民毫无意义，因此它们很快就在中国的政治现实面前土崩瓦解"。② 辛亥革命失败的事实证明：中国不能照搬西方模式，必须坚定地走出属于自己的国家富强、民族复兴之路!

面对旧中国经济凋敝、民不聊生的局面，如何正确判断中国国情，走出实现民族复兴、人民解放之路？历史的重任落在了当时年轻的中国共产党的肩上。历史选择了中国共产党，这是因为："过去的一切运动都是少数人的，或者为少数人谋利益的运动。无产阶级的运动是绝大多数人的，为绝大多数人谋利益的独立的运动。"③ "共产党人是各国工人政党中最坚决的、始终起推动作用的部分；在理论方面，他们胜过其余无产阶级群众的地方在于他们了解无产阶级运动的条件、进程和一般结果。"④ 中国共产党是中国工人阶级先锋队，同时是中华民族的先锋队，他们最了解中国，最懂得人民的疾苦和人民对幸福生活的向往，最能够代表中国各民族人民的根本利益。中国共产党领导中国人民经过 28 年的浴血奋

---

① 孙中山：《三民主义》，中国长安出版社，2011，第 267 页。
② 〔美〕L. S. 斯塔夫里阿诺斯（Leften Stavros Stavrianos）：《全球通史：从史前史到 21 世纪》（第 7 版），董书慧等译，北京大学出版社，2005，第 584 页。
③ 《马克思恩格斯选集》（第一卷），人民出版社，2012，第 411 页。
④ 《马克思恩格斯选集》（第一卷），人民出版社，2012，第 413 页。

斗，建立了新中国，为无产阶级"利用自己的政治统治""尽可能快地增加生产力的总量"① 奠定了人民政权的基础。习近平总书记在纪念孙中山先生的讲话中指出："中国共产党人忠实继承孙中山先生的遗志，团结带领全国各族人民英勇奋斗、继续前进，付出巨大牺牲，完成了孙中山先生的未竟事业，取得新民主主义革命胜利，建立了人民当家作主的中华人民共和国，实现了民族独立、人民解放。在这个基础上，中国共产党人团结带领中国人民继续奋斗，完成了社会主义革命，确立了社会主义制度。"②

但新中国经济建设的开局是非常艰难的，因为面对的是"一穷二白"的状态。1949 年以前的中国，"穷"在经济发展实力弱，"白"在文化科技水平低。在农业方面，中国仍是落后的农业国，1949 年农业在工农业总产值中占比达 84.5%；且农业主要依靠人力投入及小生产方式运行，能够作为生产工具的大牲畜平均 10 个农业劳动力才拥有 1 头，部分少数民族地区的农业生产力仍停留在刀耕火种的阶段，主要农产品粮食生产供应能力严重不足，温饱问题都不能解决。在工业方面，1949 年中国钢产量仅为美国的 0.2% 和日本的 5%，发电量仅能供给平均每人一年 8.6 度电。在文化教育和科技方面，全国 80% 以上的人口是文盲，仅有约 1% 的人口达到高中及以上文化水平，学龄儿童入学率仅有 20% 左右；全国科研机构极少，科研与技术人员不过 5 万人，其中专门从事科研的人员仅 600 余人，现代科技水平与发达工业国家存在天渊之别。③

百废待兴，是对中国共产党执政能力的最大考验。以毛泽东同志为核心的党的第一代中央领导集体，在构建社会主义制度、调整国民经济结构、调整计划经济模式、发展科技、保障民生等重要领域，做出了前

---

① 《马克思恩格斯选集》（第一卷），人民出版社，2012，第 421 页。
② 习近平：《在纪念孙中山先生诞辰 150 周年大会上的讲话》（2016 年 11 月 11 日），《人民日报》2016 年 11 月 12 日。
③ 部分历史数据参见萧国亮、隋福民编著《中华人民共和国经济史（1949—2010）》，北京大学出版社，2011，第 30~34 页。

所未有的重要探索。中国共产党带领全国人民，从国民经济恢复起步，经过近30年艰辛努力、自力更生、奋发图强，经受了某些国家对新中国发展先后实施的经济封锁、战争威胁和"冷战"考验，在国民经济各领域取得重要进展，让新中国站稳了脚跟。在赢得和平发展环境和恢复发展社会生产力的同时，教育、医疗等民生事业得到普遍加强，人口数量进入历史上增长最快的时期。在一个"一穷二白"的国家建设社会主义，其间的探索艰辛而曲折，但同时也为我国最终找到中国特色社会主义道路提供了宝贵经验。习近平对这一阶段的探索做出了如下评价："以毛泽东同志为主要代表的中国共产党人，把马克思列宁主义基本原理同中国革命具体实践结合起来，创立了毛泽东思想，团结带领全党全国各族人民，经过长期浴血奋斗，完成了新民主主义革命，建立了中华人民共和国，确立了社会主义基本制度，成功实现了中国历史上最深刻最伟大的社会变革，为当代中国一切发展进步奠定了根本政治前提和制度基础。在探索过程中，虽然经历了严重曲折，但党在社会主义革命和建设中取得的独创性理论成果和巨大成就，为在新的历史时期开创中国特色社会主义提供了宝贵经验、理论准备、物质基础。"①

二　中国特色社会主义道路的开创

1978年党的十一届三中全会掀开了改革开放的历史新篇章。习近平指出："我们党作出实行改革开放的历史性决策，是基于对党和国家前途命运的深刻把握，是基于对社会主义革命和建设实践的深刻总结，是基于对时代潮流的深刻洞察，是基于对人民群众期盼和需要的深刻体悟。""改革开放是我们党的一次伟大觉醒，正是这个伟大觉醒孕育了我们党从理论到实践的伟大创造。改革开放是中国人民和中华民族发展史上一次

---

① 习近平：《论中国共产党历史》，中央文献出版社，2021，第215页。

伟大革命,正是这个伟大革命推动了中国特色社会主义事业的伟大飞跃!"①

改革开放初期,邓小平提出了建设有中国特色的社会主义的重大命题。这要求我们,既要坚持马克思主义的基本原理、基本方法,又必须结合中国国情。不坚持马克思主义,不走社会主义道路,中国没有希望。"如果不搞社会主义,而走资本主义道路,中国的混乱状态就不能结束,贫困落后的状态就不能改变。"坚持马克思主义,就要坚持马克思主义实事求是的思想路线,反对教条主义、本本主义。"所以,我们多次重申,要坚持马克思主义,坚持走社会主义道路。但是,马克思主义必须是同中国实际相结合的马克思主义,社会主义必须是切合中国实际的有中国特色的社会主义。"②

邓小平理论是马克思主义中国化发展的重要里程碑,从理论与实践结合上回答了在生产力还不发达的我国如何认识社会主义和建设社会主义、建设什么样的社会主义的问题。其在关乎经济发展方面最重要的理论贡献包括但不限于以下内容:关于社会主义初级阶段的理论,它在理论上实现了对马克思主义经典作家关于社会主义学说的延伸,在实践中紧扣中国社会生产力与生产关系矛盾运动的客观规律,为经济体制改革和构建中国特色社会主义经济制度统一了思想认识;关于社会主义本质的理论,进一步强调生产力发展对人类社会发展进步的决定性作用,为发展是硬道理的原理成为全党全国人民的共识和一致的行动指南统一了思想认识;关于坚持改革开放的必要性与实施方略的提出,为改革开放成为我国基本国策、形成全党"一次伟大觉醒"拓展了理论视野,并开创了中国经济持续快速发展的新局面;以经济特区建设为起点,设计与推进"点、线、面"逐步推开的开放格

---

① 习近平:《论中国共产党历史》,中央文献出版社,2021,第214~215页。
② 《邓小平文选》(第三卷),人民出版社,1993,第63页。

局，为中国经济实现与世界市场的深度对接打开了思路；关于科学技术是第一生产力的马克思主义观点中国化的运用，开启了重视知识、重视教育、重视人才、重视科技创新的时代；关于发展社会主义市场经济的思想观点，对中国经济体制改革基本方向的明确发挥了决定性的作用；提出了物质文明建设与精神文明建设必须两手抓、两手都要硬的理论观点，强调了对社会、对青年的思想教育对于社会主义事业发展的重要性；提出稳定压倒一切的原则，确保我国改革开放与经济发展能够按照党中央决策稳步推进，形成对经济发展的政治保障；关于中国现代化进程分步走的理论观点，阐明先实现小康再向现代化目标前进的战略安排，为中国在 20 世纪末基本实现小康和在 21 世纪中叶实现现代化的发展目标指出了基本路径。

改革开放初期，我国进行了社会主义生产目的大讨论，确立了消费在社会生产关系中的重要地位，对传统的经济结构进行大幅度调整，优先发展轻工业和农业，在较短时间里解决了人民群众生活消费所需工业品和农产品供给短缺的问题；到 20 世纪 80 年代中后期，各地基本解决了包括口粮在内的多种农产品、工业品凭证凭票限量定期乃至定点供应这一困扰多年的难题。随后在市场机制启动、企业改革、政府职能转变等领域推进改革，到 1992 年邓小平"南方谈话"后正式确立我国经济体制改革的目标是建立社会主义市场经济体制。随着市场取向改革的持续推进，中国在 2001 年成功加入世贸组织，进而以此助力中国对接国际市场，大幅度提升了中国对外贸易的规模，使中国在 2009 年成为世界货物出口贸易第一大国。2012 年中国人均实际 GDP 水平达到 3.8 万元，折合 6100 多美元，中国从改革开放前的低收入经济体大步跨入世界银行划定的上中等收入经济体的范围；在国力增强的同时，人民群众的收入水平增长也较快，居民消费能力大幅提升，中国人民购买力的国际影响力逐渐凸显，中等收入阶层也已形成一定规模。2000 年，中国实现总体小康；

2020 年，中国实现全面小康。

三　新时代中国特色社会主义经济发展的理论指导

党的十八大标志着中国特色社会主义进入新时代。在以习近平同志为核心的党中央领导下，中国经济发展开创了新局面。坚持和强化党对经济建设的领导核心作用，坚持以人民为中心的发展理念，实行创新、协调、绿色、开放、共享的新发展理念指导下的发展；坚持把经济建设作为兴国之要，坚持把发展作为解决我国所有问题的关键；经过多年强化扶贫攻坚，2020 年我国实现全面小康，民生得到极大改善，千百年来存在的积贫积弱问题已完全解决，诸如"贫困州""贫困县""贫困村"等概念，都随着"十三五"的收官而统统收入历史档案；在深化改革中，我国营商环境在国际评价中的排序得到快速提升，开创了史上从未有过的营商环境改革的中国速度；构建"亲""清"政商关系，为社会经济发展清除不当的发展成本；掌握新时代社会主要矛盾的变化规律，开展供给侧结构性改革，强化创新作为引领发展的第一动力，提出高质量发展的新的时代要求，使中国创新人才的培养和使用达到新的水平，中国创新力获得大幅提升，战略性新兴产业和高技术产业实现大幅增长；在太空领域实现了人类探测器首次在月球背面软着陆、北斗导航系统全球组网、向火星发送探测器等重大项目；加快推进城镇化建设，强化人的城镇化效果，实现城镇化率突破 60% 的重大跨越，智慧城市建设迅速推进，基础设施建设达到世界领先水平，"新基建"项目正在抢占世界最新发展设施建设的前沿；加强区域发展战略的运用，构建了京津冀、长三角、粤港澳大湾区和成渝地区双城经济圈等区域发展的重大战略，提出了支持深圳建设中国特色社会主义先行示范区、支持浙江高质量发展建设共同富裕示范区的意见和实施方案，开辟了区域发展与城乡协调发展的新路径；开创了自由贸易试验区和自由贸易港的建设，一大批先行先试的制度创新成果获得推广、实施；实现了使用外资的稳健增长，巩固了发展中国家使用外资规模世界第一的位次；在 2009 年实现出口贸易额世界首位的基础上，在 2013 年以后基本保持进出口贸易总值世界第一的位次；坚定鼓励企业"走出去"，在 2014 年开始成为对外投资出超国，并不断优化对外投资结构；提出"一带一路"倡议，加强国际互联互通建设，成立亚投行等新型金融机构，与世界多数国家和大批国际组织开展"一带一路"合作，并与一批国家签署自由贸易协定、组建国际合作的双边或多边自由贸易区；在构建开放型经济新格局中实现了更大范围、更多领域、更高水平的对外开放；成功应对国际经济政治形势复杂多变的挑战，成功应对新冠肺炎疫情带来的突发危机，形成常态化疫情防控与常态化经济社会发展的双赢格局，有效维护了中国发展稳中向好、长期向好的发展态势；因势利导开启构建国内大循环为主体、国内国际双循环相互促进的新发展格局，为从全面建成小康社会向全面建设社会主义现代化强国新征程的进发绘制了蓝图，做出了新的"两步走"的战略安排。新时代中国的发展取得了全面推进的效果，开创了实现"两个一百年"奋斗目标的崭新征程。正如习近平总书记在纪念孙中山先生诞辰 150 周年大会上面向历史和未来所做的宣告："今天，我们可以告慰孙中山先生的是，我们比历史上任何时期都更接近中华民族伟大复兴的目标，比历史上任何时期都更有信心、有能力实现这个目标。"①

习近平新时代中国特色社会主义思想是马克思主义中国化的最新成果，是我国取得新时代成功发展的指导思想。党的十九大报告概括了这一思想的精神实质和丰富内涵，阐明了新时代坚持和发展中国特色社会主义的基本方略。在指导新时代经济发展方面，我们要把握好如下基本

---

① 习近平：《在纪念孙中山先生诞辰 150 周年大会上的讲话》（2016 年 11 月 11 日），《人民日报》2016 年 11 月 12 日。

要点。①

坚持党对一切工作的领导。必须提高党把方向、谋大局、定政策、促改革的能力和定力，确保党始终总揽全局、协调各方。这是我国经济发展行稳致远的根本保证。习近平总书记明确指出："我们党是执政党，抓好经济工作责无旁贷、义不容辞。"②"中国特色社会主义有很多特点和特征，但最本质的特征是坚持中国共产党领导。"③ 在当前面临世界百年未有之大变局之际，在中国需要构建新发展格局、进入建设社会主义现代化强国的新阶段之际，我们更需要坚持这一原则，以确保我国第二个百年奋斗目标如期实现。

坚持以人民为中心，坚持在发展中保障和改善民生。要坚持把人民对美好生活的向往作为奋斗目标，依靠人民创造历史伟业。要着力践行以人民为中心的发展思想，这是坚持中国共产党领导的必然体现。必须坚持做到发展为了人民、发展依靠人民、发展成果由人民共享。习近平总书记 2020 年 9 月 8 日在全国抗击新冠肺炎疫情表彰大会上的讲话指出："正是因为有中国共产党领导、有全国各族人民对中国共产党的拥护和支持，中国才能创造出世所罕见的经济快速发展奇迹和社会长期稳定奇迹，我们才能成功战洪水、防非典、抗地震、化危机、应变局，才能打赢这次抗疫斗争。"④ 从取得抗疫斗争重大战略性胜利到进入抓好常态化疫情防控与经济社会发展工作阶段，都充分体现了我们党不忘初心、牢记使命，全心全意为中国人民谋幸福、为中华民族谋复兴的伟大宗旨，是党坚持以人民为中心的发展思想在新时代中国发展中的鲜明体现。

---

① 相关要点原文见《习近平谈治国理政》（第三卷），外文出版社，2020，第 16~20 页。

② 习近平：《在中央经济工作会议上的讲话》（2014 年 12 月 9 日），《习近平关于社会主义经济建设论述摘编》，中央文献出版社，2017，第 321~322 页。

③ 习近平：《在中央经济工作会议上的讲话》（2013 年 12 月 10 日），《习近平关于社会主义经济建设论述摘编》，中央文献出版社，2017，第 318 页。

④ 习近平：《在全国抗击新冠肺炎疫情表彰大会上的讲话》（2020 年 9 月 8 日），《人民日报》2020 年 9 月 9 日。

坚持全面依法治国。全面依法治国是中国特色社会主义的本质要求和重要保障，也是中国经济发展的重要保障。自改革开放以来，经济领域的立法数量是最多的，这充分体现了我国在以社会主义市场经济体制为经济体制改革基本目标的推进中，强化了市场经济同时是法治经济的理念。只有完善法治体系，才能促进营商环境市场化、法治化、国际化的改革完善，才能保障各市场主体的合法权益，才能维护市场经济健康的运行秩序，才能体现对创新活动的保护和支持，才能促进经济社会与环境保护的协调发展。

坚持全面深化改革。只有社会主义才能救中国，只有改革开放才能发展中国、发展社会主义、发展马克思主义。必须坚持和完善中国特色社会主义制度，不断推进国家治理体系和治理能力现代化。经济发展领域的治理水平的提升，必须也必然要以深化改革来加以推进。面对发展形势深刻变革的时期，我们更需要勇于改革、深化改革，以改革与发展推动破解发展中的难题，解决发展中的难点、痛点，开辟走向建设社会主义现代化强国的康庄大道。就如习近平总书记在新形势下所强调的："当前，我国改革发展形势正处于深刻变化之中，外部不确定不稳定因素增多，改革发展面临许多新情况新问题。我们要保持战略定力，坚持问题导向，因势利导、统筹谋划、精准施策，在防范化解重大矛盾和突出问题上出实招硬招，推动改革更好服务经济社会发展大局。"①

坚持新发展理念。发展是解决我国一切问题的基础和关键，发展必须是科学发展，必须坚定不移贯彻创新、协调、绿色、开放、共享的新发展理念。新发展理念，是针对发展环境、发展资源、发展方式、发展效益、发展目的等重大问题所做出的系统性的时代回答，指明了新时代中国实现新发展的基本方向、基本路径，应予全面贯彻、长期贯彻。习近平总书记指出了确立正确发展理念的关键意义："发展理念是发展行动

---

① 《习近平谈治国理政》（第三卷），外文出版社，2020，第178页。

的先导，是管全局、管根本、管方向、管长远的东西，是发展思路、发展方向、发展着力点的集中体现。发展理念搞对了，目标任务就好定了，政策举措也就跟着好定了。"① 党的十八大以来，中国经济发展战略思路更加科学，发展环境更加优化，发展质量显著提升，充分反映新发展理念符合我国经济社会发展应遵循的客观规律，我们必须长期坚持。

坚持构建好开放型经济新格局。必须统筹国内国际两个大局，奉行互利共赢的开放战略。习近平指出："我们必须坚持对外开放的基本国策，奉行互利共赢的开放战略，深化人文交流，完善对外开放区域布局、对外贸易布局、投资布局，形成对外开放新体制，发展更高层次的开放型经济，以扩大开放带动创新、推动改革、促进发展。"② 因此，要把开放放在我国发展的大局中，进行科学谋划，全面实施。即使在复杂的国际经济政治形势变幻不定之际，我们仍应保持开放发展的战略定力。毕竟，"世界经济的大海，你要还是不要，都在那儿，是回避不了的。想人为切断各国经济的资金流、技术流、产品流、产业流、人员流，让世界经济的大海退回到一个一个孤立的小湖泊、小河流，是不可能的，也是不符合历史潮流的"③。

党的十九大在对经济发展的部署中，提出了深化供给侧结构性改革、加快建设创新型国家、实施乡村振兴战略、实施区域协调发展战略、加快完善社会主义市场经济体制、推动形成全面开放新格局等重大历史任务。2020 年以来，习近平根据国内外经济、社会、政治环境等领域的新变化，进一步就如何以全面辩证长远的眼光分析当前经济形势，如何打赢新冠肺炎疫情防控战役和促进常态化经济社会发展等重大问题做出系

---

① 习近平：《关于〈中共中央关于制定国民经济和社会发展第十三个五年规划的建议〉的说明》（2015 年 10 月 26 日），《习近平关于社会主义经济建设论述摘编》，中央文献出版社，2017，第 20 页。
② 《习近平谈治国理政》（第二卷），外文出版社，2017，第 199 页。
③ 《习近平谈治国理政》（第二卷），外文出版社，2017，第 478 页。

列讲话和指示，进而在研究制定"十四五"规划和拟定 2035 年远景目标之际，系统提出构建以国内大循环为主体、国内国际双循环相互促进的新发展格局的思想观点等，这些重要的新思想、新理论、新观点，对我国当前和今后的发展将持续发挥重要的指导作用。

本书依据习近平新时代中国特色社会主义经济思想的重要创新，紧密联系新时代中国发展的实践，力图在当今世界与中国的大格局中，对相关理论做出学理性研究，揭示理论发展与实践发展的内在联系。除导论外，全书分七个专题进行重点阐发，按照坚持以人民为中心的发展、以新发展理念引领新时代高质量发展、深化经济体制改革、推进更高水平对外开放、形成"双循环"新发展格局、实施区域发展战略统筹城乡协调发展、实现"两个一百年"奋斗目标等重大理论与实践问题展开阐述。

第二章　坚持以人民为中心的发展

发展为了谁、发展依靠谁，是发展观的本质属性，也是检验一国执政党立党宗旨与执政宗旨的根本准则。新时代马克思主义中国化在发展观、执政观问题上旗帜鲜明地提出："人民对美好生活的向往，就是我们的奋斗目标。"① "着力践行以人民为中心的发展思想。……体现了我们党全心全意为人民服务的根本宗旨，体现了人民是推动发展的根本力量的唯物史观。"② 坚持以人民为中心的发展思想，聚精会神抓好发展这个党执政兴国的第一要务，把以人民为中心的发展思想贯彻到各个发展环节，并且在遇到各种风险挑战时始终不渝地坚持这一正确的发展观，是我们在新时代坚持正确的发展方向、走好中国特色社会主义发展新路子的根本保证。

第一节　聚精会神抓好发展这个党执政兴国的
第一要务

"中国特色社会主义是全面发展的社会主义。我国发展虽然取得了巨

---

① 《习近平谈治国理政》，外文出版社，2014，第 4 页。
② 《习近平谈治国理政》（第二卷），外文出版社，2017，第 213 页。

大成效，但我国仍处于并将长期处于社会主义初级阶段的基本国情没有变……这就决定了我们必须坚持以经济建设为中心，坚持以人民为中心的发展思想，聚精会神抓好发展这个党执政兴国的第一要务"①，这是中国共产党立党为公、执政为民的本质体现。在坚持正确发展观的前提下，必须全面提高党领导经济工作的水平，这样才能在实现我们的奋斗目标过程中更好地攻坚克难，实现为中国人民谋幸福、为中华民族谋复兴的伟大愿景。

一　发展是解决中国所有问题的关键

在中国共产党领导下，在中国共产党人对马克思主义中国化理论的发展及其对实践的指导下，新中国成立后，建立了社会主义基本经济制度，构建了社会主义经济基础；特别是党的十一届三中全会以来，坚持以经济建设为中心，坚持改革开放，大大促进了中国经济社会的发展。70余年间，中国已摆脱封闭落后迈向开放进步，已解决温饱不足实现全面小康，已战胜积贫积弱迈向繁荣富强。从1952年至2019年，中国②GDP从679.1亿元跃升至98.65万亿元，扣除价格因素，实际增长176倍；按美元计算，从300亿美元增至14.31万亿美元，增长476倍。2020年中国经济总量进一步突破百万亿元，达到101.6万亿元，并成为当年全球唯一实现经济正增长的主要经济体。中国经济总量在世界的位次从1978年的第11位迅速跃升至2010年以来保持的第2位。2006年以来，中国对世界经济增长的贡献率已持续稳居世界第1位，是世界经济增长的第一引擎；2019年这一贡献率为30%左右，比1978年提高约27个百分点。中国目前已是世界范围内产业体系最完备的国家，是

---

① 习近平：《在十八届中央政治局第三十次集体学习时的讲话》（2016年1月29日），《习近平关于社会主义经济建设论述摘编》，中央文献出版社，2017，第11页。

② 本书所引用或笔者所计算的中国经济数据，主要来自国家统计局相关数据；除特别指出的以外，暂未含香港、澳门、台湾地区。特此说明。

制造业第一大国，是货物贸易额及外汇储备第一大国，也是高等教育规模及科技人员规模的第一大国。在主要人均发展指标上，中国已处于上中等经济体行列。中国人均 GDP 在 1952 年时为 119 元，2019 年为 70892 元；按人均国民总收入①折合美元计算，2019 年为 10276 美元，高于上中等收入国家平均水平。1949 年我国居民人均可支配收入仅为 49.7 元，2019 年居民人均可支配收入达到 30733 元，名义收入增长 617 倍，扣除物价因素实际增长 63.5 倍。居民平均预期寿命在 2019 年已达到 77.3 岁，比 1949 年翻了一番多，超过世界平均预期寿命 5 岁。人口受教育程度也迅速提升，在"十三五"期间，我国高等教育、中等教育的毛入学率均远高于世界平均水平，并且比中等收入国家平均水平高出 10 多个百分点。②

　　70 余年来，我国取得了令世界瞩目的长足发展，用几十年的时间走完了发达国家几百年走过的发展道路。在中国共产党领导下，全国人民凝心聚力，一心一意谋发展，是中华民族能够在短短几十年里从站起来到富起来再走向强起来的关键法宝。实践证明，党的十一届三中全会以来坚定不移实行以经济建设为中心的党的基本路线是完全正确的，发展是硬道理的真理属性是经受了并将能够继续经受我国伟大实践检验的，中国特色社会主义发展道路是坚实可靠的。

　　马克思主义历史唯物主义学说告诉我们，事物总是要发展的，也总是在发展的，关键在于我们是否对发展的规律有深刻认识，是否能够因势利导地把握事物发展的正确方向，科学地驾驭和促进事物的发展，走出符合本国国情和本国人民最大利益的发展道路。一方面，从一国看，

---

① 国民总收入（GNI），用于代替原先使用的国民生产总值（GNP），指一个国家或地区所有常住单位在一定时期内所获得的初次分配收入总额，等于国内生产总值加上来自国外的初次分配收入净额。

② 资料来源：国家统计局发布的数据，http：//www.stats.gov.cn/tjsj/zxfb/及 http：//www.stats.gov.cn/tjsj/tjgb/ndtjgb/。

发展永远在路上，建设中国特色社会主义伟大事业，更要以人民所向往的幸福生活水平的稳步提升为目标和动力，从而不断提升发展水平；另一方面，从国际看，发展水平与发展质量是可比的，哪个国家、哪个民族不思进取、停滞倒退，就没有出路，或者会陷入形形色色的"陷阱"，只有自强不息，并相互学习，在相互赶超中不断实现自我超越，才能带来更多的人类福祉。在中国进入新时代之际，习近平总书记不断告诫全党："发展是基础，经济不发展，一切都无从谈起。改革开放以来，我们靠聚精会神搞建设、一心一意谋发展，取得了骄人的成就。实现全面建成小康社会奋斗目标，仍然要把发展作为第一要务，努力使发展达到一个新水平。"[①] 他强调："我国仍处于并将长期处于社会主义初级阶段的基本国情没有变……我国是世界上最大发展中国家的国际地位没有变。这是我们谋划发展的基本依据。"[②] 从国内经济总量看，我国虽然在 21 世纪第二个十年保持了世界经济总量第二位的位次，与排名居首的美国之间的差距在持续缩小，但 2019 年中国的 GDP 14.31 万亿美元相当于美国同年 21.43 万亿美元的 2/3，差距还很明显；而且中国人口是美国的 4 倍多，人均 GDP 差距更大。再从国际经贸地位看，我国虽然当前已是货物贸易第一大国，但服务贸易与美国相比，尽管中国近 20 年服务贸易额增长了十余倍，2018 年达到 7919 亿美元，但从世界贸易组织已公布的 2017 年数据看，美国以 13189.85 亿美元的服务贸易进出口额排名第一，中国以 6956.79 亿美元排名第二，只有美国的一半多，且中国服务贸易总体逆差较大，美国则顺差较大，说明中国在资源能源耗费相对更经济的服务贸易领域的出口竞争力尚有待全面提升。此外，在高科技、金融等当代重大竞争领域，中国还存在全面赶超的较大压力。

因此，我们必须清醒地认识到，我国还是发展中国家，在实现全面小

---

① 《习近平谈治国理政》（第二卷），外文出版社，2017，第 75 页。

② 《习近平谈治国理政》（第二卷），外文出版社，2017，第 38 页。

康基础上，进一步走向全面建设现代化强国、实现中华民族伟大复兴仍然需要继续攻坚克难、不懈奋斗，这样才能把中国的发展推向一个又一个新的高度。在党的十九大上，习近平总书记代表党中央既提出了决胜全面建成小康社会的要求，又提出了要在实现第一个百年奋斗目标的基础上，乘势而上，开启全面建设社会主义现代化国家新征程，向第二个百年奋斗目标进军的战略安排。习近平指出："新时代中国特色社会主义思想，明确坚持和发展中国特色社会主义，总任务是实现社会主义现代化和中华民族伟大复兴，在全面建成小康社会的基础上，分两步走在本世纪中叶建成富强民主文明和谐美丽的社会主义现代化强国。"① 这个关于总任务的阐述，充分体现了发展始终是我们党执政兴国的第一要务，体现了我们党带领全国各族人民聚精会神搞建设、一心一意谋发展的坚定信念。

二 全面提高党领导经济工作的水平

在当代世界各国治理体系中，各国执政党的性质及治理目标、治理方式，对所在国家的发展具有决定性的影响。发展是人类社会普遍和永恒的主题，考验着各有关执政党所代表的阶级、阶层利益是否有其狭隘性、局限性。即使执政党主观上意识到自身所肩负的领导发展的责任，其是否有足够的能力领导好所在国家的发展，特别是其面临重大风险挑战时所体现的治理能力也仍然需要实践的检验。

近现代乃至当前国际社会表现出来的各国发展态势，基本能够反映执政党治理能力的差异。仅二战以来，我们就一再观察到某些国家因执政能力弱而发生分裂或内乱，或陷于"中等收入陷阱"的困局以至在发展上走了回头路等。2020 年以来突袭而至的新冠肺炎疫情所带来的重大风险挑战，更是对各国治理体系与治理能力的一场重大而严峻的实践检验。

---

① 《习近平谈治国理政》（第三卷），外文出版社，2020，第 15 页。

　　中国共产党从诞生之日起，就确立了为中国人民谋幸福、为中华民族谋复兴的伟大历史使命。从新民主主义革命到社会主义革命，从新中国成立初期开展的社会主义建设事业到改革开放以来中国特色社会主义道路的拓展，再到中国特色社会主义进入新时代，无不体现出我们党不忘初心、牢记使命，引领中国更好更快发展的历史担当。中国共产党作为世界上最大的执政党，领导着人口最多的最大发展中国家，坚持把发展作为党执政兴国的第一要务，承担着伟大的时代使命。习近平指出："发展是人类社会永恒的主题。联合国《发展权利宣言》确认发展权利是一项不可剥夺的人权。""发展是解决中国所有问题的关键，也是中国共产党执政兴国的第一要务。"①

　　坚持把发展作为党执政兴国的第一要务，是对国家、对人民发展权利的最大保障。与此同时，全党要不断学习新发展理念、不断总结国内外发展的经验教训，以不断提高引领发展的能力，这是对执政党各级领导集体和领导干部的基本要求，也是广大党员发挥先锋模范作用的客观需要。

　　习近平对于全面提高党领导经济工作的能力，既从客观必要性方面做出阐述，又从方法论和具体操作方面提出要求。主要内容可以归纳为以下几点。第一，必须充分认识加强党对经济工作的领导是我国国家治理体系的本质要求。"中国特色社会主义有很多特点和特征，但最本质的特征是坚持中国共产党领导。加强党对经济工作的领导，全面提高党领导经济工作水平，是坚持民主集中制的必然要求，也是我们政治制度的优势。"作为对民主集中制的贯彻，"加强党对经济工作的领导，有利于集思广益、凝聚共识，有利于调动各方、形成合力"。② 第二，加强党对经济工作的领导，有利于通过抓好中心工作带动国家治理的全局。"党是

　　① 习近平：《致"纪念〈发展权利宣言〉通过三十周年国际研讨会"的贺信》（2016 年 12 月 4 日），《习近平关于社会主义经济建设论述摘编》，中央文献出版社，2017，第 14 页。
　　② 习近平：《在中央经济工作会议上的讲话》（2013 年 12 月 10 日），《习近平关于社会主义经济建设论述摘编》，中央文献出版社，2017，第 318 页。

总揽全局、协调各方的，经济工作是中心工作，党的领导当然要在中心工作中得到充分体现，抓住了中心工作这个牛鼻子，其他工作就可以更好展开。"① 第三，各级党委、政府和领导干部要加强学习，提高领导经济工作的本领，对此要有危机感。"善于做经济工作，是领导干部能力十分紧要的方面。"② "全党同志特别是各级领导干部，都要有本领不够的危机感，都要努力增强本领，都要一刻不停地增强本领。只有全党本领不断增强了，'两个一百年'的奋斗目标才能实现，中华民族伟大复兴的中国梦才能梦想成真。"③ 第四，要提高党领导经济工作法治化水平，善于把握事物发展的客观规律。"社会主义市场经济本质上是法治经济，经济秩序混乱多源于有法不依、违法不究，因此必须坚持法治思维、增强法治观念，依法调控和治理经济。法治经济的本质要求就是把握规律、尊重规律。各级领导干部要提高透过现象看本质的本领，深入把握经济规律、社会规律、自然规律，使对经济工作的领导更加自觉、更加有效。"④ 第五，要注重实事求是、与时俱进，提高决策力和执行力。"面对前所未有的复杂形势和艰巨繁重的任务，我们必须拥有更多政策水平高、专业能力强、实践经验多、善于做经济工作的领导人才。"⑤ 习近平还分析了一些干部之所以缺乏新形势下做好工作的本领，是由于他们习惯于用老思路、老套路来应对，蛮干盲干，甚至搞出一些南辕北辙的事情，"这就

① 习近平：《在中央经济工作会议上的讲话》（2013年12月10日），《习近平关于社会主义经济建设论述摘编》，中央文献出版社，2017，第318页。

② 习近平：《在中央经济工作会议上的讲话》（2012年12月15日），《习近平关于社会主义经济建设论述摘编》，中央文献出版社，2017，第315页。

③ 习近平：《在中央党校建校八十周年庆祝大会暨二〇一三年春季学期开学典礼上的讲话》（2013年3月1日），《习近平关于社会主义经济建设论述摘编》，中央文献出版社，2017，第316~317页。

④ 习近平：《在中央经济工作会议上的讲话》（2014年12月9日），《习近平关于社会主义经济建设论述摘编》，中央文献出版社，2017，第322页。

⑤ 习近平：《在中央经济工作会议上的讲话》（2012年12月15日），《习近平关于社会主义经济建设论述摘编》，中央文献出版社，2017，第315页。

叫新办法不会用，老办法不管用，硬办法不敢用，软办法不顶用"①。党内这种状态在相当范围、相当时期内存在，必须加以解决，否则不仅面对新时代一系列经济领域新发展新问题时，在管理上力不从心，更可能难以应对各种重大风险与危机的挑战。② 第六，要培养好使用好经济工作管理干部队伍。"各级党委及组织部门要从选拔、任用、考核、培训等多方面入手，在各级班子中配备懂经济特别是具备领导科学发展能力的干部。"③ 还要建立适当的容错机制，"保护那些作风正派又敢作敢为、锐意进取的干部"④。第七，要在经济工作等领域建立更加完善的决策机制。包括"注重发挥智库和专业研究机构作用，提高科学决策能力"⑤；深入一线，"及时了解新情况新问题，虚心听取企业家、基层干部、普通群众意见和建议，使制定的政策更加符合实际、符合群众意愿"⑥。以上这七个方面的阐述，对加强与完善党对经济工作领导的认识与实践能力，具有深刻和长远的系统性指导作用，是我们党和国家治理体系和治理能力现代化的重要组成内容。

第二节　坚持发展为了人民、发展依靠人民

发展为了人民，发展依靠人民，是马克思主义和马克思主义执政党

---

① 习近平：《在中央党校建校八十周年庆祝大会暨二〇一三年春季学期开学典礼上的讲话》（2013 年 3 月 1 日），《习近平关于社会主义经济建设论述摘编》，中央文献出版社，2017，第 316 页。

② 参见习近平《在省部级主要领导干部学习贯彻党的十八届五中全会精神专题研讨班上的讲话》（2016 年 1 月 18 日），人民出版社，2016，第 36~37 页。

③ 习近平：《在中央经济工作会议上的讲话》（2012 年 12 月 15 日），《习近平关于社会主义经济建设论述摘编》，中央文献出版社，2017，第 316 页。

④ 《习近平谈治国理政》（第二卷），外文出版社，2017，第 225 页。

⑤ 习近平：《以新的发展理念引领发展，夺取全面建成小康社会决胜阶段的伟大胜利》（2015 年 10 月 29 日），《十八大以来重要文献选编》（中），中央文献出版社，2016，第 835 页。

⑥ 习近平：《在中央经济工作会议上的讲话》（2016 年 12 月 14 日），《习近平关于社会主义经济建设论述摘编》，中央文献出版社，2017，第 333 页。

的根本宗旨。马克思、恩格斯在《共产党宣言》中对未来共产党人所要建立的社会的本质特征明确表述为："在那里，每个人的自由发展是一切人的自由发展的条件。"① 简言之，是人的发展。中国共产党把为中国人民谋幸福、为中华民族谋复兴作为自己肩负的使命，体现了马克思主义执政党"不忘初心、牢记使命"的理想信念和责任担当。

习近平总书记指出："要坚持人民主体地位，顺应人民群众对美好生活的向往，不断实现好、维护好、发展好最广大人民根本利益，做到发展为了人民、发展依靠人民、发展成果由人民共享。"② 我们应在理论与实践上牢牢把握好发展为了人民、发展依靠人民这一原则问题，确保中国特色社会主义的发展始终服务于人民，始终在中国人民团结奋斗中实现。

一 坚持发展为了人民

为中国人民谋幸福、为中华民族谋复兴，这是中国共产党的初心和一以贯之的使命，无论在发展进程中遇到多么重大的风险挑战，党坚守这一宗旨的立场绝不动摇。在我国取得抗击新冠肺炎疫情重大胜利的时候，习近平总书记在参加十三届全国人大三次会议内蒙古代表团审议时强调："中国共产党根基在人民、血脉在人民。""人民至上、生命至上，保护人民生命安全和身体健康可以不惜一切代价。""党团结带领人民进行革命、建设、改革……就是为了让人民过上好日子，无论面临多大挑战和压力，无论付出多大牺牲和代价，这一点都始终不渝、毫不动摇。"③ 在全国抗击新冠肺炎疫情表彰大会上，习近平总书记强调："生命至上，集中体现了中国人民深厚的仁爱传统和中国共产党人以人民为中心的价值追求。""抗疫斗争伟大实践再次证明，中国共产党所具有的无比坚强的领导力，是风雨来袭时

① 《马克思恩格斯选集》（第一卷），人民出版社，2012，第 422 页。
② 《习近平谈治国理政》（第二卷），外文出版社，2017，第 214 页。
③ 《习近平在参加内蒙古代表团审议时强调 坚持人民至上 不断造福人民 把以人民为中心的发展思想落实到各项决策部署和实际工作之中》，《人民日报》2020 年 5 月 23 日。

中国人民最可靠的主心骨。中国共产党来自人民、植根人民，始终坚持一切为了人民、一切依靠人民，得到了最广大人民衷心拥护和坚定支持，这是中国共产党领导力和执政力的广大而深厚的基础。"①

谋求广大人民群众的共同利益，是凝聚社会力量实现社会发展的根本基础。如果发展的目标偏移，人民群众参与发展的获得感幸福感缺失，不仅会反过来严重影响人民群众参与发展的积极性创造性，更会折射出发展的方向与道路的错失，社会将为此付出极大的代价。因此，发展归根结底是人的发展，发展就必须为了人民、依靠人民，我国由共产党执政，坚持走中国特色社会主义道路，这个根本宗旨绝对动摇不得。

从辩证唯物主义和历史唯物主义的观点看，人的发展与世间所有事物的发展规律一样，不是静止的而是动态的，发展的愿景既有当前的又有长远的，发展的诉求既有物质的又有精神的和文化的，等等。所以，人民群众对美好生活的向往所表现的具体诉求，是随着社会的发展阶段的递进而递进的，执政党必须立足国情，实事求是，因势利导，领导人民为一步步实现对更美好生活的向往而不懈努力。对此，习近平在担任中共中央总书记之初，就根据我国经济社会发展的现实状况，以朴实的语言对人民群众的需求做出阐述："我们的人民热爱生活，期盼有更好的教育、更稳定的工作、更满意的收入、更可靠的社会保障、更高水平的医疗卫生服务、更舒适的居住条件、更优美的环境，期盼孩子们能成长得更好、工作得更好、生活得更好。"② 因此，"我们党领导人民全面建设小康社会、进行改革开放和社会主义现代化建设的根本目的，就是要通过发展社会生产力，不断提高人民物质文化生活水平，促进人的全面发展"③。这是对马克思主

---

① 习近平：《在全国抗击新冠肺炎疫情表彰大会上的讲话》（2020 年 9 月 8 日），《求是》2020 年第 20 期。

② 《习近平谈治国理政》，外文出版社，2014，第 4 页。

③ 习近平：《全面贯彻落实党的十八大精神要突出抓好六个方面工作》（2012 年 11 月 15 日），《求是》2013 年第 1 期。

义真谛的坚持，是对马克思主义核心理念中国化发展的现阶段做出的科学阐发。

参照国际社会评价人的发展的一般理论与方法，特别是联合国人类发展指数（HDI）所考察的人类发展的三个主要方面——生存寿命、接受教育和生活水平，中国在 1949 年以来均取得快速进步。在新中国成立初期，我们党就着力解决中国在 20 世纪 40 年代之前长期积累的难题，从广大人民群众获得温饱、获得基本的医疗保障和受教育权利等关键环节着手，人民生活水平明显提高；教育的普及不仅使青少年普遍有书读，当时的中老年人也在扫盲运动中受益；中国人均预期寿命从新中国成立前夕的 35 岁增长至 1978 年的近 66 岁。

党的十一届三中全会掀开了改革开放的历史新篇章，中国人民从站起来走向富起来。改革开放四十多年来，中国人均预期寿命进一步增至 2019 年的 77.3 岁。从中国人均国民收入水平来看，中国从 1978 年前的低收入国家跃升至上中等收入国家；① 在 20 世纪末实现总体小康基础上，2020 年在全民生活水平提高的同时，通过决胜脱贫攻坚战实现全面小康。在教育发展上，2020 年，我国义务教育巩固率②达到 95.2%，高中阶段毛入学率③从 1978 年的 33.6%提升至 91.2%；同期高等教育毛入学率更是从 2.7%提升至 54.4%，高等教育已从 20 世纪的精英化发展到 2002 年的大众化发展，再发展到 2019 年以来的高等教育普及化阶段。④

---

① 据国家统计局数据，中国在 1998 年进入中等偏下收入国家行列，2010 年进入中等偏上收入国家行列。

② 义务教育巩固率＝完成义务教育的毕业人数÷全部入学人数×100%。

③ 毛入学率是各教育阶段在校学生数与国家规定应接受该阶段教育的适龄人员（年龄段）人数的比例。

④ 数据参见教育部各年度《全国教育事业发展统计公报》。其中，高等教育精英化指 18~22 岁适龄人口进入高等教育阶段的数量占该年龄段人口的比例不足 15%，大众化指该比例达到 15%不足 50%，普及化指该比例在 50%以上。世界范围平均的高等教育毛入学率在 2018 年为 38%，同年中国已领先 10.1 个百分点，达到 48.1%；随着继续加大高等教育发展规模并提升质量，中国将继续拉大与世界平均值的距离。

二 发展必须依靠人民

人民是历史的创造者，是发展的主体力量。因此，发展必须为了人民、依靠人民是统一于马克思主义发展观的。"马克思主义之所以具有跨越国度、跨越时代的影响力，就是因为它植根人民之中，指明了依靠人民推动历史前进的人间正道。"① "马克思说，'历史活动是群众的活动'。让人民获得解放是马克思毕生的追求。我们要始终把人民立场作为根本立场，把为人民谋幸福作为根本使命，坚持全心全意为人民服务的根本宗旨，贯彻群众路线，尊重人民主体地位和首创精神，始终保持同人民群众的血肉联系，凝聚起众志成城的磅礴力量，团结带领人民共同创造历史伟业。这是尊重历史规律的必然选择，是共产党人不忘初心、牢记使命的自觉担当。"② 中国共产党领导中国的发展，就是在顺应历史发展规律的基础上，把尊重人民主体地位与团结带领人民朝着正确的方向、沿着正确的道路前进更好结合起来。

发展必须依靠人民，是因为人民群众是发展的主体。任何发展，包括经济发展、社会发展、文化发展、政治发展等，如果没有人民的持续支持，没有人民的广泛参与，即便再符合"理想"，最终也只能陷于空想。人类思想史上曾经不乏"大同世界""乌托邦""理想国"等美好构思，其流于空想或实验的失败，无不因其对人民力量的脱离，无不因其对一定历史阶段社会基本矛盾运动规律的脱离。

发展必须依靠人民，是因为人民群众有无限的创造力。从生产技术的进步到生产组织管理方式的变革，人民都是创新的主体。在马克思主义关于社会基本矛盾运动的原理中，生产力是推动社会发展的根本力量，而生产力从来就是社会的生产力，自然力如果没有人的主体参与，是无

---

① 习近平：《论中国共产党历史》，中央文献出版社，2021，第198页。
② 习近平：《论中国共产党历史》，中央文献出版社，2021，第204页。

法成为现实生产力的，也无法实现生产力水平的提升。在生产力的组织中，人即劳动者是生产力的主体，物质要素是生产力的客体，主体通过对客体的组织、运用、支配，实现生产力的量的扩充与质的提升，乃至发生重大科技突破和运用。

发展必须依靠人民，是因为只有依靠人民，才能使发展的目标不偏移。社会共同的发展利益来自人民群众，具体的发展诉求也来自人民群众，因而只有紧紧依靠人民群众实现发展，才能让发展的各阶段目标及其具体推进实现的过程符合人民群众的愿景，避免盲目"拍脑袋"和脱离群众获得感的好高骛远的目标设定，使发展资源不致错配，从而切实保障发展的进程和效果与人民群众利益高度吻合，保障人民群众在发展中的获得感、幸福感得以同步提升。

发展必须依靠人民，是因为幸福是劳动者奋斗出来的，而劳动既创造了人，也使人自身得以发展。人民群众在为实现自身发展愿景的奋斗过程中创造了物质的、精神的、文化的财富，而这种奋斗过程本身就构成人的发展的真实内容，是实现人自身发展的"必修课"。所以，人在为自身愿景而奋斗的过程中，在推动经济社会发展的进程中，不仅完善着人的发展的条件，也在推进、升华和实现着自身发展。

因此，"我们必须始终把人民对美好生活的向往作为我们的奋斗目标，践行党的根本宗旨，贯彻党的群众路线，尊重人民主体地位，尊重人民群众在实践活动中所表达的意愿、所创造的经验、所拥有的权利、所发挥的作用，充分激发蕴藏在人民群众中的创造伟力"[①]，如此，我国的发展就一定能够更好地为了人民、依靠人民，中国发展的道路必将越走越宽广。

三 促进人的全面发展

实现人的发展，以历史唯物主义的世界观进行分析，其内核就是实

---

① 《习近平谈治国理政》（第三卷），外文出版社，2020，第183页。

现人的自由而全面的发展。自由，从表层看，是选择权的自由，在经济社会生活的角度，可表现为消费的自由、就业的自由、居住及迁徙的自由等；但从哲学的高度看，自由，就是人或整个人类实现了从必然向自由的转变，这里的自由是对事物乃至世界发展变化内在规律进行充分认知和自觉运用，实现顺势而为，也可理解为达到中国古人说的"天人合一"的境界，这种境界的自由是最高层次的，其实现方式表现为一种发展趋势，即相对地、逐渐地向最充分的自由逼近，而不可能绝对地实现。因为世界万事万物的发展不是静止的或停滞的，而是在运动中实现的，人们只能不断地认识真理，在实践中开辟认识真理的道路，而不可能终结于对绝对真理的认识与把握。全面，即人的素质的全面，人不再视野狭隘、能力片面、发展乏力。比如马克思在《资本论》中指出的资本主义生产方式把工人变成了片面的人，变成了机器的附属物，就是指这种社会压抑和限制人的全面发展造成了工人自身发展之贫困的积累，"即在把自己的产品作为资本来生产的阶级方面，是贫困、劳动折磨、受奴役、无知、粗野和道德堕落的积累"①。从社会发展的客观规律和要求看，应该把劳动者的全面发展看成社会进步中生死攸关的问题，必须"用那种把不同社会职能当作互相交替的活动方式的全面发展的个人，来代替只是承担一种社会局部职能的局部个人"②。在这里，人的素质的全面发展，不仅仅是生产力进步的需要，更是人自身作为发展目的的需要；而人的全面发展，就构成了人的自由发展的物质本体，通过"全面""自由"的紧密联系、相互支撑，不断实现人的发展。

中国共产党成为执政党以后，引领中国进入了社会主义建设时期。我们党把马克思主义的世界观、方法论与中国实际相结合，把谋求人的发展与社会主要矛盾的解决统一起来。20 世纪 50 年代，党的八大提出，

① 马克思：《资本论》（第一卷），人民出版社，2004，第 744 页。
② 马克思：《资本论》（第一卷），人民出版社，2004，第 561 页。

社会主义基本制度建立后，我国社会的主要矛盾，是人民对于建立先进的工业国的要求同落后的农业国的现实之间的矛盾，是人民对于经济文化迅速发展的需要同当前经济文化不能满足人民需要的状况之间的矛盾。这一表述，突出了人民主体的范畴，符合人民群众的发展诉求；这一表述，反映了当时我国生产力还很落后这一基本国情，因此就要尽快完成工业化，促进经济文化的发展，以此作为这一历史阶段实现人与社会发展的基本方向与路径。经过一段时间艰辛的探索与转折，到改革开放初期的1981年6月，党的十一届六中全会通过了《关于建国以来党的若干历史问题的决议》，在肯定党的八大精神的同时，进一步指出，在我国社会主义改造基本完成以后，"人民日益增长的物质文化需要同落后的社会生产之间的矛盾"是我国面临的主要矛盾。这一概括更显精练，在逻辑上促进顺理成章地明确社会主义的根本任务就是解放和发展生产力，从而必须坚持党在社会主义初级阶段的基本路线，以经济建设为中心，坚定不移地推进改革开放。2017年11月，在党的十九大上，习近平总书记指出："中国特色社会主义进入新时代，我国社会主要矛盾已经转化为人民日益增长的美好生活需要和不平衡不充分的发展之间的矛盾。……必须认识到，我国社会主要矛盾的变化是关系全局的历史性变化，对党和国家工作提出了许多新要求。我们要在继续推动发展的基础上，着力解决好发展不平衡不充分问题，大力提升发展质量和效益，更好满足人民在经济、政治、文化、社会、生态等方面日益增长的需要，更好推动人的全面发展、社会全面进步。"[①] 所以我国在新时代经济发展方面着力开展了供给侧结构性改革，提出了改革不停顿、开放不止步的要求和举措，提出了高质量发展的战略转型，为人民群众对美好生活向往的实现、全体中国人民乃至每个人的发展，创造更美好的前景。其中，夺取脱贫攻坚战全面胜利在构筑人的发展机会平等方面必将产生深远影响，而全面

---

① 《习近平谈治国理政》（第三卷），外文出版社，2020，第9页。

小康社会的实现以及随后乘势而上开启全面建设社会主义现代化国家新征程，也必将让人的发展的现代化进程随着国家现代化建设进程不断推进。

对人的发展的认识与实践，体现了马克思主义及其中国化所展示的发展观之核心，需要落实到各个具体领域、各个工作环节。从人的成长过程的纵向发展阶段看，从人出生前后阶段社会对母婴身心健康的关爱，到受教育阶段提倡的德智体美劳等全面发展，再到进入劳动者大军后提供更好的劳动保障和在职学习教育环境，以及劳动者退休后的保障、老年再学习和完善对老年人关爱等，社会对人的发展的重视和实行的措施，需要贯穿人的一生并保障代内公平和代际公平以及代内代际应有的发展提升。而从不同群体的横向比较看，党员和党的干部教育着重于先锋模范作用与服务人民的意识和能力的提升；劳动者的发展权益保护和保障制度建设、不断提升劳动力受教育年限、技能培训等，都充分体现对劳动者发展的日益关爱；而从国家为扶贫脱贫付出的艰辛努力，到实施乡村振兴战略和统筹城乡规划、促进城乡融合发展，体现了为实现人的发展条件、发展机会公平的不懈努力；从学习型社会建设对全民教育的加强，到医疗卫生体系建设的分级完善，则体现了对人的身心健康的全面重视。从抗击新冠肺炎疫情的过程可以看到，我国不惜一切代价、不分男女老幼，一视同仁全面防控，对被感染的人员一律给予全力救治，显示了我国在保障与实现人的发展上的制度优势。

第三节 保持战略定力，防范化解重大风险挑战

践行以人民为中心的发展，必须全面认识、正确处理发展与稳定的关系。这既是近代以来中国和世界发展史给予的深刻启迪，更是中国共

产党领导中国人民建设中国特色社会主义、实现中华民族伟大复兴的使命所在。进入 21 世纪以来，世界经济政治发展态势发生重大变化，中国经济也从高速度发展向高质量发展转变。只有坚持底线思维，维护大局稳定，一心一意谋发展的实践进程才能行稳致远；而只有在新时代牢牢把握发展是解决我国一切问题的基础和关键，才能更好实现稳中求进，维护社会和谐稳定，确保国家长治久安、人民安居乐业。

一 保持战略定力，坚持稳中求进工作总基调

保持战略定力，其内涵是对经过严密论证、实践检验的正确的发展战略，必须善于排除各种干扰，战胜各种风险挑战，稳步加以推进，这是发展自信的表现。稳中求进，就是必须明确，"稳"是基础，是条件，但不是为稳而稳；"进"是方向，是朝既定的战略目标前进，因势利导地谋求进取。发展中的问题只能通过发展来解决。因此，保持战略定力，坚持稳中求进工作总基调，体现了发展的辩证法。习近平总书记从国家治理的高度阐述了这一观点："我国国家治理体系需要改进和完善，但怎么改、怎么完善，我们要有主张、有定力。"[1]"稳中求进工作总基调是我们治国理政的重要原则，也是做好经济工作的方法论。"[2]

通过深入思考习近平所阐述的保持战略定力，坚持稳中求进工作总基调这一治国理政的重要原则，我们可以从多个角度理解其理论内涵与实践指导价值。

第一，坚持稳中求进工作总基调事关国家发展全局，是我们在发展中必须坚持的底线思维。在 2013 年 12 月的中央经济工作会议上，习近平

---

[1] 《习近平谈治国理政》，外文出版社，2014，第 105 页。
[2] 习近平：《在中央经济工作会议上的讲话》（2016 年 12 月 14 日），《习近平关于社会主义经济建设论述摘编》，中央文献出版社，2017，第 332 页。

强调，我国发展的进程需要"坚持底线思维，维护大局稳定"①。维护发展大局的稳定，是对执政党的重大考验，也是党领导经济工作的一个重要原则。在党的十九大报告中，习近平就新时代中国特色社会主义思想的精神实质和丰富内涵做出系统阐述，在第一条"坚持党对一切工作的领导"中，明确了在党领导下坚持稳中求进工作总基调与统筹推进"五位一体"总体布局、协调推进"四个全面"战略布局等全局工作的逻辑关系："完善坚持党的领导的体制机制，坚持稳中求进工作总基调，统筹推进'五位一体'总体布局，协调推进'四个全面'战略布局，提高党把方向、谋大局、定政策、促改革的能力和定力，确保党始终总揽全局、协调各方。"②

第二，坚持稳中求进工作总基调是以人民为中心的发展思想在经济工作方法论上的体现。近代中国，"由于西方列强的入侵，由于封建统治的腐败，中国逐渐成为半殖民地半封建社会，山河破碎，生灵涂炭，中华民族遭受了前所未有的苦难"，"中国共产党和中国人民从苦难中走过来，深知和平的珍贵、发展的价值"③，只有不断争取国际和平发展环境和国内稳定发展大局，积极防范化解各种重大风险，保持稳中求进的发展，避免折腾，避免发展进程中的大起大落，人民才能安居乐业，群众生活才能持续改善，人民对美好生活的向往才能以更高的水平加以实现。

第三，坚持稳中求进工作总基调，在我国经济社会发展进入新时代的背景下具有特别重要的意义。中国特色社会主义进入新时代，我国社会主要矛盾已经转化为人民日益增长的美好生活需要和不平衡不充分的发展之间的矛盾。发展不平衡不充分，已经成为满足人民日益增长的美

---

①　习近平：《在中央经济工作会议上的讲话》（2013 年 12 月 10 日），《习近平关于社会主义经济建设论述摘编》，中央文献出版社，2017，第 318 页。

②　《习近平谈治国理政》（第三卷），外文出版社，2020，第 16 页。

③　习近平：《论中国共产党历史》，中央文献出版社，2021，第 116、131 页。

好生活需要的主要制约因素。在这一时期，人民群众"不仅对物质文化生活提出了更高要求，而且在民主、法治、公平、正义、安全、环境等方面的要求日益增长"①。我国社会主要矛盾的变化是关系全局的历史性变化，对党和国家的工作提出了许多新要求。面对社会主要矛盾转化导致的一系列新变化，我们必须科学研判、积极谋划、正确处置。在完成深化供给侧结构性改革、实现高质量发展、推动新旧动能转换、建设现代化经济体系等一系列新任务的进程中，必然会涉及方方面面的利益关系调整，必然要面对许多前所未有的来自国内外的新挑战。因此，在新的历史时期，如何坚持稳中求进工作总基调，正确处理好"稳"和"进"的关系，保持我国经济社会发展总体向好的势头，是对我们党治国理政能力的新的重大考验。习近平指出："'稳'的重点要放在稳住经济运行上，确保增长、就业、物价不出现大的波动，确保金融不出现区域性系统性风险。'进'的重点要放在调整经济结构和深化改革开放上，确保转变经济发展方式和创新驱动发展取得新成效。'稳'和'进'要相互促进。"② 可见，稳中求进的原则，在理解和执行中，是充满辩证法的。"稳"是"进"的前提，是基础和保障；"进"是"稳"的目的，也是对更高水平的"稳"的支持，就如习近平指出的"坚持在发展中平稳化解风险，在化解风险中优化发展"③。这样，我们就一定能在建设社会主义现代化强国、实现中华民族伟大复兴的道路上行稳致远。

第四，坚持稳中求进工作总基调，也是面对国际经济社会百年未有之大变局，保持中国稳健应对各种挑战的客观需要。近百年来，国际社会经历了一战结束、1929～1933 年世界经济危机、二战从爆发到结束，

---

① 《习近平谈治国理政》（第三卷），外文出版社，2020，第 9 页。

② 习近平：《在中央经济工作会议上的讲话》（2014 年 12 月 9 日），《习近平关于社会主义经济建设论述摘编》，中央文献出版社，2017，第 321 页。

③ 习近平：《在党的十八届四中全会第一次全体会议上关于中央政治局工作的报告》（2014 年 10 月 20 日），《习近平关于社会主义经济建设论述摘编》，中央文献出版社，2017，第 321 页。

以及二战后殖民地半殖民地和附属国纷纷争取独立、冷战的形成与结束、世界经济发展重心转向亚太，还有如美国引爆的金融危机蔓延和基于单边主义、霸凌主义的不断挑衅等一系列政治、经济重大事件，显著改变了全球经济政治格局。中国的改革开放和一批新兴经济体的崛起，冲击了发达国家垄断资本对国际经济旧秩序的维护，促进了经济全球化更具活力的发展。与此同时，新科技革命正以空前的发展速度和对传统生产与生活方式改造的深度，深刻影响着全球经济发展的态势，人类文明发展面临的新机遇新挑战层出不穷。因此，当今世界正经历新一轮大发展大变革，大国战略博弈的全面加剧呈现前所未有的新形式新特点新内容，国际体系和国际秩序正在发生深度调整。其中个别发达国家垄断资本及其代理人挑起的摩擦与争端，给全球经济格局与走势带来的不确定不稳定因素明显增多。中国作为人口最多的发展中国家、世界第一货物出口大国和产业体系最完备并与国际分工和世界市场深度结合的经济体，显然不能置身事外，需要高度加强对外部风险及其带来的国内影响的防范意识，提升化解风险的能力，着力降低和避免外部干扰对中国经济发展的影响，确保中国经济发展的大局稳定。而坚持本国经济发展的稳中求进，也必将有利于中国在参与构建新的全球治理体系中发挥更积极的作用。

二　积极防范化解重大风险，统筹国家发展与经济安全

要坚持稳中求进工作总基调，就需要积极防范化解重大风险，确保国家经济安全。二者具有必然的逻辑关系。从对事物发展的辩证分析看，矛盾总是伴随发展的进程而孕育和发展，风险与挑战也会伴随矛盾运动过程的不同发展阶段，以这样或那样的形式表现出来。因此，防范化解各种风险特别是重大风险，是确保国家经济安全、维护稳中向好的经济发展局面的必要条件。

当前我国发展面临的重大风险，与我国所处的特定历史阶段具有必然联系，并且具有较强的集中性和复杂性。习近平总书记明确阐述了他的看法。他在分析我国"十三五"时期面临的形势时谈道："我们面临的重大风险，既包括国内的经济、政治、意识形态、社会风险以及来自自然界的风险，也包括国际经济、政治、军事风险等。如果发生重大风险又扛不住，国家安全就可能面临重大威胁，全面建成小康社会进程就可能被迫中断。我们必须把防风险摆在突出位置，'图之于未萌，虑之于未有'，力争不出现重大风险或在出现重大风险时扛得住、过得去。"① 在我国制定"十四五"规划和 2035 年远景目标时，习近平进一步强调："当今世界正经历百年未有之大变局，我国发展的外部环境日趋复杂。防范化解各类风险隐患，积极应对外部环境变化带来的冲击挑战，关键在于办好自己的事，提高发展质量，提高国际竞争力，增强国家综合实力和抵御风险能力，有效维护国家安全，实现经济行稳致远、社会和谐安定。……安全是发展的前提，发展是安全的保障。当前和今后一个时期是我国各类矛盾和风险易发期，各种可以预见和难以预见的风险因素明显增多。我们必须坚持统筹发展和安全，增强机遇意识和风险意识，树立底线思维，把困难估计得更充分一些，把风险思考得更深入一些，注重堵漏洞、强弱项，下好先手棋、打好主动仗，有效防范化解各类风险挑战，确保社会主义现代化事业顺利推进。"② 因此，2021 年 3 月十三届全国人大四次会议通过的《中华人民共和国国民经济和社会发展第十四个五年规划和 2035 年远景目标纲要》提出："必须统筹中华民族伟大复兴战略全局和世界百年未有之大变局，深刻认识我国社会主要矛盾变化带来的新特征新要求，深刻认识错综复杂的国际环境带来的新矛盾新挑战，增强机遇意识和风险意识，立足社会主义初级阶段基本国情，保持

① 《习近平谈治国理政》（第二卷），外文出版社，2017，第 81 页。
② 习近平：《关于〈中共中央关于制定国民经济和社会发展第十四个五年规划和二〇三五年远景目标的建议〉的说明》，《人民日报》2020 年 11 月 4 日。

战略定力，办好自己的事，认识和把握发展规律，发扬斗争精神，增强斗争本领，树立底线思维，准确识变、科学应变、主动求变，善于在危机中育先机、于变局中开新局，抓住机遇，应对挑战，趋利避害，奋勇前进。"① 只有以国家安全维护发展权益，并在发展中增强国家安全，才能真正实现以人民为中心的有效发展，确保我国人民在国家安全可靠的发展中不断提升获得感、幸福感。

防范化解重大风险，必须主动而前瞻地分析风险的各种类型及其诱发因素。从风险的空间来源看，有国际风险、国内风险和区域局部风险；从风险的影响范围与程度看，有全局性风险和局部风险、系统性风险和非系统性风险；从风险形成的主要领域看，有经济风险、政治风险、社会风险、意识形态风险、自然环境风险、技术风险、管理风险、卫生与健康风险、军事风险等。但无论何种风险，一旦发生，影响面往往会波及其他领域；越是重大风险，其波及的领域往往越广，影响往往越大，甚至引起全局性系统性危害。

经济风险，是我们在经济发展转型时期和加大开放力度过程中难以避免的风险大类，对国家经济安全有非常直接的影响。其中以金融风险最为突出、最需要加强防范。由 2007 年美国的次贷危机爆发进一步引起的 2008 年全球金融危机的爆发，对世界经济造成巨大而长期的破坏，其教训值得认真总结和保持警醒。金融领域风险种类多、影响程度深、波及范围大，这既与金融在当代经济发展的资源配置中承担中枢功能密切相关，与金融运行管控水平密切相关，同时又与国际金融资本势力脱实向虚的操控方式带来的不良后果波及全球密切相关。习近平总书记在 2016 年末的中央经济工作会议上对此做出分析："当前，金融风险易发高发，虽然系统性风险总体可控，但不良资产风险、流动性风险、债券违

---

① 《中华人民共和国国民经济和社会发展第十四个五年规划和 2035 年远景目标纲要》，《人民日报》2021 年 3 月 13 日。

约风险、影子银行风险、外部冲击风险、房地产泡沫风险、政府债务风险、互联网金融风险等正在累积，金融市场上也乱象丛生。金融风险有的是长期潜伏的病灶，隐藏得很深，但可能爆发在一瞬之间。美国次贷危机爆发就是一夜之间的事情。如果我们将来出大问题，很可能就会在这个领域出问题，这一点要高度警惕。"① 习近平对金融风险的分析，始终值得我们高度重视。防范化解金融风险，需要着力于以下几个方面：一是应强化金融风险的监管体系，包括加强金融监管法律法规体系建设和行政监管的及时到位，特别是对金融创新、互联网金融、数字化货币等非传统金融产品、金融平台、金融渠道，必须及时、完善地纳入金融监管体系；二是坚持防止脱实向虚，把这项工作列为金融监管的重要内容，及时管控过度泡沫化现象，包括坚持房子是用来住的不是用来炒的定位等；三是注意政府债务的管控，特别是防止地方政府过度负债行为的发生，总体上控制政府的负债率在安全的水平②，为此要硬化预算约束并加强财政预算绩效的全过程评估；四是维持国际收支平衡，保持黄金与外汇储备在合理水平，完善国际结算方式，维持人民币汇率基本稳定，稳步加快人民币国际化步伐，建立防范重大汇率风险的机制。

在经济风险系统中，战略性资源保障和民生基本供给保障始终是影响国计民生之要。其中最突出的，一是能源安全，二是粮食安全。

在能源安全方面，我国石油的对外依存度在不断加大。从 1993 年开始，我国成为原油净进口国，当年原油对外依存度是 6.7%。到 2011 年 8 月，中国原油对外依存度首次超过美国，原油进口总量则在 2017 年超过

---

① 习近平：《在中央经济工作会议上的讲话》（2016 年 12 月 14 日），《习近平关于社会主义经济建设论述摘编》，中央文献出版社，2017，第 332 页。

② 国际社会一般认为政府负债率（债务与 GDP 的比率）的警戒线为 60%。截至 2019 年，中国近年的负债率均显著低于此警戒线 10 个百分点以上，但个别省（区、市）已有部分年份超出 60%，已纳入监管、整改。

美国。据 2018 年的数据，当年中国原油产量 1.9 亿吨，表观消费量①达到 6.25 亿吨，原油对外依存度已达到 70% 以上。而且天然气进口量也在攀升，于 2018 年超过日本，当年天然气的对外依存度也升至 45% 以上。中国当今原油与天然气需求量均居世界首位，这既反映了我国生产发展和生活方式趋于现代化所引发的能源消耗迅速增加，也反映出这些重要能源的对外依存度仍在上升。在国际经济政治形势仍存在较多变数的情况下，保障国家的能源安全已非常必要和非常关键。② 而防范国家能源风险，需要适当控制和降低能源特别是石油的对外依存度，为此需要加大对新能源及各种替代能源的开发利用，并继续实施节能减排的技术创新和发挥经济杠杆作用。我国在 2018 年 3 月开创的人民币计价的原油期货挂牌交易基础上，稳步提升人民币在国际能源交易中的计价功能，打破石油美元标价的垄断地位，降低对外能源需求的价格风险；同时开辟更多的油气供应来源地，适当分散对外能源依赖的区域与国家的集中度。此外，我国还须大力提升能源战略储备的规模，同时对于部分国内新发现的较易开采的油气资源，可作为战略储备性资源予以适当保护而非急于开采。

在粮食安全方面，我国粮食产量保持稳定增长，2004 年至 2020 年实现了连续 17 年的粮食丰收；我国国内粮食产量能够满足国民基本口粮需求，进口部分主要用于满足结构性需求（如大豆进口量较大，2017 年、2018 年、2019 年分别进口 9553 万吨、8803 万吨和 8851 万吨；为满足消费者消费升级的优质稻米近年也达每年进口 400 万吨以上；等等）。与此同时，国家长期重视粮食储备，2001 年、2009 年、2019 年，国务院组织了三次全国性的粮食库存大清查，按照"有仓必到、有粮必查、查必彻

---

① 表观消费量即单纯观察自产加进口再减去出口的原油消费量，未考虑库存因素。
② 中国煤的消费量也长期居世界首位，近年的年消费量约在 40 亿吨。但中国是煤炭大国，2019 年煤炭进口量为 2.9 亿吨，当年煤炭的对外依存度仅为 7.2%，尚未形成影响重大能源安全的问题。

底"原则,重点检查政策性粮食库存数量和质量,总体库存基本符合数量真实、质量良好、储存安全的要求。从中央和地方政府粮食储备的结构来看,小麦和稻谷两大口粮品种占总库存比例超过70%,我国粮食储备实现了应有的功能,能够满足市场供应和应急需要。[①] 但是我们仍然要保持对粮食安全的足够重视,因为粮食是人民生活需求的最基础最重要的保障,就如习近平总书记所强调的:"'洪范八政,食为政首。'我国是个人口众多的大国,解决好吃饭问题始终是治国理政的头等大事。"[②] 考虑到我国粮食生产依然受气候条件影响较大,加上城镇化及交通网络的发展对耕地的一定占用和"占补平衡"落实过程中所"补"的土地面积可能存在质量的不对称,以及进口部分存在国际贸易形势变化的影响,我们必须始终对粮食安全保持风险防范意识。习近平总书记指出:"总体看,我国粮食安全基础仍不稳固,粮食安全形势依然严峻,什么时候都不能轻言粮食过关了。在粮食问题上不能侥幸、不能折腾,一旦出了大问题,多少年都会被动,到那时谁也救不了我们。我们的饭碗必须牢牢端在自己手里,粮食安全的主动权必须牢牢掌控在自己手中。"[③] 这就是必须巩固和强化居安思危的意识,这是防范任何重大风险都必须具备的意识。防范化解粮食供应风险,一是要坚持保护基本农田的政策,在"占补平衡"政策的实施上应核查到位,强化"补"入的农田的质量要求;二是加强科技支农、科学种粮,在耕地有限的情况下争取进一步提高单位面积产量,为此要鼓励人才、技术、资本等围绕粮食生产加强资源下乡;三是强化粮食战略储备的规模、品种与质量保障;四是通过积极的对外经济关系,建立较为稳固的国际粮食贸易供应渠道体系,包括

---

① 《我国粮食库存充足、口粮绝对安全》,国家粮食和物资储备局,http://www.lswz.gov.cn/html/xinwen/2021-11/04/content_268085.shtml,最后访问日期:2022年3月15日。

② 习近平:《在中央农村工作会议上的讲话》(2013年12月23日),《十八大以来重要文献选编》(上),中央文献出版社,2014,第659页。

③ 习近平:《在中央农村工作会议上的讲话》(2013年12月23日),《十八大以来重要文献选编》(上),中央文献出版社,2014,第661页。

发展目前我国已经采取的通过建立粮食等农产品境外生产基地等方式增加粮食供给的可靠性。

经济风险中还有一个愈发突出的风险是产业链的安全风险。经济发展是国家发展的物质基础，产业安全是经济安全的基本支柱。而产业安全，不仅包含产业门类的丰富程度即产业结构的完整性，同时也包含各产业内部运行中的各环节供应链的完善程度，以及各产业之间的衔接状况等。在世界范围内，较小的国家和地区，在进入工业化时代以后，很难独自建立完整的产业体系和产业链，所以需要高度参与国际分工，发挥比较优势，在与国际社会合作中满足本国本地区经济发展的供求所需。但一个大国，由于国内市场容量巨大，拥有纵横发育的广阔市场空间，有条件构成完整的产业体系；如果产业体系不完整，部分重要产业对外过度依赖，其较大的需求量不仅涉及国际社会的供给能力是否能够承受，而且还可能成为抵御来自外部的政治、经济等不稳定因素干扰和冲击的"软肋"。特别是当代世界还存在某些霸权国家的政客用制裁手段打压持不同意见的他国，以摧残他国经济的手法迫使其在政治上和主权上就范的情况，这是我们必须警惕和着力防范的。经过新中国 70 多年的建设，特别是改革开放以来实现了工业化，中国工业化以其完善的结构和强大的规模构筑起抵御经济风险的强大基础。在世界经济发展的增量中，中国贡献的份额也已持续多年居世界各国之首。但是，在许多重要产业特别是位居国际前沿的产业以及与部分西方国家形成竞争态势的产业中，我国产业链中某些关键部件、重要环节，仍然存在对外部的较大需求依赖；这在经济全球化平稳发展的条件下没有太大风险，但在国际市场发生风险与危机时，就会给我国正常的经济运行带来冲击和破坏。因此，必须把创新链的打造与巩固产业链供应链安全及质量的提升更加紧密结合起来。我们既要积极参与国际分工，又要注重拥有自主知识产权的研发创新，把通过科技创新攻克产业链供应链中的关键性薄弱环节作为防范产业链供应链重大风险所必须采取的战略举措。要支持企业研发，支持技术研发的战略储备，支持"走出去"的企业建立海外研发基地，支持引进国际企业研发机构及对我国现有重要的产业链供应链可发挥重大补缺作用及带来改善效果的海外来华投资项目。

除经济风险之外，还有政治、军事、社会舆情、自然环境等领域的风险，都是需要重视和防范的。本书以经济问题为研究领域，虽然不展开对源于非经济领域的风险的阐发，但必须注意的是，鉴于经济稳定状况与发展环境息息相关，所有其他领域的风险基本都会波及经济运行，影响经济发展。例如 2020 年突袭而至的新冠肺炎疫情带来的公共卫生领域的风险乃至危机，就对经济发展产生了相当大的冲击。因此，在经济发展的风险监测中，我们不仅要善于监控和防范化解经济风险，同样要注意监控和防范其他领域发生的重大风险给经济发展与民生带来的影响，完善防范化解机制，全面提升抗风险抗危机能力，即使遇到不可预见的风险与危机，也能"努力在危机中育新机、于变局中开新局"①。

综合分析、全面应对各种风险与危机的挑战，需要有充分的防范意识和有效的处理机制，把统筹发展与安全的工作纳入国家治理体系与治理能力现代化的建设过程之中。第一，对现阶段重大风险与危机的发生要有足够的思想准备。习近平总书记在谈到坚持底线思维维护大局稳定时指出："我国正处于跨越'中等收入陷阱'并向高收入国家迈进的历史阶段，矛盾和风险比从低收入国家迈向中等收入国家时更多更复杂。所以，凡事要从坏处准备，努力争取最好结果，做到有备无患。"② 确实，只有从坏处着眼，我们的准备才能更加充分，防范化解重大风险的底线才能确保守住；而麻痹大意、准备不足，往往会酿成大祸。第二，要坚持实事求是推进改

---

① 《习近平在看望参加政协会议的经济界委员时强调　坚持用全面辩证长远眼光分析经济形势　努力在危机中育新机于变局中开新局》，《人民日报》2020 年 5 月 24 日。
② 习近平：《在中央经济工作会议上的讲话》（2013 年 12 月 10 日），《习近平关于社会主义经济建设论述摘编》，中央文献出版社，2017，第 318~319 页。

革与发展。不要好高骛远，不能采取脱离现实可能的改革发展措施或做出过度承诺，而"要稳扎稳打，步步为营，巩固稳中向好的发展态势，促进经济社会大局稳定"①，否则可能因人为因素而诱发某些本可规避的风险。第三，要不断学习、研究，提高预见和判断风险的能力。否则，"如果判断失误、选择不慎、管控不力，就会发生问题甚至大问题，严重的会影响社会稳定"②。第四，善于诊断和处理不同的风险与危机。要善于辨别不同领域的潜在风险和引起风险的各种因素，以把问题解决在萌芽状态和爆发之前；而一旦发生风险与危机，应区分其不同类型后采取既有联系又有区别的处理机制和方式流程，有针对性地"把外科手术快速切割处理和保守疗法延期稳健处理结合起来，坚持在发展中平稳化解风险，在化解风险中优化发展"③。第五，坚持在改革中发展，在开放中促进改革、促进发展，以更好的发展来解决此前发展中的问题，从而不断化解引起重大风险的因素或降低这些因素带来的危害程度，为防范化解重大风险发挥固本强基的作用。

三 统筹推进新冠肺炎疫情防控和经济社会发展工作

2020 年开局之际，突袭而至的新冠肺炎疫情，是新中国成立以来传播速度最快、感染范围最广、防控难度最大的一场重大突发公共卫生危机。这场危机给中国决胜全面建成小康社会的收官之年带来了极大冲击，检验着我们防范化解重大风险与危机的能力。一方面，疫情必须坚决防控；另一方面，经济社会发展势头必须稳住，发展的底线必须确保。

在一定意义上，新冠肺炎疫情防控与经济社会发展确实存在矛盾和

---

① 习近平：《在中央经济工作会议上的讲话》（2013 年 12 月 10 日），《习近平关于社会主义经济建设论述摘编》，中央文献出版社，2017，第 319 页。

② 习近平：《在省部级主要领导干部学习贯彻党的十八届五中全会精神专题研讨班上的讲话》（2016 年 1 月 18 日），人民出版社，2016，第 36 页。

③ 习近平：《在党的十八届四中全会第一次全体会议上关于中央政治局工作的报告》（2014 年 10 月 20 日），《习近平关于社会主义经济建设论述摘编》，中央文献出版社，2017，第 321 页。

对立，如何协调二者关系，实现二者统筹，是摆在执政党和全国人民面前的严峻考验。在以习近平同志为核心的党中央坚强领导下，中国抗击新冠肺炎疫情的人民战争取得了重大胜利，并逐步转入常态化防控阶段，复工复产、复商复市工作有序开展，为在 2020 年实现全面小康目标夯实了发展基础。

（一）必须统筹推进常态化疫情防控和经济社会发展

2020 年 2 月 3 日，在新冠肺炎疫情突袭而至时，习近平总书记就在中央政治局常委会上提出了统筹疫情防控和经济社会发展的问题。他从疫情防控的目的、手段与要求等方面做出明确指示："做好疫情防控工作，直接关系人民生命安全和身体健康，直接关系经济社会大局稳定，也事关我国对外开放。我们要按照坚定信心、同舟共济、科学防治、精准施策的要求，切实做好工作，同时间赛跑、与病魔较量，坚决遏制疫情蔓延势头，坚决打赢疫情防控阻击战。"同时，提出要"全力维护正常经济社会秩序。要在做好疫情防控的同时，保持生产生活平稳有序，避免因确诊病例增多、生活物资供应紧张等引发群众恐慌，带来次生'灾害'"；"疫情特别严重的地区要集中精力抓好疫情防控工作，其他地区要在做好防控工作的同时统筹抓好改革发展稳定各项工作"。①

2020 年 2 月 23 日，中央专门召开了"统筹推进新冠肺炎疫情防控和经济社会发展工作部署会议"，全面部署抗疫和经济社会发展的统筹协调工作。习近平总书记指出："党中央审时度势、综合研判，及时提出坚定信心、同舟共济、科学防治、精准施策的总要求，明确了坚决遏制疫情蔓延势头、坚决打赢疫情防控阻击战的总目标。""我们把坚持全国一盘棋、统筹各方面力量支持疫情防控作为重要保障，把控制传染源、切断传播途径

---

① 习近平：《在中央政治局常委会会议研究应对新型冠状病毒肺炎疫情工作时的讲话》（2020 年 2 月 3 日），《求是》2020 年第 4 期。

作为关键着力点，加强对疫情防控工作的统一领导、统一指挥、统一行动，打响了疫情防控的人民战争、总体战、阻击战。"同时，就统筹推进疫情防控和经济社会发展工作提出："经济社会是一个动态循环系统，不能长时间停摆。在确保疫情防控到位的前提下，推动非疫情防控重点地区企事业单位复工复产，恢复生产生活秩序，关系到为疫情防控提供有力物质保障，关系到民生保障和社会稳定，关系到实现全年经济社会发展目标任务，关系到全面建成小康社会和完成'十三五'规划，关系到我国对外开放和世界经济稳定。"① 这几个"关系到"揭示了做好疫情防控的同时统筹好经济社会发展的主要意义。他还从落实分区分级精准复工复产、加大宏观政策调节力度、全面强化稳就业举措、坚决完成脱贫攻坚任务、推动企业复工复产、不失时机抓好春季农业生产、切实保障基本民生、稳住外贸外资基本盘等八个方面阐述了做好经济社会发展工作的要求。

在党中央坚强领导下，除春节假期坚守岗位的行业外，2月就已经有一批不同领域的企业率先复工复产。在3月10日习近平总书记视察武汉后，我国新冠肺炎疫情防控逐步进入常态化的新阶段。习近平总书记4月8日在中共中央政治局常委会上强调，要认清当前形势，做好较长时间应对疫情的思想准备和工作准备。"要坚持在常态化疫情防控中加快推进生产生活秩序全面恢复，抓紧解决复工复产面临的困难和问题，力争把疫情造成的损失降到最低限度，确保实现决胜全面建成小康社会、决战脱贫攻坚目标任务。"② 这标志着在疫情防控与经济社会发展的统筹中，防控工作的重点已经转为外防输入、内防反弹，而经济社会发展进一步成为矛盾的主要方面。

我们把新冠肺炎疫情的冲击看成一种危机，不仅仅是从卫生健康领域

---

① 习近平：《在统筹推进新冠肺炎疫情防控和经济社会发展工作部署会议上的讲话》（2020年2月23日），《人民日报》2020年2月24日。
② 《中共中央政治局常务委员会召开会议　分析国内外新冠肺炎疫情防控和经济运行形势　研究部署落实常态化疫情防控举措全面推进复工复产工作》，《人民日报》2020年4月9日。

而言，也不仅仅是从社会影响角度而言，同时也基于其对经济发展的影响而言。只有把这次危机的冲击范围、程度尽可能控制住，使其波及面尽可能小一些，并在危机冲击出现拐点时及时把握住，化危为机，筑牢防控疫情的堤坝，同时加速重振经济，我们的损失才可以降至最低。实践告诉我们，越是处于危机影响之中，发展是硬道理的真谛就越是不能忘记。

所以，在疫情防控进入常态化以后，必须紧抓经济发展各项工作，这从新时代中国特色社会主义理论的逻辑与现实需要看，都具有很强的必要性与紧迫性：一是必须以经济发展保障民生，人民利益至上是执政党的坚定信念，保障民生是发展的底线，而且这对于一个 14 亿人口的大国来说尤其重要；二是必须维护稳中向好的发展态势，确保全面小康社会的各项主要发展指标能够如期实现，以巩固和增强全国人民的发展信心，夯实社会稳定的经济基础；三是必须以经济发展的成效保持我国在经济全球化进程中的良好态势，这既因我国作为最大的发展中国家，必须善用我们的发展空间，并为扩大开放创造有利条件，同时也为世界经济的增长保持中国力量的支撑，体现负责任大国的应有承担。

抓好疫情防控与经济社会发展"双统筹"、赢取"双胜利"，成为我国 2020 年开启的一段时间内经济社会发展进程中的最强旋律。习近平总书记 2020 年 5 月 24 日在参加十三届全国人大三次会议湖北代表团审议时强调："要全力做好常态化疫情防控工作，坚持常态化精准防控和局部应急处置有机结合，加强社区精准防控，扩大检测范围，不断巩固疫情防控成果。要加快复工复产、复商复市，围绕重点产业链、龙头企业、重大投资项目精准施策，着力帮助解决产业链协同复工复产中的各种堵点、难点问题，帮助解决企业特别是中小微企业面临的实际困难，抓紧出台和落实各项刺激消费的措施，千方百计把疫情造成的损失降到最低。"①

---

① 《习近平在参加湖北代表团审议时强调　整体谋划系统重塑全面提升　织牢织密公共卫生防护网》，《人民日报》2020 年 5 月 25 日。

（二）辩证认识统筹推进常态化疫情防控和经济社会发展的关系

在以习近平同志为核心的党中央坚强领导下，我国用 1 个多月的时间初步遏制了疫情蔓延势头，用 3 个月左右的时间取得了疫情防控重大战略成果，在一个拥有 14 亿人口的发展中国家，如此成效来之不易。但与此同时，疫情防控对经济发展的资源配置造成一定的分流，对发展规划的实施时效带来一定的阻滞，对我国经济社会发展形成了较大冲击，从而形成了与经济发展的一定矛盾。我国经济在 2020 年第一季度出现负增长，拉动经济增长的"三驾马车"即消费、投资与出口同期总体呈负增长状况，反映了这一矛盾带来的不利影响。

这些不利影响在现象上还表现为：疫情防控对人员流动和接触仍有一定限制，一定时期内生产和经营活动仍处于有制约条件的放开状态，一些企业特别是小微企业因前期歇业而面临重启经营的困难，城镇新增就业相对减少，财政收支压力加大且部分地区需要采取更有力的转移支付手段等。2020 年 5 月 22 日十三届全国人大三次会议上的政府工作报告所提供的一组数据折射了新冠肺炎疫情带来的经济增长的压力。2020 年与 2019 年比较：2019 年 GDP 增幅为 6.1%，但 2020 年不提出增幅指标；2019 年城镇新增就业 1352 万人，城镇调查失业率在 5.3% 以下，而 2020 年计划城镇新增就业 900 万人以上，城镇调查失业率 6% 左右；2019 年赤字率按 2.8% 安排，赤字规模 2.76 万亿元，在 2020 年赤字率则按 3.6% 以上安排，赤字规模增加 1 万亿元；2019 年居民消费价格涨幅为 2.9%，2020 年预计为 3.5% 左右。这反映出我们面对疫情冲击的客观理性的思考，我们不回避矛盾，我们的出路在于正确分析矛盾和解决矛盾。

依照事物运动发展的规律，辩证分析疫情防控与经济发展这对矛盾，双方既存在相互对立、相互制约的一面，也必然存在相互依存、相互促进的一面。关键是我们是否对发展的规律有全面、辩证而深刻的认识，是否能够因势利导地把握事物发展的正确方向。在 2020 年 2 月中央召开的统筹推进新冠肺炎疫情防控和经济社会发展工作部署会议上，习近平总书记就已指出："新冠肺炎疫情不可避免会对经济社会造成较大冲击。越是在这个时候，越要用全面、辩证、长远的眼光看待我国发展，越要增强信心、坚定信心。"① 在统筹常态化疫情防控与经济社会发展的过程中，我们必须充分认识和驾驭这两方面工作在目标上的一致性和统一于整体经济社会发展的关系。首先，人民对美好生活的向往，是我们发展的目标，人民是实现发展的根本力量，所以疫情防控在保护人民生命安全和身体健康的同时，也守护着实现发展所依靠的根本力量源泉。其次，疫情防控工作对一大批新技术新产业新业态的发展具有重要的推动作用，如大数据、新一代信息技术、智能制造、健康产业和电商外贸等都在抗疫过程中获得了重大发展机遇。再次，疫情防控加强了社会力量的动员响应机制，对于加快经济社会发展具有形成凝心聚力长效机制的效果。最后，疫情防控做得好，复工复产就快，经济恢复发展就快，从而对投资和企业运行带来长期利好，为营商环境的优化注入了新的因素，给国内外投资者和经营者更强的信心、更好的发展预期；而经济恢复发展得更快更好，也必然有利于更好地保障疫情防控所需物质，缓解和消除疫情带来的种种不利影响。

习近平总书记 2020 年 5 月在全国政协十三届三次会议期间进一步明确指出："要坚持用全面、辩证、长远的眼光分析当前经济形势，努力在危机中育新机、于变局中开新局。"② 这从发展观与方法论的高度，对更好统筹常态化疫情防控和经济社会发展工作，正确判断经济发展趋势、保持发展定力，确保当年完成决战决胜脱贫攻坚目标任务、全面建成小

---

① 习近平：《在统筹推进新冠肺炎疫情防控和经济社会发展工作部署会议上的讲话》（2020 年 2 月 23 日），《人民日报》2020 年 2 月 24 日。

② 《习近平在看望参加政协会议的经济界委员时强调　坚持用全面辩证长远眼光分析经济形势　努力在危机中育新机于变局中开新局》，《人民日报》2020 年 5 月 24 日。

康社会，具有重要的指导意义。

全面辩证长远分析当前经济形势，必须坚持以发展的眼光看问题。改革开放和进入中国特色社会主义建设新时代以来，我国坚持把发展作为党执政兴国的第一要务，坚持稳中求进的工作总基调，经济结构不断优化，经济基础更加扎实。我国目前是世界上唯一拥有联合国产业分类中全部工业门类的国家，并从 2010 年起已成为世界经济总量第二、制造业增加值规模第一的大国。在代表新科技革命发展趋势的包括数字经济、智能制造在内的高技术产业，以及电商外贸等新兴业态中，我国的规模和发展速度也在世界前列，并在经受 2020 年全球疫情蔓延的考验中体现了中国力量。2020 年 4 月我国高技术制造业的利润取得同比高达 55.7% 的增长，接近 2019 年同期增幅的 5 倍。① 而 2020 年全年中国经济增长率达到 2.3%，是当年世界主要经济体中唯一实现经济正增长的国家，这是我们在中国共产党领导下勇于并善于有效化解重大危机挑战的有力佐证。

因此，以全面辩证长远的眼光看待我国经济发展，能进一步增强发展信心，调动一切积极因素，"在危机中育新机、于变局中开新局"，因势利导地促进矛盾的转化和解决，把疫情对经济发展的影响降至最低，同时把握好新的发展机遇，促进经济发展利益的最大化，奋力实现我们的发展目标。

（三）在战胜新冠肺炎疫情中更好地统筹经济社会发展

习近平总书记指出："做好统筹疫情防控和经济社会发展工作，要紧紧依靠人民。这次疫情给我国经济社会发展造成了较大冲击和影响，但某种程度上也孕育了新的契机。我国经济稳中向好、长期向好的基本面

---

① 《国家统计局工业司高级统计师朱虹解读工业企业利润数据》，国家统计局，http://www.stats.gov.cn/tjsj/sjjd/202005/t20200527_ 1748219.html，最后访问日期：2022 年 3 月 15 日。

没有改变。要积极主动作为，既立足当前，又放眼长远，在推进重大项目建设、支持市场主体发展、加快产业结构调整、提升基层治理能力等方面推出一些管用举措，特别是要研究谋划中长期战略任务和战略布局，有针对性地部署对高质量发展、高效能治理具有牵引性的重大规划、重大改革、重大政策，在应对危机中掌握工作主动权、打好发展主动仗。"总书记还指出，"坚持以人民为中心的发展思想，坚持稳中求进工作总基调，坚持新发展理念，坚决打好三大攻坚战，扎实做好'六稳'工作，全面落实'六保'任务，坚决克服疫情带来的不利影响，确保完成决胜全面建成小康社会、决战脱贫攻坚目标任务"。①

"六稳"由 2018 年 7 月中央政治局会议首次提出，即稳就业、稳金融、稳外贸、稳外资、稳投资、稳预期。提出的背景是我国经济发展的外部环境发生较大变化，国际贸易、投资、技术合作等领域产生不少重大变数，在这些变数引起的变局中，中国作为最大的发展中国家，必须通过"六稳"保持中国经济发展稳中向好、长期向好态势；而以经济稳中求进的发展为民生不断改善提供更有力保障，这首先是符合中国人民利益的；同时，作为一个大国，中国经济稳定发展也是对世界经济增强抗风险能力的有效支持。

"六保"由 2020 年 4 月 17 日中央政治局会议提出并写入了 2020 年国务院的政府工作报告。在疫情防控常态化前提下，要求统筹推进疫情防控和经济社会发展工作，加大"六稳"工作力度，保居民就业、保基本民生、保市场主体、保粮食能源安全、保产业链供应链稳定、保基层运转，坚定实施扩大内需战略，维护经济发展和社会稳定大局，确保完成决战决胜脱贫攻坚目标任务，全面建成小康社会。"六保"是"六稳"在进入常态化疫情防控背景下有针对性地抓好经济恢复振兴工作、做强

---

① 《习近平在参加内蒙古代表团审议时强调　坚持人民至上　不断造福人民　把以人民为中心的发展思想落实到各项决策部署和实际工作之中》，《人民日报》2020 年 5 月 23 日。

经济发展基本面的逻辑使然。

十三届全国人大三次会议确定了遭受疫情冲击下的 2020 年的发展任务，并以组合拳的方式配套提出了今后一定时期促进经济发展的有力举措。而在该次会议上通过的《中华人民共和国民法典》中所包含的大量涉及经济领域的法律条文，与该次大会召开前后中央先后密集出台的一系列深化改革、扩大开放、推动发展的重大创新举措及重要文件，既符合当前形势，更着眼长远发展，从新时代国家在经济领域完善治理体系和治理能力的高度构筑起全面、长远增强中国经济发展后劲的制度体系与长效机制，为企业发展、内需增长、深化改革扩大开放和社会经济活动的健康运行，提供了制度保障和政策动力。如 2020 年上半年陆续颁布的《中共中央　国务院关于构建更加完善的要素市场化配置体制机制的意见》《中共中央　国务院关于新时代加快完善社会主义市场经济体制的意见》《中共中央　国务院关于新时代推进西部大开发形成新格局的指导意见》，以及中共中央、国务院印发的《海南自由贸易港建设总体方案》等重要文件，体现了中央在我国实现全面小康进而向现代化社会主义国家迈进的阶段性转变中所做出的立足高远而又深接"地气"的顶层设计，加上中央部委、各省区市推出的一系列落地实施的方案与措施，既为在实现"六稳"基础上实施"六保"提供了有力的制度与政策保障，更体现了我们国家当前维护好经济发展和社会稳定大局，并在中长期的发展中保持稳中向好、长期向好态势的治理能力。

统筹推进疫情防控和经济社会发展工作，是对中国经济化危为机、保持稳中求进的一大考验。随着我国及时研发的新冠疫苗完成临床试验及产能的扩大，接种疫苗人口占比迅速提升，本轮新冠肺炎疫情带来的危机也必将成为历史。但各种危机挑战仍将以不同形式发生，我们仍然需要继续做好应对化解各种重大风险挑战的准备。我们相信，有中国共产党的坚强领导，有改革开放和进入新时代以来经过包括新冠肺炎疫情等危机所检验的中国特色社会主义的制度优势，有中国国民经济体系丰富而强韧的发展基础，加上充分发挥一系列促进经济发展的制度创新与政策效能的潜力，我们完全可以对当前经济形势及经济长期发展走势更具信心，中国经济发展的全局必将在更好实现"育新机""开新局"进程中行稳致远，中国人民在发展中的获得感幸福感必将稳步增强。

第三章　以新发展理念引领新时代
高质量发展

　　随着中国特色社会主义进入新时代，中国社会发展的主要矛盾发生重大变化，高质量发展成为新时代的发展要求和时代特征。在实现高质量发展的进程中，必须加强新发展理念引领。"理念是行动的先导，一定的发展实践都是由一定的发展理念来引领的。发展理念是否对头，从根本上决定着发展成效乃至成败。实践告诉我们，发展是一个不断变化的进程，发展环境不会一成不变，发展条件不会一成不变，发展理念自然也不会一成不变。"[1] 包括中国在内的许多发展中国家的经验表明，发展理念正确，发展进程就顺畅；反之，发展理念产生偏差或失误，发展进程就会遭受挫折或付出沉重代价。

　　创新、协调、绿色、开放、共享的新发展理念，是习近平新时代中国特色社会主义思想的重要组成部分。党的十八届五中全会确立了必须以新发展理念引领我国发展全局的深刻变革。党的十九届五中全会审议通过的关于"十四五"规划与2035年远景目标建议，重申了要坚定不移

---

[1]　《习近平谈治国理政》（第二卷），外文出版社，2017，第197页。

贯彻新发展理念的要求。习近平强调："我们党领导人民治国理政，很重要的一个方面就是要回答好实现什么样的发展、怎样实现发展这个重大问题。理念是行动的先导，一定的发展实践都是由一定的发展理念来引领的。发展理念是否对头，从根本上决定着发展成效乃至成败。党的十八大以来，我们党对经济形势进行科学判断，对经济社会发展提出了许多重大理论和理念，对发展理念和思路作出及时调整，其中新发展理念是最重要、最主要的，引导我国经济发展取得了历史性成就、发生了历史性变革。新发展理念是一个系统的理论体系，回答了关于发展的目的、动力、方式、路径等一系列理论和实践问题，阐明了我们党关于发展的政治立场、价值导向、发展模式、发展道路等重大政治问题。"① 因此，对新发展理念必须予以长期贯彻，全面落实。

第一节　新时代高质量发展的要求

历史发展进程呈现连续性与阶段性、时代性的统一，这是事物发展的必然规律。这种阶段性、时代性的转折，与发展的基础和条件必然随时空变化而产生阶段性的量变到质变的客观趋势有密切联系。

新中国成立后的经济发展可分为三个主要的阶段：1949～1978 年，是国民经济恢复发展和社会主义建设的探索时期，完成了对百年来中国经济凋敝状态的修复、重振，构建了社会主义所有制主体，初步实现中国经济的自立；1978～2012 年，是开始改革开放与走上建设中国特色社会主义道路的时期，经济保持高速增长，并在 21 世纪第二个十年伊始成为世界第二大经济体、第一大制造业国家，进入上中等收入国家行列；2012 年党的十八大召开至今，中国特色社会主义发展进入新时代，其经

---

① 《习近平在省部级主要领导干部学习贯彻党的十九届五中全会精神专题研讨班开班式上发表重要讲话强调　深入学习坚决贯彻党的十九届五中全会精神　确保全面建设社会主义现代化国家开好局》，《人民日报》2021 年 1 月 12 日。

济发展最重要的转变是从高速度发展转入高质量发展，高质量发展在发展观念、动力、结构、方式与绩效等方面呈现一系列新的特征，相应地，新时代的民生改善，从主要着力于经济状况的改善，转向反映人的全面发展需要的各主要领域的发展。高质量发展的时代背景与实践要求，是确立和贯彻新发展理念的客观基础。

一　新时代社会主要矛盾的变化与新发展理念的提出

改革开放起步之际的中国，正处于工业化初期，经济基础还比较薄弱，人均经济发展指标低，尚处于世界低收入经济体行列；中国在世界贸易出口中以出口初级产品为主，出口值在世界的占比还不足 1%。以邓小平同志为核心的党的第二代中央领导集体根据当时的国情，提出人民日益增长的物质文化需要同落后的社会生产之间的矛盾是当时我国社会的主要矛盾，并且根据这一主要矛盾提出了以经济建设为中心的党的基本路线。

邓小平不仅对主要矛盾做出了正确判断，而且找到了解决主要矛盾及抓矛盾主要方面的正确路径，即不能以压抑人民群众需求去适应落后的社会生产，而应以经济建设为中心、大力发展社会生产力为根本任务，加快发展生产，最大限度地满足人民群众的需要。这使中国在这一阶段的 30 多年间总体保持了经济高速增长，大幅提升了中国经济发展水平。1979~2012 年我国国内生产总值年均增长 9.8%，而同期世界经济年均增速只有 2.8%，中国经济平均增长速度是世界的 3.5 倍。随着中国经济总量居世界位次稳步提升，中国在世界经济规模的排序上，也从 1978 年的 11 位转变为 2008 年超过德国而跃居世界第 3 位，2010 年超过日本而居世界第 2 位，中国占世界经济总量的份额由 1978 年的 1.8% 提高到 2012 年的 11.5%。按照世界银行的数据及收入水平划分标准，我国人均国民总收入由 1978 年的 190 美元上升至 2012 年的 5680 美元，已经由低收入国家跃升至上中等收入国家。与此同时，经济结构也发生了显著变化，第一、二、三产业增加值 1979~2012 年年均分别实际增长 4.6%、11.3%和 10.8%；三次产业增加值在国内生产总值中所占的比重由 1978 年的 28.2：47.9：23.9 演进为 2012 年的 10.1：45.3：44.6。城镇化水平由 1978 年的 17.9%上升到 2011 年跨越 50%重大节点并在 2012 年达到 52.6%。中国在世界贸易中所占比重迅速提升，2009 年成为出口额第一大国，出口额在世界的占比从 1978 年的 0.78%上升到 2012 年的 11.2%。[①]

2012 年以来，中国面临的国内外发展环境与条件有了新的重要变化，中国自身发展也相应进入一个新阶段。习近平总书记在党的十九大报告中，回顾总结了改革开放上一阶段的经验，并对中国特色社会主义进入新时代的标志和内涵做出阐述："改革开放之初，我们党发出了走自己的路、建设中国特色社会主义的伟大号召。从那时以来，我们党团结带领全国各族人民不懈奋斗，推动我国经济实力、科技实力、国防实力、综合国力进入世界前列，推动我国国际地位实现前所未有的提升，党的面貌、国家的面貌、人民的面貌、军队的面貌、中华民族的面貌发生了前所未有的变化，中华民族正以崭新姿态屹立于世界的东方。""经过长期努力，中国特色社会主义进入了新时代，这是我国发展新的历史方位。""中国特色社会主义进入新时代，我国社会主要矛盾已经转化为人民日益增长的美好生活需要和不平衡不充分的发展之间的矛盾。我国稳定解决了十几亿人的温饱问题，总体上实现小康，不久将全面建成小康社会，人民美好生活需要日益广泛，不仅对物质文化生活提出了更高要求，而且在民主、法治、公平、正义、安全、环境等方面的要求日益增长。同时，我国社会生产力水平总体上显著提高，社会生产能力在很多方面进入世界前列，更加突出的问题是发展不平衡不充分，这已经成为满足人

---

① 据国家统计局公布的数据，部分数据由作者在国家统计局公布数据基础上计算所得。

民日益增长的美好生活需要的主要制约因素。"①

新时代我国社会主要矛盾的转化源于客观条件的变化。首先，我国的发展转向高质量发展。十几亿人民群众稳定解决了温饱问题并达到总体小康，人民群众物质生活条件得到极大改善，贫困发生率明显降低；截至2012年底已有约7亿贫困人口完成脱贫，剩余需脱贫攻坚的人口数已减至1亿以内，因此绝大多数人民群众的需求从数量追求转向质量追求，转向内涵更丰富、层次更高、结构更多元的需求。其次，我国经济发展需要走可持续发展道路。长期高速增长在带来经济规模迅速扩大、助力我国成为位居世界前列经济大国的同时，也面临资源消耗巨大、环境压力加重、发展动力亟待转换、发展方式亟待优化的严峻现实。最后，我国区域、城乡间仍存在较为突出的发展不平衡问题。这就需要我们以更高瞻远瞩的发展视野，在坚持以经济建设为中心的基础上，针对主要矛盾的变化，更科学地优化资源配置，优化我们的工作部署。

一段时间以来，随着国内外发展环境的新变化，我国经济增长虽然仍然保持高于全球增长水平及发达经济体增长水平的速度，但两位数的增幅在21世纪第二个十年已难以保持，高速增长转向中高速，标志着中国经济发展开始进入新常态。新常态带来的是发展速度、经济结构、增长动力同时需要调整的挑战和机遇。在新常态的考验面前，只有积极应对，找到正确的发展理念和路径，才能成功跨越"中等收入陷阱"，开创新的发展空间，迎来可持续的新发展态势。习近平指出："上世纪60年代以来，全球100多个中等收入经济体中只有十几个成功进入高收入经济体。那些取得成功的国家，就是在经历高速增长阶段后实现了经济发展从量的扩张转向质的提高。那些徘徊不前甚至倒退的国家，就是没有实现这种根本性转变。"②

---

① 《习近平谈治国理政》（第三卷），外文出版社，2020，第8~9页。
② 《习近平谈治国理政》（第三卷），外文出版社，2020，第238页。

因此，作为新时代基本特征的社会主要矛盾的转化，要求我们相应提出适应这一时代特征的新发展观。习近平总书记在我国开始制定国民经济与社会发展第十三个五年规划之际明确指出："要坚持创新、协调、绿色、开放、共享的发展理念。这五大发展理念不是凭空得来的，是我们在深刻总结国内外发展经验教训的基础上形成的，也是在深刻分析国内外发展大势的基础上形成的，集中反映了我们党对经济社会发展规律认识的深化，也是针对我国发展中的突出矛盾和问题提出来的。"①

新发展理念与新常态发展趋势具有紧密的逻辑联系。习近平总书记阐述了以新发展理念积极引领我国经济发展新常态的意义、方向和路径，他说："面对中国经济发展进入新常态、世界经济发展进入转型期、世界科技发展酝酿新突破的发展格局，我们要坚持以经济建设为中心，坚持以新发展理念引领经济发展新常态，加快转变经济发展方式、调整经济发展结构、提高发展质量和效益，着力推进供给侧结构性改革，推动经济更有效率、更有质量、更加公平、更可持续地发展，加快形成崇尚创新、注重协调、倡导绿色、厚植开放、推进共享的机制和环境，不断壮大我国经济实力和综合国力。"②

新发展理念的提出，充分体现以人民为中心的发展思想，切合我国国情，顺应时代要求，对破解发展难题、增强发展动力、厚植发展优势具有重大指导意义。我们必须长期坚持以新发展理念为引领，坚持以提高经济发展质量和效益为中心，这样才能保证我们在中国特色社会主义道路上不断攻坚克难、行稳致远。

二 推进供给侧结构性改革适应经济发展新常态

"新常态"的概念最初由美国太平洋基金管理公司总裁埃里安

① 《习近平谈治国理政》（第二卷），外文出版社，2017，第197页。
② 《习近平谈治国理政》（第二卷），外文出版社，2017，第38页。

（Mohamed El-Erian）在国际金融危机深化的 2009 年提出，当时指的是金融危机冲击下的经济下行态势、复苏的疲软及对社会可能带来的长期影响，带有一定的消极含义，并未反映人类的积极作为。但在当代马克思主义中国化的词汇里，"新常态"的范畴更多包含着正能量，包含着对国内外经济趋势所做出的历史唯物主义的洞察和新路径的开辟。

中国经济发展进入新常态，需要对以往的数量型高速度增长方式做出重大调整，在发展速度回稳状态下解决好矛盾的主要方面即供给侧结构优化问题，以促进质量导向型增长。

（一）关于新常态的研判分析

习近平总书记对我国经济发展进入新常态的分析研判包括九个方面：一是从消费需求看，消费需求已经从差异化较小的数量增长转向结构更丰富的多样化个性化发展，消费在今后经济发展中的基础作用也必将进一步加强；二是从投资需求看，各领域大规模数量化的投资活动，将逐步让位于结构性调整，更多投资应转向重要的新基础设施及新技术、新产业、新产品、新业态等方面，以投资结构的优化适应新常态，这样才能发挥其拉动经济的关键作用；三是从出口和国际收支看，原来以低成本支撑的大规模出口格局需要调整，国际收支进一步转向基本平衡，需要更积极地培育开放发展新优势；四是从生产能力和产业组织方式看，部分落后产能需要淘汰，传统产能需要压减，产业结构需要优化升级，企业组织与企业体系需要完善；五是从生产要素相对优势看，传统要素的效益发挥的空间逐渐受限，经济增长将更多依靠人力资本与技术进步，必须让创新成为驱动发展的新引擎；六是从市场竞争特点看，数量扩张与价格竞争逐步让位于提高质量与资源配置效率效益的竞争；七是从资源环境约束看，传统发展模式在发展规模极大的情况下已令环境资源承载力达到或接近上限，绿色低碳循环发展新方式应成为新的路径；八是从经济风险积累与化解看，我们需要对新的风险挑战及其影响做出综合判断，标本兼治，保证经济运行稳中向好；九是从资源配置模式和宏观调控方式看，传统的全面刺激增长的方式已不适用，要转向结构性为重点的宏观调控，更好地体现市场与政府的合理分工与协调关系。[①] 习近平总书记从理论与实践角度对中国经济发展新常态做出的全面诠释，是对当今时代背景下中国发展所面临的客观趋势与实施路径的深刻分析，体现了对新时代应有的新理念、新作为的积极开拓。

（二）供给侧结构性改革是马克思主义政治经济学原理的创新运用

供给侧结构性改革是马克思主义政治经济学在中国特色社会主义现阶段的理论创新，具有马克思主义经典学说的坚实根基。习近平总书记关于"供给和需求是市场经济内在关系的两个基本方面，是既对立又统一的辩证关系，二者你离不开我、我离不开你，相互依存、互为条件。没有需求，供给就无从实现，新的需求可以催生新的供给；没有供给，需求就无法满足，新的供给可以创造新的需求"和"供给侧管理，重在解决结构性问题，注重激发经济增长动力，主要通过优化要素配置和调整生产结构来提高供给体系质量和效率，进而推动经济增长"[②] 的一系列阐述，体现了马克思主义政治经济学在中国当代实践中的理论升华。

马克思对供给侧在市场的经济关系中所具有的地位和所发挥的机制性作用，做出过精辟论述。马克思在写作《资本论》之前所作的奠定马克思主义政治经济学研究对象的文稿《〈政治经济学批判〉导言》中指出：一方面，消费作为生产的目的，"创造出新的生产的需要"[③]；另一方面，生产不仅是满足消费的手段，而且"生产着消费"，"生产不仅为主

---

① 参见《习近平谈治国理政》（第二卷），外文出版社，2017，第230~233页。
② 《习近平谈治国理政》（第二卷），外文出版社，2017，第252~253页。
③ 马克思：《〈政治经济学批判〉导言》，《马克思恩格斯选集》（第二卷），人民出版社，2012，第691页。

体生产对象，而且也为对象生产主体"，生产"生产出消费的对象，消费的方式，消费的动力"，"不仅消费的对象，而且消费的方式，不仅在客体方面，而且在主体方面，都是生产所生产的。所以，生产创造消费者"。① 在这里，生产实际上就是供给，是创造供给的人类活动。马克思对生产即供给在社会经济运行中的地位和作用的高度肯定，基于他认为生产是经济活动的起点，他说，生产与消费"表现为一个过程的两个要素，在这个过程中，生产是实际的起点，因而也是起支配作用的要素……是整个过程借以重新进行的行为"②。马克思的阐述，不仅在生产方式、生产关系的基本运行原理上具有政治经济学基础理论价值，而且对现实的市场供求矛盾进行了深刻的理论揭示。在中国经济发展进入新常态，需要以供给侧结构性改革来适应需求结构性升级时，习近平总书记提出要抓住供给侧的改革创新，让我们的生产即供给的结构优化、水平提升，从而使中国经济"整个过程借以重新进行"，就是抓住了矛盾的主要方面，对引领新常态下的中国经济发展将产生决定性的深远影响。

（三）以供给侧结构性改革引领经济发展新常态

1. 推进供给侧结构性改革是创新发展思路、提升发展质量的需要

从中国经济运行的宏观层面看，供给侧结构性改革首先是针对总供给与总需求格局中的供给结构失衡问题而提出的。供给结构的失衡，又突出表现为一批行业的整体产能与库存过剩，这表明这些领域的资源配置规模超出了社会再生产的合理比例；在深度参与经济全球化的过程中，这种合理比例同时受全球再生产周期的制约。自国际金融危机爆发以来，

---

① 马克思：《〈政治经济学批判〉导言》，《马克思恩格斯选集》（第二卷），人民出版社，2012，第692页。

② 马克思：《〈政治经济学批判〉导言》，《马克思恩格斯选集》（第二卷），人民出版社，2012，第694页。

由于国际市场外需不稳定，加上某些西方大国挑起的贸易战、投资战，世界经济的再平衡充满变数，我国作为世界第一出口贸易大国，货物的外销受到很大冲击，从而加剧了部分长线产能与库存双过剩的压力。另外，从国内发展进程看，以往在做大经济总量的时候，各地各行业也出现了愈益严重的拼产能、拼产值、拼消耗的粗放发展现象。因此，因势利导地针对供给侧的问题提出去产能去库存，绝不是权宜之计，而是把当前的发展诉求与长远的可持续发展结合起来的重要的战略决策，就是要全面调整优化供给的结构，压缩长线、补齐短板，去除库存、激活存量，改善供给、稳定增长。这样做的战略意义在于：把传统领域高消耗高浪费的低效无效投入，真正转变为致力于创新驱动和开拓发现新增长点的投入；降低供给侧的无效耗损，实现市场对资源配置的真正优化和社会再生产的良性运行；全面提升供给体系质量和效率，降低社会必要劳动的平均耗费，推动我国发展质量整体提升。

2. 推进供给侧结构性改革是激活企业潜能、增进发展效益的需要

宏观经济质量的提升，是一种系统性的功能，本质上依靠微观经济行为的效能及其组合的优化。企业作为市场最重要的主体和国民经济的微观基础，既是需求者，更是供给者；越是能提供有效供给的企业，其效益就越佳，反之就越差。对一个国家而言，企业强则国力盛，所以我国自改革开放的国策制定以来，市场主体的活力总是摆在改革发展的重要位置。

我国提出实行供给侧结构性改革，把稳增长调结构增效益结合起来考虑，实际上也是基于对企业近年来所受到的市场环境压力的关注，即对企业提高有效供给能力并同时实现企业效益的关注。推进供给侧结构性改革，对于新常态下的企业具有多方面利好：一是在产能与库存过剩行业，通过改革，淘汰落后、过剩的部分，有利于企业及其所在行业摆脱恶性竞争和经济效益下滑的态势，提升企业对市场机

制的敏感度，腾出手来致力于创新发展；二是在供给侧结构性改革中，国家通过财税政策、金融政策扶持和完善营商环境，采取更有效发挥市场经营主体活力的政策，减轻企业负担，提高企业投资和发展的信心，有利于挖掘企业等市场经营主体创新供给的潜能；三是供给侧结构性改革注重加减乘除并举，在压产能的同时，通过更加优良的营商环境打造和推出更加精准的产业政策，包括推进乡村振兴和农业现代化、制造业升级、服务业发展、新基础设施建设等，既为企业投资发展展示新领域，又为企业所需的社会服务进一步完善配套的产业体系和市场体系，这必将有利于企业在市场机会的选择中更加游刃有余，在市场交易中更加降低交易成本。

3. 推进供给侧结构性改革是提升和扩大消费需求的需要

习近平总书记说："从政治经济学的角度看，供给侧结构性改革的根本，是使我国供给能力更好满足广大人民日益增长、不断升级和个性化的物质文化和生态环境需要，从而实现社会主义生产目的。"[1]"有效供给能力不足带来大量'需求外溢'，消费能力严重外流。解决这些结构性问题，必须推进供给侧改革。"[2]"在适度扩大总需求的同时，着力加强供给侧结构性改革，是对我国经济发展思路和工作着力点的重大部署。各地要结合自身实际，认真贯彻新的发展理念，围绕去产能、去库存、去杠杆、降成本、补短板，优化现有生产要素配置和组合、增强经济内生增长动力，优化现有供给结构、提高产品和服务质量，培育发展新产业新业态、提供新产品新服务。归结到一点，就是要进一步解放和发展社会生产力，用新供给引领需求发展，为经济持续增长培育新动力、打造新引擎。"[3]

---

① 《习近平谈治国理政》（第二卷），外文出版社，2017，第252页。
② 《习近平谈治国理政》（第二卷），外文出版社，2017，第253~254页。
③ 《习近平在安徽调研时强调　全面落实"十三五"规划纲要　加强改革创新开创发展新局面》，《人民日报》2016年4月28日。

因此，着力实施供给侧结构性改革，不是轻视需求的地位和作用，不是忽略内需的扩大，而是着眼于"用新供给引领需求发展"，提高有效供给能力，通过创造新供给、提高供给质量更好地扩大消费需求。在供求关系的矛盾运动中，重视供给侧结构性改革与加强需求侧管理是相辅相成的，完善供给侧结构性改革，使内需的扩大获得新的激活，这种激活将着重通过企业创新与转型活动开拓和引导新的需求；而供给方创新与转型活力的迸发将拉动投资与就业的增长，进一步提升国民的消费力从而增进供求的良性互动，实现社会总需求的持续升级与扩大。

三 完善产业链布局，保障国家经济安全

经济高质量发展是能够保障行稳致远的发展，而产业体系和产业链布局的完善，则是支撑高质量发展的基础；高质量发展同时意味着经济抗风险能力强大，能够使产业链保持强韧、优质与稳健运行，在抵御各种社会风险和维护国家经济安全中发挥坚韧的屏障作用。

习近平总书记对产业链的质量提升给予高度重视。2019 年习近平总书记在中央财经委员会第五次会议上提出："要充分发挥集中力量办大事的制度优势和超大规模的市场优势，打好产业基础高级化、产业链现代化的攻坚战。"① 而产业链的稳定和可持续运行，必须同时经得起各种风险挑战的冲击。2020 年 4 月，在统筹防控新冠肺炎疫情和经济社会发展的重要阶段，习近平在陕西考察时强调，"要全面落实党中央决策部署，坚持稳中求进工作总基调，坚持新发展理念，扎实做好稳就业、稳金融、稳外贸、稳外资、稳投资、稳预期工作，全面落实保居民就业、保基本民生、保市场主体、保粮食能源安全、保产业链供应链稳定、保基层运转任务，努力克服新冠肺炎疫情带来的不利影响，确保完成决战决胜脱

---

① 《习近平主持召开中央财经委员会第五次会议》（2019 年 8 月 26 日），《人民日报》2019 年 8 月 27 日。

贫攻坚目标任务，全面建成小康社会"①。确实，产业链供应链稳定的意义，在 2020 年新冠肺炎疫情带来的全球化考验中愈加凸显。

中国作为世界各国中产业体系最丰富、产业链相对完善的国家，在抗击新冠肺炎疫情过程中，其产业链供应链的实力得以展现，这不仅体现在能够保障疫情期间的物资供给，也体现在自身复工复产速度在全球相对领先，还体现在对其他一些国家的抗疫物资和相关生产生活需求的供应能力上。但与此同时，这次疫情以及近年来自国外的某些逆全球化行为的干扰和阻挠，也在一定程度上给我们加强产业链供应链的稳定提出了重要的警示。我们必须注重加强产业链供应链中关键"短板"的弥补，进一步增强我国产业链供应链抵抗重大风险冲击的能力，增进我国的产业安全。

"产业安全"是国际分工和世界市场发展进程中产生的概念，主要指一国在对外开放的条件下，产业的国际竞争与合作状况对本国民族产业持续生存和发展所带来的利弊安危，并以此评估其是否有利于本国经济稳定发展和增强抗御内外部风险与危机的能力，是否有利于本国经济社会正常运转与民生的基本保障。传统的产业安全观偏重于考虑保持本国资本对本国产业主体的控制度；现代的产业安全观在保持本国关键产业的控制比例的同时，更注重在经济内外紧密联动条件下，产业链联结度的可靠性和可持续性是否具有重大缺陷或潜在危险。因此，当今的产业安全，更多表现为产业链供应链的安全。尽管经济全球化的客观趋势依然存在，但当前国际保护主义、单边主义等阻碍国际合作的思潮与某些国家公开制造的矛盾已经构成危及国内国际产业安全的系列隐患和现实冲击；而 2020 年的新冠肺炎疫情使全球在限制国际人际交往和出现普遍停工或部分有限度开工的背景下，也被迫产生一定程度一定产业领域的

---

① 《习近平在陕西考察时强调　扎实做好"六稳"工作落实"六保"任务　奋力谱写陕西新时代追赶超越新篇章》，《人民日报》2020 年 4 月 24 日。

国际性"断供"，并引发不少国家国内产业链供应链在某些方面的运转困难，这类风险今后仍难以准确预测和完全避免。

按照高质量发展的要求，完善产业链布局，筑牢保障国家经济安全的屏障，对于中国这个世界人口最多、市场潜力最大的经济体而言极为重要。其一，无论是作为基本必需品的产品，还是主要产品的关键组件或关键原材料，以及重要生产设备正常运行所需的核心零部件，一旦断供，不仅会危及相关产业的持续正常运行，还可能进而危及社会经济发展速度的稳定，甚至因局部产业运行困难而通过产业体系的关联性引起多产业运行受阻的连锁反应，损害与制约我国基于巨大人口规模的民生需求保障。其二，由于中国已深度融入经济全球化发展，我国的产业安全和产业链供应链安全能否确保，也会反过来影响我国对国际产业链安全的支撑。因为在庞大的产业体系形成国际合作网络的情况下，我国需要可靠的海内外产业链供应链的支持，如果某些产业某些环节断供，就会制约我国相关产业的产品与服务向国际社会供给的能力。因此，我国一要立足自身建设，二要打造更巩固更牢靠的国际合作链条，"牢固树立安全发展理念，加快完善安全发展体制机制，补齐相关短板，维护产业链、供应链安全，积极做好防范化解重大风险工作"[①]。

第二节　新发展理念的基本内涵

创新、协调、绿色、开放、共享的新发展理念具有丰富的理论内涵，是马克思主义辩证唯物主义与历史唯物主义的发展观与方法论在推进中国特色社会主义事业发展中的创新运用。

---

① 《习近平在看望参加政协会议的经济界委员时强调　坚持用全面辩证长远眼光分析经济形势　努力在危机中育新机于变局中开新局》，《人民日报》2020 年 5 月 24 日。

一　创新发展注重解决发展动力问题

在新发展理念体系中，"创新发展注重的是解决发展动力问题"①，"创新是引领发展的第一动力。发展动力决定发展速度、效能、可持续性"。② 马克思主义认为，科学技术是第一生产力，生产力是经济社会发展的最基本力量，生产力的发展水平与质量状况主要取决于科技进步。人类历史上每一次重大的科技进步，都大大促进了生产力的发展。

习近平总书记高度重视科技创新的作用，在阐述创新的意义时，首先着眼的就是科技创新。他指出："我国创新能力不强，科技发展水平总体不高，科技对经济社会发展的支撑能力不足，科技对经济增长的贡献率远低于发达国家水平，这是我国这个经济大个头的'阿喀琉斯之踵'。新一轮科技革命带来的是更加激烈的科技竞争，如果科技创新搞不上去，发展动力就不可能实现转换，我们在全球经济竞争中就会处于下风。"③ 确实，在一些国际前沿领域，我国虽然拥有一定的领先成果，但同时仍有相当多的行业和产品的关键技术受制于人，这在一定情况下将可能对我国的经济安全构成重大风险。"所以，我反复强调，抓创新就是抓发展，谋创新就是谋未来。"④ 我国改革开放初期在国际产业布局调整中加快工业化的推进，依靠的主要是劳动力与物质资源的投入。我国充分发挥了劳动力供给的规模经济优势，其中不仅有 20 世纪 60 年代至 70 年代初较高生育率带来的劳动力增量，更有农村联产承包责任制释放出来的大批农村青壮年劳动力进入工业领域，极大地发挥了劳动力供给的"人口红利"，其对这一时期中国工业化与整个经济发展优势的形成做出了不可或缺的重要贡献。而 20 世纪末 21 世纪初开始的新一轮科技革命，以人工智能、清洁

---

①　《习近平谈治国理政》（第二卷），外文出版社，2017，第 198 页。
②　《习近平谈治国理政》（第二卷），外文出版社，2017，第 201 页。
③　《习近平谈治国理政》（第二卷），外文出版社，2017，第 198 页。
④　《习近平谈治国理政》（第二卷），外文出版社，2017，第 203 页。

能源、"互联网+"、物联网、数字经济与智能制造、纳米技术、量子信息技术、虚拟现实以及生物技术等为代表，其技术创新的深度、波及人类生产方式和生活方式的广度，都是前所未有的。新一轮科技革命不仅竞争更加激烈，竞争的媒介与方式也大不一样。新一轮科技革命不是依托劳动力规模或劳动力低成本等传统因素，不是主要依靠土地及其他自然资源等物质要素的投入，而是需要转换发展动力，从以一般物质要素与一般劳动力要素投入为主转向以科技、人才投入为主的阶段。并且由于新一轮科技革命发展速度之快前所未有，我国发展动力的转换已时不我待。因此，新发展理念核心在创新，"抓住了创新，就抓住了牵动经济社会发展全局的'牛鼻子'"①。

创新发展所解决的是生产力水平提高的动力问题。但社会生产力的发展还受生产关系、上层建筑领域发展变化的影响，所以我们在实施创新驱动战略时，必须拓展创新的内涵，同时做好经济运行的体制机制创新，使生产关系及其具体形式更好地适应和促进创新带动下的生产力发展。要加强企业等市场运行主体的建设，增强企业作为创新主体的动力机制的构建；在全社会营造创新文化，使创新观念深入人心，促进"大众创业、万众创新"氛围的形成；还要深化营商环境建设，促进知识产权创造与保护的市场机制与法治体系的健全；等等。所以，创新活动自身是一个系统，创新的活力与质量也受社会大系统的影响。我们必须抓住创新这个牵动经济社会发展全局的"牛鼻子"，从创新观念、创新制度和创新要素的组织等多方面协同作战，这样才能不断取得创新的累累硕果，为高质量发展提供根本支撑。

二 协调发展注重解决发展不平衡问题

在新发展理念体系中，"协调发展注重的是解决发展不平衡问题"②，

---

① 《习近平谈治国理政》（第二卷），外文出版社，2017，第 201 页。
② 《习近平谈治国理政》（第二卷），外文出版社，2017，第 198 页。

我国经历一段时间的高速发展后，必须更加注重发展的整体效能，必须坚持全面把握中国特色社会主义事业总体布局和发展态势，持续增强发展的协同性、整体性。

我国长期存在的发展不平衡问题，主要表现在两个大的方面：一是区域之间、城乡之间的发展不平衡，二是不同领域之间的发展不平衡。

第一种情况涉及的区域之间与城乡之间的不平衡，和历史与经济社会发展的时空条件及阶段性发展模式有关。一是因各地区的自然环境、地理条件差异而形成。我国幅员辽阔，各地地质与气象条件差异特别大，直接影响各地城乡之间的发展差异。二是与世界范围的经济发展布局有关。因近代国际经贸活动深受海路开拓影响，中国东部和东南部沿海地带经济发展的近代化水平相应领先；而 20 世纪下半叶以来，全球经济最活跃区域是亚太经济圈，这令国内市场取向的改革在资源配置上深受与国际市场对接的空间距离影响，也促进了东部率先发展。三是受到不同区域的人口密度、近代与现代产业发展基础的影响。这与区域人才储备、科技和教育等条件直接相关，也与一定时期我国发展战略的设定有关。如改革开放前因较多考虑经济发展的安全因素，在内陆特别是中西部布局较多的重工业产业，而改革开放伊始，国家底子尚薄，只能通过给政策的方式让有条件的一部分地区利用市场机制先发展起来，逐步带动后发展地区，因而在市场机制作用下一定时期内东、中、西部以及东北等不同区域的发展差距明显拉大。四是发展中国家在工业化进程中，经济加快增长，其间往往由市场决定资源按效益优先规律配置，优质资源多流向工业与城市，从而使城乡发展水平的差距拉大，出现一定时期的所谓"二元经济结构"。

第二种情况是不同领域之间发展的不平衡。这种情况产生的主要原因有三个。一是在一国工业化处于上升期时，或者说发展中国家经济起飞阶段，不平衡发展是一定时期的一种客观现象，这是由于在资源有限情况下，无论是政府之手还是市场之手，往往都把资源主要向需求更迫切、见效相对较快的领域配置。二是一定时期国家采取的产业规划与产业政策，引导资源配置向某些领域倾斜。而对于国家是否应该持续制订产业政策，在学术上虽有争论，但现实评价主要看的是实际效果，是集约使用资源取得较好经济与社会效益还是资源错配造成经济结构性失衡，这取决于产业政策制订与实施中的决策水平。三是受到国际经济形势与国际竞争合作走向的影响。在经济全球化发展顺畅的情况下，参与国际分工程度加深，部分外向型经济领域会有较长足的发展；反之，国际保护主义一旦盛行，非经济的手段强势介入影响国际经济正常秩序，则原有的外向型产业也可能成为长线过剩产业，或部分对外关键技术关键部件依赖度深的产业发展会严重受挫。如果各领域之间发展的不平衡长期存在，从系统论的观点看，必将影响整个国民经济与社会发展的总体效益。

因此，发展中的不平衡现象，既由客观因素导致，也有主观决策影响。作为发展中的大国，中国在坚持以人民为中心的发展中，确实需要加强全面协调发展，使最广大人民群众普遍提升获得感与幸福感，并解决好短板与不足，实现经济社会大系统运行的总体效益最大化。同时，作为发展中的大国，中国必须也只能通过持续的发展来解决发展中的问题，因而也要辩证认识平衡问题，并在不可能实现所谓绝对平衡的情况下，努力缩小失衡的不利影响。就如习近平所分析和指出的那样："在经济发展水平落后的情况下，一段时间的主要任务是要跑得快，但跑过一定路程后，就要注意调整关系，注重发展的整体效能，否则'木桶效应'就会愈加显现，一系列社会矛盾会不断加深。为此，我们必须牢牢把握中国特色社会主义事业总体布局，正确处理发展中的重大关系，不断增强发展整体性。"[①] 为提升发展的整体协调性，我们必须在实践中增强区

[①] 《习近平谈治国理政》（第二卷），外文出版社，2017，第198页。

域与城乡规划的统筹协调，加强区域间基础设施的互联互通，加强对经济发展相对落后地区的科技、教育与产业支持，并在完成脱贫攻坚任务的同时全面实施乡村振兴战略以进一步缩小城乡发展差距；在不同产业、不同领域的协调发展上，要注重加强产业链的延伸和抗风险能力，加强从系统性效益的视角补足相关领域与环节的发展短板，并继续发挥区域间合作发展机制的作用，在实现全面小康基础上携手建设社会主义现代化强国。

三　绿色发展注重解决人与自然的和谐问题

在新发展理念体系中，"绿色发展注重的是解决人与自然和谐问题"，"我们必须坚持节约资源和保护环境的基本国策"①，必须坚持"绿水青山就是金山银山"，"推动形成绿色发展方式和生活方式，协同推进人民富裕、国家强盛、中国美丽"②。

马克思在《资本论》中是这样定义人类的生产活动的："劳动首先是人和自然之间的过程，是人以自身的活动来中介、调整和控制人和自然之间的物质变换的过程。"③ 所以，不是人在其生产活动中"征服自然"或"人定胜天"，而是人必须尊重自然，人只能通过其活动去"中介、调整和控制人和自然之间的物质变换"，包括对自身活动带来自然环境重大影响的行为必须及时"调整"和"控制"，这是马克思主义关于生产发展与自然和谐相处的基本原则。

在人类生产活动史上，造成对自然生态环境严重破坏的情况并不鲜见，有的非常严重甚至难以修复、补救。早在农业社会，就已发生过度放牧或过度垦殖造成大片水草丰美的草原及良田陷于沙漠化的现象；工业革命以来则有更多的对生态环境造成破坏的教训，从伦敦一度成为

---

① 《习近平谈治国理政》（第二卷），外文出版社，2017，第 198~199 页。
② 《习近平谈治国理政》（第二卷），外文出版社，2017，第 209~210 页。
③ 马克思：《资本论》（第一卷），人民出版社，2004，第 207~208 页。

"雾都"及泰晤士河的严重污染，到日本的"水俣病"，以及美国学者蕾切尔·卡逊（Rachel Carson）在她 1962 年写下的《寂静的春天》（*Silent Spring*）这部人类环保史上的开山之作中对美国滥用农药严重危害土壤、水和空气等人类环境安全的分析与揭露，都给人类不断敲响可持续发展的警钟。二战后，一批新独立、解放的发展中国家为追赶发达国家、摆脱落后局面而片面采取以 GDP 为核心的经济增长观，其间也出现了社会分化加剧、资源消耗过度、生态环境失衡等问题。因此，如何在发展中保护好生态环境，让经济社会发展与生态环境的保护共存，成为摆在当代世界面前的紧迫问题。

"可持续发展"一词来自拉丁语"sustennere"，在 1980 年世界自然保护联盟（IUCN）制订的《世界自然资源保护大纲》文件中首次被使用。1984 年 5 月，联合国正式成立世界环境与发展委员会（WCED），该委员会于 1987 年提交了题为《我们共同的未来》的研究报告，正式提出可持续发展的构思，即可持续发展"是既满足当代人的需要，又不对后代人满足其需要的能力构成危害的发展"[①]。1992 年在巴西召开的联合国环境与发展大会上，通过了《里约环境与发展宣言》和《21 世纪议程》两个纲领性文件，标志着可持续发展理念开始获得世界的广泛接受。国际组织与许多国家也随之陆续制订了一系列相应的环境保护政策、措施或法律法规，如《巴黎协定》是 2015 年 12 月 12 日在巴黎气候变化大会上通过、2016 年 4 月 22 日签署的，该协定着力控制温室气体排放，并为2020 年后全球应对气候变化行动做出安排；但美国却在签署一年后由接任的总统特朗普宣布退出该协定，并启动退出程序，这一进程虽由后任总统予以中止，但这一波折警示世人，在可持续发展问题上，国际社会所存在的某些逆潮流而动的势力及其影响依然不容忽视。

---

① 世界环境与发展委员会：《我们共同的未来》，国家环保局外事办公室译，世界知识出版社，1989，第 19 页。

中国作为发展中国家，在工业化初、中期受技术与资源条件的限制，以及一些地方盲目追求经济收入增长的急功近利观念的影响，形成粗放型发展方式比较突出的问题。虽然中央在 21 世纪初即提出要贯彻实施科学发展观，但一些行业、一些地区高投入、高耗能、高排放、高污染的情况依然相当严重，如巢湖、滇池、太湖与松花江等均出现过严重的水污染现象，部分省区因采选、冶炼、化工业的低水平扩张形成土壤与水源重金属污染；主要城市及城市群出现严重的空气质量问题、城市噪声与光污染，甚至出现垃圾围城等问题；在更大的区域范围观察，北方的沙尘暴、东部东南部的酸雨以及多地城市的雾霾等在一定时期也存在较大覆盖面。针对这些问题，"既要金山银山，又要绿水青山"的口号得以提出，这一口号揭示了经济发展与环境保护必须兼顾的道理，但尚未从理论上更深层次地解释二者所构成的矛盾之对立统一的关系。

2005 年 8 月，时任浙江省委书记的习近平在浙江安吉余村考察时，做出"绿水青山就是金山银山"的论断。这一论断是"既要金山银山，又要绿水青山"的理论升华，揭示了经济发展与环境保护所具有的内在的本质联系，二者不仅是对立的也是可以统一的，这是马克思主义辩证唯物主义在当今中国对绿色发展所做出的科学诠释。2014 年 3 月 7 日，习近平总书记在参加十二届全国人大二次会议贵州代表团的审议时强调："绿水青山和金山银山决不是对立的，关键在人，关键在思路。保护生态环境就是保护生产力，改善生态环境就是发展生产力。"[1] 2015 年，在指导我国制订国民经济与社会发展第十三个五年规划时，习近平总书记对我国实行绿色发展的方向、路径和意义做出了进一步的阐述，"绿色循环低碳发展，是当今时代科技革命和产业变革的方向"，"我国资源约束趋紧、环境污染严重、生态系统退化的问题十分严峻，人民群众对清新空

---

[1] 《习近平李克强张德江俞正声刘云山王岐山张高丽分别参加全国人大会议一些代表团审议》，《人民日报》2014 年 3 月 8 日。

气、干净饮水、安全食品、优美环境的要求越来越强烈。为此，我们必须坚持节约资源和保护环境的基本国策，坚定走生产发展、生活富裕、生态良好的文明发展道路，加快建设资源节约型、环境友好型社会，推进美丽中国建设，为全球生态安全作出新贡献"。[①] 中国确实不仅把绿色发展作为自身发展的重要方向与路径，而且积极谋划为全球实现绿色发展做出中国贡献。为此，习近平向世人宣告："中国将提高国家自主贡献力度，采取更加有力的政策和措施，二氧化碳排放力争于 2030 年前达到峰值，努力争取 2060 年前实现碳中和。"[②] 由于中国实现工业化的时间并不长，而且正开启全面建设社会主义现代化强国的新进程，中国承诺实现从碳达峰到碳中和的时间，又远远短于发达国家所用时间，我们需要付出艰苦努力；但这是中国基于推动构建人类命运共同体的责任担当和实现可持续发展的内在要求做出的重大战略决策，一经承诺，必将全力以赴予以实现。

以绿色发展实现经济建设与生态环境保护的共同发展，其意义非常深远。习近平告诫我们，"生态环境没有替代品，用之不觉，失之难存"，"我们要坚持节约资源和保护环境的基本国策，像保护眼睛一样保护生态环境，像对待生命一样对待生态环境"。[③] 这些重要提法，在绿色发展的理论与实践中达到了空前的高境界，对我们民族发展的文明史的辉煌延续具有长远的意义。在新发展理念中，绿色发展理念以人与自然和谐为价值取向，以绿色低碳循环为主要原则，以生态文明建设为基本抓手。为实现绿色发展，我们必须从生产、交换、分配、消费各个环节全面着手，不仅要发展绿色产业，构建绿色的政绩考核机制，更要以绿色低碳循环的原则和技术对传统生产方式与生活方式进行绿色改造，实现建设

---

① 《习近平谈治国理政》（第二卷），外文出版社，2017，第 198~199 页。
② 习近平：《在第七十五届联合国大会一般性辩论上的讲话》（2020 年 9 月 22 日），《人民日报》2020 年 9 月 23 日。
③ 《习近平谈治国理政》（第二卷），外文出版社，2017，第 209 页。

美丽中国的美好愿景。

四 开放发展注重解决发展的内外联动问题

在新发展理念体系中，"开放发展注重的是解决发展内外联动问题"，必须坚持对外开放基本国策，奉行互利共赢的开放战略，"提高把握国内国际两个大局的自觉性和能力，提高对外开放质量和水平"。[①]

人类社会生产力的发展和生产活动方式的变革，必然不断拓展社会分工与交换的领域和空间，逐渐从区域市场拓展到国内市场、国际市场，进而迎来近代开启的经济全球化进程。中国曾在古代社会引领对外开放的先河，"2000多年前，我们的先辈筚路蓝缕，穿越草原沙漠，开辟出联通亚欧非的陆上丝绸之路；我们的先辈扬帆远航，穿越惊涛骇浪，闯荡出连接东西方的海上丝绸之路"[②]。当时广州、长安等城市是闻名世界的国际商埠。绵延两千年以中国为核心辐射世界各地的丝绸之路和海上丝绸之路，已初步把全球市场结成网络，构成了近代以来经济全球化的历史先声。

世界进入资本主义时代特别是工业革命以来，国际分工逐步深化，世界市场加快形成，打破了生产与消费过程中国家与民族的界限，使市场与资源配置的全球化格局成为一种生产力发展的总体趋势。马克思、恩格斯指出："大工业建立了由美洲的发现所准备好的世界市场。世界市场使商业、航海业和陆路交通得到了巨大的发展。这种发展又反过来促进了工业的扩展……这些工业所加工的，已经不是本地的原料，而是来自极其遥远的地区的原料；它们的产品不仅供本国消费，而且同时供世界各地消费。旧的、靠本国产品来满足的需要，被新的、要靠极其遥远的国家和地带的产品来满足的需要所代替了。"[③] 但近代中国因沦为半殖

---

① 《习近平谈治国理政》（第二卷），外文出版社，2017，第199、213页。
② 《习近平谈治国理政》（第二卷），外文出版社，2017，第506页。
③ 《马克思恩格斯选集》（第一卷），人民出版社，2012，第401、402、404页。

民地半封建社会，失却了平等参与国际分工合作的机会。在新中国成立后的一段时间，因西方对华的偏见与封锁，中国开展对外经贸工作步履维艰。

改革开放以来，中国抓住了20世纪70年代后期到八九十年代的国际产业特别是制造业布局大调整的历史机遇，结合中国自身工业化、现代化的需要，在扩大开放中持续完善国民经济体系，促进了生产力的快速发展；并从开放中汲取发展现代市场经济的经验，以开放促改革、促发展，在提升中国经济发展水平的同时，在国际经济贸易与投资中成长为站在世界前列的制造业大国与贸易大国。

新时代的开放发展，要求我国构建开放型经济新格局，在更大范围、更广领域实行对外开放，营造更优良的营商环境，以更高的水平参与国际资源配置，并以开放促进人类命运共同体建设；同时要对内加强构建区域协调的开放格局，缩小内陆地区与沿海地区开放程度的差距，以开放促进内外联动，带动内陆地区经济发展，带动内陆地区更好走向世界。从新时代开放发展观注重解决内外联动的工作重点看，一是注重在原来沿海地区开放发展领先的基础上，加强内陆和沿边开放，增强内陆地区开放发展观念的培育提升；二是增强内陆地区与国际市场的互联互通，加快改善内陆地区吸引外资的硬件软件建设；三是吸引沿海外向型企业进入内陆发展，增强内陆与沿海先行地区发展外向型经济的互利合作；四是在当前国际经贸关系面临新的不确定因素干扰的情况下，通过国内大循环为主体、国内国际双循环相互促进的新发展格局的构建，推进国内全方位开放以对接世界更广阔范围更多元化的领域，特别是围绕"一带一路"倡议营造面向未来的国际合作新格局，更好地增强我国开放进程的抗风险能力。

五 共享发展注重解决发展的公平正义问题

在新发展理念体系中，"共享发展注重的是解决社会公平正义问题"，必须"坚持人民主体地位","做到发展为了人民、发展依靠人民、发展成果由人民共享","使发展成果更多更公平惠及全体人民"。①

以人民为中心的发展，必定要实现发展成果由人民共享。"让广大人民群众共享改革发展成果，是社会主义的本质要求。"② 习近平系统地揭示了新时代共享发展观的丰富内涵："党的十八届五中全会提出的共享发展理念，其内涵主要有 4 个方面。一是共享是全民共享。这是就共享的覆盖面而言的。共享发展是人人享有、各得其所，不是少数人共享、一部分人共享。二是共享是全面共享。这是就共享的内容而言的。共享发展就要共享国家经济、政治、文化、社会、生态各方面建设成果，全面保障人民在各方面的合法权益。三是共享是共建共享。这是就共享的实现途径而言的。共建才能共享，共建的过程也是共享的过程。要充分发扬民主，广泛汇聚民智，最大激发民力，形成人人参与、人人尽力、人人都有成就感的生动局面。四是共享是渐进共享。这是就共享发展的推进进程而言的。一口吃不成胖子，共享发展必将有一个从低级到高级、从不均衡到均衡的过程，即使达到很高的水平也会有差别。"③ 习近平的阐述，是对社会主义学说中关于共享发展原理的丰富发展。

在关于社会主义的学说史上，人与人在生产、消费中的平等地位是较早提出的共同诉求。在中国社会主义建设时期，我们把共同富裕作为社会主义制度建设与发展的一个主要特征与实现目标。改革开放初期，邓小平根据中国当时国情，提出让一部分人、一部分地区先富起来的同时，仍强调："社会主义不是少数人富起来、大多数人穷，不是那个样子。社会主义最大的优越性就是共同富裕，这是体现社会主义本质的一个东西。"④ 从经济发展或财富增长角度看，共享发展首先就是共同富裕

---

① 《习近平谈治国理政》（第二卷），外文出版社，2017，第 199、214 页。
② 《习近平谈治国理政》（第二卷），外文出版社，2017，第 200 页。
③ 《习近平谈治国理政》（第二卷），外文出版社，2017，第 215~216 页。
④ 《邓小平文选》（第三卷），人民出版社，1993，第 364 页。

问题，是物质基础问题，它是人民群众共享发展成果的一个最基础的要求。但同时，如古人所言之"仓廪实则知礼节，衣食足则知荣辱"，人民群众对发展的诉求与愿景，并不会止步于经济状况的改善和提升，还将扩展到与人的发展环境和素质提升相适应的各个领域。所以共享发展是需要从经济层面进一步向其他需求方面逐步拓展的，这就是习近平所讲的共享在内容上是"全面共享"。同时，我们注意到在现代中外经济理论中一直存在公平与效率关系的辩论，如果不问投入与贡献，只讲发展成果公平分配，可能会对经济发展效率造成损害。我国在改革开放过程中，基于注重发展生产力与分享生产力成果的统一考量，把公平与效率统一纳入国民收入分配与再分配的政策体系，根据不同发展阶段做出合理安排。我们把公平正义在历史上偏重形式的平均主义倾向转向更注重内容与形式的统一，把公平与效率协调起来，也就是把发展成果的分享与对发展做出贡献这两个侧面的公平统一起来考虑。习近平关于"共享是共建共享"即共享的实现途径的阐述，是基于实践的基础对原有的公平与效率关系理论的创新提炼，使经济社会发展中的共建与发展成果的获得共享在逻辑上的关系更加紧密而严谨。此外，习近平还提出共享是一个逐渐推进的过程，这是根据中国作为发展中国家的现实条件而实事求是提出来的，对于防止中国出现寅吃卯粮、透支国力的现象，确保中国在稳中求进的发展中能够稳步提升共享发展成果的预期具有可靠保障作用，对于人民群众在共享发展过程中既实现好代内公平也实现好代际公平，形成可持续的共享发展，具有深刻的理论与实践意义。

第三节　坚持以新发展理念引领发展

新发展理念是一个完整而严谨的理论体系。其中每一方面的内涵都十分丰富，对新时代我国经济社会发展正在发挥并将继续发挥重要指导作用；但新发展理念的五个方面及其作用的发挥并不是各自孤立的，它们之间存在相互依存、相互制约、相互促进的密切关系，它们在指导新时代中国发展的进程中必然释放出强大的系统性引领功能。

一 新发展理念五个方面的辩证关系

新发展理念的五个方面相互之间具有紧密而深刻的内在联系，构成一个有机的理论体系。一方面，我们在贯彻落实中，要根据当时当地发展的重点、难点、短板与痛点，把牢重点方向，攻克发展难点，补足现存短板，治理相关痛点。比如，一定区域内部存在各自为政、资源配置的市场化机制受限问题，就需要更多着力于协调发展的体制机制与政策措施的完善，解决合作共赢的难点；而若一段时间内当地环境污染治理短板明显，甚至出现生态环境重大风险迹象，就要重点抓好绿色发展的治理工作，并建立维护环境安全的长效机制，等等。另一方面，在贯彻落实中更要注重统筹协调，发挥新发展理念在提升经济社会治理能力中的系统性功效，并加强前瞻性、预见性，防止出现因决策观念的片面性或因部门分管工作的侧重性而导致顾此失彼、发展失衡等问题。比如，在开放发展中，必然需要维护绿色发展的需要，保障外资引进不会损害我国环境安全，而不能仅以经济增长指标的贡献做片面决策。

因此，习近平总书记专门就落实新发展理念需要用好辩证法、善于从系统的高度提升执行力做出相应阐述："新发展理念的提出，是对辩证法的运用；新发展理念的实施，离不开辩证法的指导。要坚持系统的观点，依照新发展理念的整体性和关联性进行系统设计，做到相互促进、齐头并进，不能单打独斗、顾此失彼，不能偏执一方、畸轻畸重。要坚持'两点论'和'重点论'的统一，善于厘清主要矛盾和次要矛盾、矛盾的主要方面和次要方面，区分轻重缓急，在兼顾一般的同时紧紧抓住主要矛盾和矛盾的主要方面，以重点突破带动整体推进，在整体推进中实现重点突破。"①

"创新"作为发展的第一动力，在深化科技创新、制度创新的一系列推进过程中，必然包含对协调发展、绿色发展、开放发展、共享发展等方面的思路创新、技术创新、机制创新、方式创新的引领与促进，同时也相应受协调、绿色、开放、共享这些方面对创新发展的启迪，并提供创新的舞台和对创新的支撑。如绿色发展提出的空气环境治理、土壤污染治理等就需要科技创新的融入，开放发展带来的国际化、市场化、法治化营商环境建设也必然促进国内相关体制机制的创新，等等。

"协调"要在解决发展不平衡问题上取得良好效果，必然也要与新发展理念的其他四个方面高度结合，如通过对创新资源有效的组织协调，实现协同创新，可取得更大的创新绩效；通过对生态环境保护的充分协调，可解决如空气、水等环境治理往往涉及区域、流域的广泛配合才能产生较好治理效果的问题；在开放领域注重全面协调，则对于解决好内外联动发展的问题意义重大；在共享发展上注重对造福民生的共享资源公平公正地妥善协调，使各地、各群体间的共享水平的差异随着经济社会的发展水平提升而逐步降低，方可取得积极平衡的整体效果。

"绿色"发展要形成长效机制，离不开新发展理念的系统助力，必须在创新上发力，以创新引领发展观念和投入-产出机制的变革，提升生态环境保护和生态优势转化为发展优势的技术水平；必须在协调发展上着力深入协调好人与自然的关系，实现人与自然的和谐发展；必须在开放发展过程中带动并增进绿色环境保护，同时维护国际社会在环境保护上的共同努力；必须在共享发展中体现优质宜居环境普遍惠及广大人民，使其共享绿色生活方式带来的利益。

"开放"发展要发挥以开放促改革促发展的作用，也要围绕创新，在

---

① 《习近平谈治国理政》（第二卷），外文出版社，2017，第221页。

开放中推动科技创新和体制机制改革创新，做好国际创新技术的交流和运用；要运用协调发展理念对国内国际两个市场两种资源进行全面协调；要在开放中坚持绿色发展理念以保护好生态环境；要运用共享发展的思路坚持互利共赢，共同推动人类文明进步。

"共享"要实现公平正义，仍然需要以创新的思路和方法促进共享机制与路径的完善，提升共享质量与社会效益；以协调发展的理念增进民生福利的各种资源及其配置机制，缩小区域与城乡民生水平的差异；以绿色发展观倡导绿色生产方式和生活方式，共建共享美丽中国；并在开放发展中体现共享思维，倡导全球的公平正义，推进构建共商共建共赢共享的人类命运共同体。

二 全面系统贯彻新发展理念

新发展理念在我国制订"十三五"规划之际提出，并在制订"十四五"规划和2035年远景目标中予以高度重视，体现了新发展理念在我国相当长时期的发展进程中具有持续指导意义。新发展理念是党的十八大以来马克思主义中国化在中国特色社会主义进入新时代的一系列理论与实践成果的总结和提炼，全面系统贯彻新发展理念，是实现以人民为中心的发展不断取得更快更好更可持续绩效的坚实保障。

（一）创新引领作用迅速提升

从科技与知识领域的创新角度看创新引领作用。根据世界知识产权组织（WIPO）等发布的《2021年全球创新指数报告》，我国创新指数（GII）世界排名从2012年的第34位上升到2021年的第12位，列中等收入国家首位。[1] 我国在代表新一轮科技革命的人工智能、基础物理、干细

---

[1] 参见刘畅、刘增雷、王晓浒《2012年中国创新效率指数居全球首位——〈2012年全球创新指数〉报告概况》，《中国发明与专利》2012年第12期；《〈2021年全球创新指数报告〉发布》，《科技日报》2021年9月22日。

胞、纳米研究、空天、深海、深地、超级计算机、天地一体化信息网络、量子通信和量子计算机、脑科学与类脑研究等领域，已经或正在打造一定的先发优势，科技进步贡献率不断上升。2017 年我国国际科技论文总量和被引用量均居世界第二，当年中国 R&D 支出比 2012 年增长 70.9%，发明专利申请量和授权量居世界前列，有效发明专利保有量居世界第三，研发人员全时当量居世界第一，科技进步贡献率从 2012 年的 52.2% 升至 57.5%。① 2019 年 12 月世界知识产权组织发布的《2020 世界知识产权指标报告》显示，2019 年全球申请人共提交了 322.4 万件专利申请，其中中国 140 万件，位居全球第一，是专利申请第二大国美国申请量（62.15 万件）的两倍多，超过了第二至第五（美国、日本、韩国和欧洲）的总和。② 据咨询公司普华永道思略特 2018 年 11 月发布的 2018 年世界创新 1000 强研究报告，在 1000 家全球创新领军企业中，中国企业数量占比从 2007 年的 3% 大幅攀升到 2017 年的 17%；中国企业研发支出增长 34.4%，达到 600.8 亿美元，增幅领跑全球。③ 在全社会愈益重视创新驱动的条件下，我国高技术产业的发展势头凸显，从 2013 年至 2018 年，高技术产业投资年均增长 16.9%，增速比全社会投资高 6.2 个百分点④；2019 年高技术产业投资同比增长 17.3%，高于全部投资 11.9 个百分点⑤。2020 年尽管我国受到新冠肺炎疫情冲击，但高技术产业的复工复产绩效显著，当

---

① 《我国科技创新水平加速迈向第一方阵：国际科技论文被引用量世界第二　研发人员全时当量世界第一》，《人民日报》2018 年 2 月 27 日。

② 《世界知识产权组织报告显示　中国继续保持知识产权强国地位》，《经济日报》2020 年 12 月 8 日。

③ 《2018 年全球创新 1000 强报告：中国企业研发支出增长领跑全球》，搜狐网，https：//www.sohu.com/a/273473148_ 680938，最后访问日期：2022 年 3 月 15 日。

④ 《新动能投资亮点纷呈　高技术产业投资年均增长 16.9%》，http：//www.jjckb.cn/2019-07/30/c_ 138268218.htm，最后访问日期：2022 年 3 月 15 日。

⑤ 《固定资产投资平稳增长，高技术产业投资增长较快》，中华人民共和国中央人民政府网，http：//www.gov.cn/xinwen/2020－01/17/content _ 5470162.htm，最后访问日期：2022 年 3 月 15 日。

年我国高技术产业投资增速仍比全部投资增速高 7.7 个百分点①，高技术制造业利润比上年增长 16.4%②。中国在已经成为世界工业和制造业第一大国的基础上，正在向世界创新大国不断迈进。

从制度创新角度看创新引领作用。党的十八大以来，我国改革力度持续加大，2013 年党的十八届三中全会通过并公布了《中共中央关于全面深化改革若干重大问题的决定》，明确全面深化改革的总目标是完善和发展中国特色社会主义制度，推进国家治理体系和治理能力现代化，并开创性地提出紧紧围绕使市场在资源配置中起决定性作用深化经济体制改革。2014 年党的十八届四中全会通过并公布《中共中央关于全面推进依法治国若干重大问题的决定》，在我国制度创新体系构建中，首次明确全面推进依法治国的总目标是建设中国特色社会主义法治体系，建设社会主义法治国家。党的十九大进一步强调要把制度建设贯穿于党的政治建设、思想建设、组织建设、作风建设、纪律建设各个方面。2019 年党的十九届四中全会审议通过《中共中央关于坚持和完善中国特色社会主义制度　推进国家治理体系和治理能力现代化若干重大问题的决定》，为建设和完善中国特色社会主义国家的治理制度提供了全面、系统的顶层设计。围绕推进全局性系统性制度创新，我国在各个领域各个方面的制度建设也不断配套完善。与此同时，法律制度的构建也在积极推进，其中最具重大里程碑意义的是首部《中华人民共和国民法典》在 2020 年召开的十三届全国人大三次会议上获得通过并颁布实施。习近平指出："民法典在中国特色社会主义法律体系中具有重要地位，是一部固根本、稳预期、利长远的基础性法律，对推进全面依法治国、加快建设社会主义法治国家，对发展社会主义市场经济、巩固社会主义基本经济制度，对坚持以人民为中心的发展思想、依法维护人

---

① 《2020 年中国 GDP 突破 100 万亿元 同比增长 2.3%》，人民网，http：//finance.people.com.cn/GB/n1/2021/0118/c1004-32003063.html，最后访问日期：2022 年 3 月 15 日。

② 《高技术制造业利润增长快》，《人民日报》2021 年 1 月 28 日。

民权益、推动我国人权事业发展，对推进国家治理体系和治理能力现代化，都具有重大意义。""是一部体现我国社会主义性质、符合人民利益和愿望、顺应时代发展要求的民法典，是一部体现对生命健康、财产安全、交易便利、生活幸福、人格尊严等各方面权利平等保护的民法典，是一部具有鲜明中国特色、实践特色、时代特色的民法典。"① 《民法典》中大量涉及经济工作领域的法律条文，对于构建更完善的国际化、法治化、市场化营商环境具有积极而深远的影响。

（二）协调发展局面空前优化

区域协调、城乡协调发展呈现新格局。以京津冀协同发展、长江经济带建设、粤港澳大湾区建设、长三角区域一体化发展、海南自由贸易港建设、黄河流域生态保护和高质量发展、成渝地区双城经济圈建设等布局，形成带动区域发展的城市群和沿海沿江沿线纵横交织的经济轴带（其中"一带一路"倡议的实施，不仅促进了国际合作，同时对于国内形成开放合作的经济带也具有重要意义），同时以轨道交通和公路建设等构筑起覆盖面广泛的现代交通基础设施体系，这一切均对于构建国内国际双循环相互促进的新发展格局发挥了强大的引领与支撑作用。区域经济增长新引擎快速形成，使资源空间配置加速优化升级，经济增长的巨大潜力进一步显现。东中西部优势互补、相互支持、共同发展的区域发展新格局已基本形成。据国家统计局分析，党的十八大以来，东部、中部、西部地区在人均地区生产总值增速、工业增速、投资增速等方面都高于全国平均增速，包括承接产业转移等的后发优势在不断显现。2012~2017 年，西部地区生产总值年均增速达到 8.9%，高出全国增速1.8 个百分点；按不变价格计算，东部、中部、西部、东北地区人均地

---

① 习近平：《充分认识颁布实施民法典重大意义　依法更好保障人民合法权益》，《求是》2020 年第 12 期。

区生产总值年均增速分别为 7.2%、8.0%、8.2% 和 5.4%，中西部人均指标提升速度快于东部，西部地区与其他地区之间的发展差距进一步缩小。在城乡协调方面，脱贫攻坚与乡村振兴战略的实施，使农村居民可支配收入增幅保持高于城镇居民可支配收入增幅的态势，缩小了城乡差距；2020 年城乡居民人均可支配收入比值从 2012 年的 3.1 降至 2.56，从中长期趋势上已经根本扭转 2009 年及以前持续 20 余年的因工业化初中期产生一定程度的"二元经济结构"引致城乡居民收入比不断上升（2009 年达到 3.3）的现象。城镇化的推进对城乡差距缩小具有重要意义，继 2011 年我国城市化率越过 50% 的关键节点，到第七次全国人口普查时已达到 63.89%。[①]

　　党的十八大提出要全面推进经济建设、政治建设、文化建设、社会建设、生态文明建设。党的十九大在全面总结经验、深入分析发展形势的基础上，从经济、政治、文化、社会、生态文明五个方面，制定了新时代统筹推进"五位一体"总体布局的战略目标，做出了战略部署。要求在经济建设上坚持新发展理念，建设现代化经济体系，推动经济高质量发展；在政治建设上坚持党的领导、人民当家作主和依法治国的有机统一，把中国特色社会主义政治制度的优势发挥出来；在文化建设上坚持社会主义核心价值体系，增强文化自信，把中华优秀文化传承好、创新好，弘扬革命文化，发展中国特色社会主义先进文化；在社会建设上坚持在发展中保障和改善民生，在发展中补齐民生短板、促进社会公平正义；在生态文明建设上坚持人与自然和谐共生，形成节约资源和保护环境的空间格局、产业结构、生产方式、生活方式，建设美丽中国。"五位一体"的总体布局，是对国家全局发展的部署，同时也必然对更全面协调国家各方面、各领域的发展具有根本性指导意义。

---

　　① 据国家统计局公布的数据，其中第七次全国人口普查的标准时点是 2020 年 11 月 1 日零时。

（三）绿色发展创出新路

党的十八届三中全会通过的《中共中央关于全面深化改革若干重大问题的决定》提出，建设生态文明，必须建立系统完整的生态文明制度体系，实行最严格的源头保护制度、损害赔偿制度、责任追究制度，完善环境治理和生态修复制度，用制度保护生态环境。

人，本来就是地球生态系统的产物。根据马克思主义经典作家的学说，劳动本身不过是一种自然力的表现。所以，人，不仅是社会的人，首先还是自然的人；人及其在社会的存在和发展，不能离开自然界的存在和发展。所以，人类的社会再生产，必须和自然界的再生产相互协调、共同发展，那些以损害自然界再生产而片面发展人类社会再生产的行为，只不过表明人作为自然界的产物，现在却异化为自然界的对立物，已经开始并将继续受到自然的惩罚。人类对自然生态的毁坏，将受到自然界加倍的"报复"。根据我们对生产力的持续增长和人类社会可持续发展的认识，我们的社会应当建立崭新的与自然界和谐共存、协调发展的关系，我们必须在向自然界索取的同时，在新增财富中拿出一部分分配给自然界；当然，自然界向人类社会索取的合理补偿，从所有权关系上还须明晰起来，这就需要把它"人化"。这种自然界"所有权"的"人化"过程，应通过人的认识和自觉的行动，借助国家或社会管理机构，代行占有和支配这一部分剩余产品，用于自然界的休养生息来完成。[①]

2015 年中共中央、国务院出台《生态文明体制改革总体方案》，从治理制度层面开创性提出健全自然资源资产产权制度、建立国土空间开发保护制度、建立空间规划体系、完善资源总量管理和全面节约制度、健全资源有偿使用和生态补偿制度、建立健全环境治理体系、健全环境治理和生

---

① 参见董小麟《论按生产要素分配的理论前提与基本立足点》，《南方经济》1999 年第 2~3 期；《经济学文摘》1999 年第 7 期以《广义要素分配论》为题转摘。

态保护市场体系、完善生态文明绩效评价考核和责任追究制度等八项制度，形成系统性的绿色发展制度框架。与此同时，在新时代开启供给侧结构性改革的实践中，宁可牺牲一点发展速度，坚决把污染企业进行整改直至关停，并加快产业结构转型升级，从而使天更蓝、水更清，宜居宜业环境更可持续，人民群众对环境质量的获得感显著增强。

建立生态环境损害责任终身追究制，是我们党在治国理政进程中对生态环境保护与治理提出的空前严格的要求，是一项重大的制度创新。特别是其中对领导干部责任的规范与追究，包括提出探索编制自然资源资产负债表，对领导干部实行自然资源资产离任审计等，反映了我国经济发展中出现的一些损害环境的问题，往往与当地领导干部在抓发展的工作中存在的政绩观误区有关。因此，要扭转生态环境质量下降趋势，确保在发展进程中把牢生态环境保护与治理的底线，就必须体现党管干部、管好干部的制度优势。2017 年 11 月，中共中央办公厅、国务院办公厅印发《领导干部自然资源资产离任审计规定（试行）》，从可操作层面将领导干部自然资源资产离任审计纳入完善生态文明绩效评价考核和责任追究制度的做法具体化，标志着在构建绿色发展治理体系与治理能力体制机制上的进一步完善。

构建绿色发展治理体系，更需要在制度机制上加强系统性设计，以形成更加主动、更加全面、更加高质量的治理能力。为此，习近平总书记在 2021 年 4 月 30 日的中央政治局学习会上提出："要提高生态环境治理体系和治理能力现代化水平，健全党委领导、政府主导、企业主体、社会组织和公众共同参与的环境治理体系，构建一体谋划、一体部署、一体推进、一体考核的制度机制。"① 这是我们努力建设人与自然和谐共生的现代化美丽中国的制度性系统性顶层设计的基本原则。

---

① 《习近平在中共中央政治局第二十九次集体学习时强调　保持生态文明建设战略定力　努力建设人与自然和谐共生的现代化》，《人民日报》2021 年 5 月 2 日。

（四）开放发展呈现新格局

党的十八大以来，中国的外贸结构和对外投资结构加快优化，"一带一路"倡议的实施促进了我国与世界更多国家间的投资贸易活动，包括中欧班列从开设到常态化运行，海运空运的航路航线不断增辟，有力带动了国内沿海与内陆开放型经济区域的空间拓展与结构优化。外商投资负面清单所列项目在持续修订中已逐年大幅度减少，在国际外商直接投资总体增速放缓的近些年，中国是吸收外资最多的发展中国家。中国分批推出自贸试验区和开展海南自贸港建设，向国际社会展示中国开放的新高地，自贸试验区先行先试的大量开放发展经验与制度创新成果正获得复制推广。营商环境建设水平加快提升，世界银行 2019 年 10 月发布的《营商环境报告 2020》表明，2019 年中国营商环境在 2018 年大幅提升至第 46 位基础上，又进一步升至全球第 31 位，两年时间即从 2017 年的全球第 78 位跃升了 47 个位次之多，作为一个世界工业与贸易大国，其改善营商环境之快速，史无先例。

"一带一路"倡议赢得国际社会广泛响应，促进了与相关国家、地区构建共建共赢的新型国际合作关系，也为我国实现全方位对外开放新格局、统筹国内国际两个市场开辟了新的天地。习近平主席在 2019 年 4 月 26 日举行的第二届"一带一路"国际合作高峰论坛开幕式上的主旨演讲指出："共建'一带一路'为世界经济增长开辟了新空间，为国际贸易和投资搭建了新平台，为完善全球经济治理拓展了新实践，为增进各国民生福祉作出了新贡献，成为共同的机遇之路、繁荣之路。"①

（五）共享发展绩效显著

党的十八大以来，脱贫攻坚战加速推进，年均脱贫人口超过 1000

---

① 《习近平谈治国理政》（第三卷），外文出版社，2020，第 490 页。

万；至 2020 年末实现 9899 万农村贫困人口的全部脱贫；贫困发生率从 2012 年的 10.2% 下降至 0，贫困县全部摘帽，绝对贫困历史性消除。同时，2013 年至 2019 年，贫困地区农村居民人均可支配收入增速分别为 16.6%、12.7%、11.7%、10.4%、10.5%、10.6%、11.5%，年均名义增长 12.0%；扣除价格因素，年均实际增长 9.7%，实际增速比全国农村平均增速高 2.2 个百分点。2020 年底中国建档立卡贫困人口人均纯收入达到 10740 元，与全国农村平均水平的差距进一步缩小。①

按照社会发展的规律及国际经验，收入结构呈"两头小、中间大"的"橄榄型"状态的社会是比较稳定的。因此，我国在不断消除贫困的同时，做大做强中等收入阶层方面的政策措施在不断完善并持续释放利好。近年来国家鼓励支持创新创业的政策措施愈益完善，从商事登记到财税与金融政策的支持效果明显；居民财产总规模不断增加，财产性收入持续增加，合法财产的权利保障制度加快完善；个税起征点再度提高并增设个人所得税专项扣除措施；就业、教育、医疗、社会保障措施不断完善，民生相关文化设施和绿色宜居环境的打造在全国城乡同步推进，人民群众的获得感、幸福感不断增强。《中华人民共和国国民经济和社会发展第十四个五年规划和 2035 年远景目标纲要》更明确提出，要"推动城乡区域基本公共服务制度统一、质量水平有效衔接。围绕公共教育、就业创业、社会保险、医疗卫生、社会服务、住房保障、公共文化体育、优抚安置、残疾人服务等领域，建立健全基本公共服务标准体系，明确国家标准并建立动态调整机制，推动标准水平城乡区域间衔接平衡"②。这是我国向社会主义现代化国家迈进过程中全面贯彻共享发展理念的重大战略安排。

今天，我国在实现全面小康后，向 2035 年基本实现现代化和本世纪

① 《2019 年全国农村贫困人口减少 1109 万人》，《光明日报》2020 年 1 月 24 日。

② 《中华人民共和国国民经济和社会发展第十四个五年规划和 2035 年远景目标纲要》，《人民日报》2021 年 3 月 13 日。

中叶建设成富强民主文明和谐美丽的社会主义现代化强国的目标进发。这需要在全党全社会共同努力下，坚持以新发展理念为指引，在全面深化认识和既有实践基础上，坚持不懈，一以贯之；同时需要理论工作者深入研究，从理论与实践结合上，发挥中国特色社会主义智库的作用；还需要广大企业等各类市场主体，在市场决定资源配置和更好发挥政府作用的结合中，自觉落实新发展理念，促进新的生产方式的形成和成熟；更需要政府、企业、社会各类组织机构和广大民众加强协同合作，形成落实新发展理念的广泛社会共识，并积极付诸行动，通过持续的高质量发展，把人民对更美好生活的向往不断变为更美好的现实。

第四章　深化经济体制改革

经济体制改革在我国改革开放大局中，是最具基础性的改革，也是新时代全面深化改革的重点领域。党的十八届三中全会对新时代深化改革做出全面系统的部署，会议通过的《中共中央关于全面深化改革若干重大问题的决定》提出，全面深化改革的总目标是完善和发展中国特色社会主义制度，推进国家治理体系和治理能力现代化；同时强调经济体制改革是全面深化改革的重点。党的十九届四中全会通过的《中共中央关于坚持和完善中国特色社会主义制度　推进国家治理体系和治理能力现代化若干重大问题的决定》，围绕新时代全面深化改革的总目标，进一步从中国特色社会主义制度建设的深化与完善上提出中国走向国家治理现代化道路的制度体系建设的要求，其中在经济体制改革方面，进一步深化了对社会主义基本经济制度内涵的阐发，提出要以改革推动经济高质量发展，加快建设现代化经济体系。

第一节　坚持和完善社会主义基本经济制度

在社会发展进程中，社会生产方式具有决定性作用；而生产方式涉及生产力的组织形式及其制度安排。在一定社会的经济制度体系中，基本经济制度具有基础性及决定性意义。党的十九届四中全会对坚持和完善社会主义基本经济制度的内涵做出了重要拓展，提出要坚持和完善"公有制为主体、多种所有制经济共同发展，按劳分配为主体、多种分配方式并存，社会主义市场经济体制等社会主义基本经济制度"①。这一新表述是新时代中国特色社会主义理论创新发展的重大成果。

一 深化坚持和完善社会主义基本经济制度的认识

改革开放以前，社会主义经济制度被主要理解为单一公有制（含两种公有制：全民所有制——国有制、集体所有制）。从实践看，单一公有制加传统的自上而下的计划经济模式，在一定时期可以通过高度集中资源发挥加快经济增长的作用，但资源配置的过度行政化最终影响了投入-产出的经济效益，影响了供给结构的优化和供给绩效的全面提升，影响了人民群众日益增长的多样化需求的及时满足。改革开放后，我们深化了对社会主义根本任务是发展生产力，提高人民群众生活水平的认识，深化了对必须依据经济发展规律完善我国的制度体系的认识，从而提出社会主义基本经济制度的范畴，并在党的十五大明确了公有制为主体、多种所有制经济共同发展是我国的基本经济制度。习近平曾对此做出阐述："我们党总结正反两方面经验，确立了社会主义初级阶段的基本经济制度，强调坚持公有制为主体、多种所有制经济共同发展，明确公有制经济和非公有制经济都是社会主义市场经济的重要组成部分，都是我国经济社会发展的重要基础。我们要毫不动摇巩固和发展公有制经济，毫不动摇鼓励、支持、引导非公有制经济发展，推动各种所有制取长补短、相互促进、共同发展。"② "我们党在坚持基本经济制度上的观点是明确

---

① 《中共中央关于坚持和完善中国特色社会主义制度 推进国家治理体系和治理能力现代化若干重大问题的决定》（2019 年 10 月 31 日中国共产党第十九届中央委员会第四次全体会议通过），《人民日报》2019 年 11 月 6 日。

② 习近平：《不断开拓当代中国马克思主义政治经济学新境界》，《求是》2020 年第 16 期。

的、一贯的，而且是不断深化的，从来没有动摇。"① 党的十八大以来，对社会主义基本经济制度的理论阐述在实践中不断深化发展。党的十九届四中全会对社会主义基本经济制度内涵做出新的更完善的诠释，更清晰地体现社会主义基本经济制度是一个制度系统，这个制度系统包括基本所有制结构、所有制关系的实现形式即相应的分配关系，以及社会经济运行的体制机制等。

坚持和完善社会主义基本经济制度，必须从制度体系上深化认识、深化改革。党的十九届四中全会对中国特色社会主义基本经济制度的新表述，是从推进国家治理体系和治理能力现代化的目标上提出的，因而其首先是国家治理体系的一个基本组成部分，其实施状况则体现国家治理能力的绩效。因此，把坚持和完善社会主义基本经济制度与整个国家治理体系和治理能力的建设联系起来、结合起来，对基本经济制度的基础性作用就应有更高的视野、更深的认识。基于马克思主义关于经济基础与上层建筑等的相互关系的原理，基本经济制度不仅对我国的政治、社会、法律、文化等各方面的制度完善具有基础性的影响，同时也必然要接受政治、社会、法律、文化等方面的制度建设所提出的客观需要而加以完善。所以要从中国特色社会主义制度整体的构建要求出发，深化基本经济制度的建设，这样才能更好地发挥其在国家与社会整体治理与运行中的系统性制度效能。

同时，对于社会主义基本经济制度的系统性制度效能，还可以从其主要的组成系统及系统内各要素相互关系上深化认识。

公有制为主体、多种所有制经济共同发展，构成了中国特色社会主义的所有制体系，体现的是公有制与其他所有制形式在实现国家发展、民族振兴目标一致前提下的有机联系。习近平指出："我们强调把公有制经济巩固好、发展好，同鼓励、支持、引导非公有制经济发展不是对立

---

① 《习近平谈治国理政》（第二卷），外文出版社，2017，第260页。

的，而是有机统一的。"① 一方面，公有制与其他所有制经济相互依存相互制约相互促进，构成有利于社会生产力发展、有利于增强综合国力、有利于实现以人民为中心的经济发展的所有制体系，改革开放以来中国经济社会发展和民生改善的步伐之大已充分证明这一制度体系的效能；另一方面，公有制与其他所有制形式的共同发展，不是以泾渭分明的各自发展为特征，而是包括公有制经济与非公有制经济在产权关系上的结合、在产业集群与产业链和供应链上的结合、在社会分工与相互服务上的协同、在财税金融关系上的交汇等，因而构成相互联系相互交叉相互服务甚至在市场主体层面的产权交融的关系等，其联手共同发展的组合关系，将充分提升"整体功能大于部分之和"的系统性制度绩效。

按劳分配为主体、多种分配方式并存，体现了马克思主义政治经济学对生产过程中人与自然力、科技力、生产活动的组织力等因素协同作用的肯定，体现了马克思主义政治经济学关于劳动与其他要素共同构成财富源泉的基本观点，体现了分配关系作为所有制关系实现方式的理论与实践逻辑。因此，按劳分配为主体、多种分配方式并存是多种所有制经济共同发展的实现形式，是"让一切劳动、知识、技术、管理、资本的活力竞相迸发，让一切创造社会财富的源泉充分涌流，让发展成果更多更公平惠及全体人民"② 的发展需要。

社会主义市场经济体制，是市场决定资源配置与更好发挥政府作用的结合，是公有制为主体与多种所有制共同发展构成的产权关系所决定的市场运行方式，是按劳分配为主体、多种分配方式并存的主要实现机制与运行载体。社会主义经济制度应当促进生产力发展，形成有利于增强市场主体活力、增强经济发展效益、满足人民发展中的物质文化等多

---

① 《习近平谈治国理政》（第二卷），外文出版社，2017，第 260 页。
② 《中共中央关于全面深化改革若干重大问题的决定》（2013 年 11 月 12 日），《人民日报》2013 年 11 月 16 日。

方面需要的体制机制；并且鉴于多种所有制并存这一当代市场经济共性的存在，在资源市场化配置过程中作用于产权关系的调整及其在宏观与微观层面的结构优化，并反过来促进资源配置效率与质量的提高，促进市场经营主体活力的增强。因此，在社会主义基本经济制度体系中，在社会生产、分配、交换、消费各环节的实现与联系中，作为社会主义经济运行方式的体制机制，社会主义市场经济体制是不可或缺的内容。

社会主义基本经济制度以所有制关系为基础，以相应的分配方式及市场经济体制为运行和实现路径。我们应该在理论上与实践中不断深化对这一制度体系的认识，并不断推进其系统效能的完善，以持续巩固加强社会主义社会的经济基础。

二　新时代国有企业改革的深化

习近平指出："我国是中国共产党领导的社会主义国家，公有制经济是长期以来在国家发展历程中形成的，为国家建设、国防安全、人民生活改善作出了突出贡献，是全体人民的宝贵财富，当然要让它发展好，继续为改革开放和现代化建设作出贡献。"[1] 我国公有制经济涵盖领域非常广泛，从民生领域到高科技领域，从人才的培养到战略物资的保障，从企业到非企业主体等，在国计民生中发挥了不可替代的作用，并且在构建人类命运共同体和实施"一带一路"倡议中也发挥着我国负责任大国的重要作用。因此，"公有制主体地位不能动摇，国有经济主导作用不能动摇"[2]。

我国的公有制经济，主要包括国有经济、集体经济、国有控股及一般股份制经济中的国有成分等。其中国有经济在国民经济的基础领域与关键领域发挥着支柱与引领作用，如在教育、基础研究与尖端科技攻关

---

①　《习近平谈治国理政》（第二卷），外文出版社，2017，第259页。

②　习近平：《在十八届中央政治局第二十八次集体学习时的讲话》（2015年11月23日），《习近平关于社会主义经济建设论述摘编》，中央文献出版社，2017，第63页。

领域和国防工业、金融、航空与高铁及轨道交通、城乡公共服务等领域具有绝对优势。

改革开放以来，我国国有经济特别是国有企业的改革，构成了经济体制改革的重要方面。从20世纪80年代初期着重于企业分配制度及经营自主权方面的"放权让利"，到80年代后期推行的承包制，再到90年代推行股份制改革与建立现代企业制度及"抓大放小"的国有企业结构优化，以及21世纪初建立国有资产监督管理机制并提出构建现代产权制度与支持国有企业"走出去"等做法，体现了我国国有企业在改革中不断实现质量提升的发展轨迹。

新时代的国有企业改革，必须遵循完善我国社会主义经济治理体系与治理能力现代化的要求，必须遵循社会主义市场经济规律特别是现代企业治理体系与治理能力提升的要求，从做强做优做大的方向进行深化。2016年，习近平总书记对国企改革的基本方向与原则做出指示："国有企业是壮大国家综合实力、保障人民共同利益的重要力量，必须理直气壮做强做优做大，不断增强活力、影响力、抗风险能力，实现国有资产保值增值。要坚定不移深化国有企业改革，着力创新体制机制，加快建立现代企业制度，发挥国有企业各类人才积极性、主动性、创造性，激发各类要素活力。要按照创新、协调、绿色、开放、共享的发展理念的要求，推进结构调整、创新发展、布局优化，使有企业在供给侧结构性改革中发挥带动作用。要加强监管，坚决防止国有资产流失。要坚持党要管党、从严治党，加强和改进党对国有企业的领导，充分发挥党组织的政治核心作用。各级党委和政府要牢记搞好国有企业、发展壮大国有经济的重大责任，加强对国有企业改革的组织领导，尽快在国有企业改革重要领域和关键环节取得新成效。"[①] 2020年6月30日，习近平总书记

---

① 《习近平对国有企业改革作出重要指示强调　理直气壮做强做优做大国有企业　尽快在国企改革重要领域和关键环节取得新成效》，《人民日报》2016年7月5日。

主持的十九届中央全面深化改革委员会第十四次会议审议通过的《国企改革三年行动方案（2020—2022 年）》指出："国有企业是中国特色社会主义的重要物质基础和政治基础，是党执政兴国的重要支柱和依靠力量。在这次应对新冠肺炎疫情过程中，国有企业勇挑重担，在应急保供、医疗支援、复工复产、稳定产业链供应链等方面发挥了重要作用。今后 3 年是国企改革关键阶段，要坚持和加强党对国有企业的全面领导，坚持和完善基本经济制度，坚持社会主义市场经济改革方向，抓重点、补短板、强弱项，推进国有经济布局优化和结构调整，增强国有经济竞争力、创新力、控制力、影响力、抗风险能力。"①

据此，国企改革要抓好几个重点。第一，坚持和加强党对国有企业的全面领导，这主要基于中国共产党的领导是中国特色社会主义制度最本质的特征，中国共产党也是国有企业前身之一的民主革命时期根据地公有制企业的创建者，是新中国国有企业群体的缔造者，是长期以来培育、领导国有企业发展并指导国有企业改革与完善治理水平的核心力量，是国有企业能够更好代表全体中国人民根本利益、代表社会主义国家发展利益的根本保障。第二，国有企业要更好地发挥党执政兴国重要支柱的作用，在国民经济的基础与关键领域要发挥更大作用。除已有领域外，要进一步优化国企布局，着重在战略资源保障和支柱产业等领域加强资源整合，全面推进国企资产优化重组，增强国有资产在保障国计民生核心领域方面的地位与影响力；做强做优行业主导地位，以及通过混合经济形式的发展，增强引导、鼓励和联合其他所有制经济共同发展的作用。第三，要抓好国企内部治理体系的改革，既要适应市场决定资源配置的要求，又要体现国企在落实更好发挥政府作用方面的特定市场主体作用；既要体现在社会主义市场经济体制框架下与其他所有制企业依法共同运

---

① 《习近平主持召开中央全面深化改革委员会第十四次会议强调　依靠改革应对变局开拓新局　扭住关键鼓励探索突出实效》，《人民日报》2020 年 7 月 1 日。

行，又要构建适应经济全球化竞争新形势新特点新挑战的体制机制；既要增强企业应对市场变幻的市场主体活力，又要具备基于国家战略的发展眼光和可持续发展能力；等等。第四，做强国有资本的保值增值能力，包括继续完善国企资产运行的监管制度建设、增强国企的风险意识及抗风险能力、完善关键产业链供应链保障措施、发展更完善的混合经济中的国有资产监管机制、健全国企资产的市场进入与退出机制、完善可量化可检测的国有资产改革与运营的考核机制建设等，并积极培养提升国企推进自身制度创新的能力，持续增进国企改革的制度红利。

广东作为改革开放前沿的省份，市场经济主体数量居全国之首，在鼓励民营经济和外商及港澳台投资企业发展的同时，坚持做强做优国有企业。截至 2019 年末，广东省国资监管企业资产总额达到 12.05 万亿元。为落实中央《国企改革三年行动方案（2020—2022 年）》，2020 年 7 月，广东省委深改委制订并印发了《关于深化省属国资国企改革发展的若干措施》，提出到 2022 年，85%以上的省属国有资本要集中于基础性、公共性、平台性、引领性等重要行业和关键领域；除科技型、创新型企业外，原则上省属企业不再保留规模以下的企业，以利提升国有资本素质，更进一步集中发挥国有企业在关键领域的决定性作用。

三 保持和增强我国民营经济发展良好势头

在社会主义基本经济制度的所有制结构中，非公有制经济主要包括民营经济与进入中国内地（大陆）投资运营的外资及港澳台经济，其中民营经济占比最大，包括个体、私营经济及股份制经济或其他合资经济中的民营成分。民营经济相对于外资与港澳台经济而言，与公有制经济一道属于内源经济范畴。改革开放以来，民营经济迅速恢复并加快发展，成为在我国国民经济发展与改革开放中发挥重要支撑作用的基本力量。习近平总书记在 2018 年 11 月举行的民营企业座谈会上指出："概括起来说，民营经济具有'五六七八九'的特征，即贡献了50%以上的税收，60%以上的国内生产总值，70%以上的技术创新成果，80%以上的城镇劳动就业，90%以上的企业数量。……我国民营经济已经成为推动我国发展不可或缺的力量，成为创业就业的主要领域、技术创新的重要主体、国家税收的重要来源，为我国社会主义市场经济发展、政府职能转变、农村富余劳动力转移、国际市场开拓等发挥了重要作用。长期以来，广大民营企业家以敢为人先的创新意识、锲而不舍的奋斗精神，组织带领千百万劳动者奋发努力、艰苦创业、不断创新。我国经济发展能够创造中国奇迹，民营经济功不可没！"①

　　保持和增强我国民营经济发展良好势头，必须从坚持和完善我国社会主义基本经济制度的高度加以强调，坚决反对否定民营经济积极作用、把公有制经济与民营经济对立起来、把民营经济排斥于社会主义经济体系之外等错误观念和错误行为。习近平总书记指出："一段时间以来，社会上有的人发表了一些否定、怀疑民营经济的言论。比如，有的人提出所谓'民营经济离场论'，说民营经济已经完成使命，要退出历史舞台；有的人提出所谓'新公私合营论'，把现在的混合所有制改革曲解为新一轮'公私合营'；有的人说加强企业党建和工会工作是要对民营企业进行控制，等等。这些说法是完全错误的，不符合党的大政方针。""在这里，我要再次强调，非公有制经济在我国经济社会发展中的地位和作用没有变！我们毫不动摇鼓励、支持、引导非公有制经济发展的方针政策没有变！我们致力于为非公有制经济发展营造良好环境和提供更多机会的方针政策没有变！我国基本经济制度写入了宪法、党章，这是不会变的，也是不能变的。任何否定、怀疑、动摇我国基本经济制度的言行都不符合党和国家方针政策，都不要听、不要信！所有民营企业和民营企业家

---

① 习近平：《在民营企业座谈会上的讲话》（2018年11月1日），《人民日报》2018年11月2日。

完全可以吃下定心丸、安心谋发展!"① 2019 年 12 月,《中共中央 国务院关于营造更好发展环境支持民营企业改革发展的意见》发布,对民营经济增强发展信心、夯实发展基础、提升发展后劲,进一步提供了有力的政策支持。

在党的毫不动摇鼓励、支持、引导非公有制经济发展的方针政策指引下,民营经济的发展在总体上表现出显著的韧性。在 2020 年上半年受新冠肺炎疫情影响我国规模以上工业增加值同比下降 1.3% 的情况下,按经济类型比较,属于民营范畴的私营工业企业的增加值降幅最小(仅为 0.1%),其对工业增长的维稳发挥着重要作用。而在出口贸易中,我国民营经济自 2008 年国际金融危机以来已表现出很强的抗冲击能力,并发展为推动外贸增长的最大群体;在 2020 年上半年国际市场不景气导致全国外贸出口额同比下降 3% 的背景下,民营企业积极发挥经营灵活性和市场适应性强的优势,加快转型升级,实现出口额增长 3.2%,比全国出口额整体状况高出 6.2 个百分点;全年观察,民营企业完成的出口额同比增长 12.3%,比全国出口额总增幅高出 8.3 个百分点。

事实上,对中国特色社会主义基本经济制度体系中的民营经济的认识,不应割裂民营经济与公有制经济及整个中国特色社会主义根本制度、基本制度的系统性联系。如果仍然把我国现阶段的民营经济与封建社会或资本主义社会中的私营经济等同起来,或者基于抽象的私有制经济概念做出"纯粹"的判断,在思想方法和理论分析上就是背离了马克思主义辩证唯物主义和历史唯物主义的世界观和方法论,就犯了形而上学的错误。马克思在《〈政治经济学批判〉导言》中已深刻指出:"在一切社会形式中都有一种一定的生产决定其他一切生产的地位和影响,因而它的关系也决定其他一切关系的地位和影响。这是一种普照的光,它掩盖

---

① 习近平:《在民营企业座谈会上的讲话》(2018 年 11 月 1 日),《人民日报》2018 年 11 月 2 日。

了一切其他色彩，改变着它们的特点。"① 因此，在中国特色社会主义基本经济制度中，公有制的主体地位"决定其他一切生产的地位和影响"，其关系"决定其他一切关系的地位和影响"，从而改变着其他生产、其他关系的特点。这种改变路径包括中国共产党领导的根本制度的决定性影响，包括公有制经济通过在国民经济基础与关键领域发挥的决定性作用而形成的对非公有制经济的影响，包括通过社会分工合作形成的产业链、供应链及产业内部与外部的服务体系发挥的影响；而非公有制经济还通过与公有制经济在社会政治、文化、环境治理领域的相互合作而受到影响，通过向国家缴税并以此转化为国家公有资源而受到影响，等等。因此，必须坚持历史唯物主义的观点，坚持从中国特色社会主义制度体系的全局出发，以系统运行的视野去观察民营经济等非公有制经济在当代中国的新特点，以更加积极的态度为民营经济营造健康的良好的发展空间。因此，要深刻领会习近平总书记的重要讲话："基本经济制度是我们必须长期坚持的制度。民营经济是我国经济制度的内在要素，民营企业和民营企业家是我们自己人。……在全面建成小康社会、进而全面建设社会主义现代化国家的新征程中，我国民营经济只能壮大、不能弱化，不仅不能'离场'，而且要走向更加广阔的舞台。"②

　　保持和增强我国民营经济发展良好势头，必须为民营经济发展提供良好的环境和相应的鼓励、支持与引导。第一，要保障民营经济主体与其他所有制形式的市场主体拥有平等发展的机会，获得公平竞争的条件。要做到对各类市场主体一视同仁，营造公平竞争的市场环境、政策环境、法治环境，确保权利平等、机会平等、规则平等。第二，我国民营经济发展的历史积淀还有不足，在市场主体中，不仅大量的个体经济属于民

---

① 马克思：《〈政治经济学批判〉导言》，《马克思恩格斯选集》（第二卷），人民出版社，2012，第707页。

② 习近平：《在民营企业座谈会上的讲话》（2018年11月1日），《人民日报》2018年11月2日。

营经济范畴，中小微企业群体的绝大多数也在民营企业行列，它们的市场地位不一定很强，因此，民营企业遇到的某些不平等待遇，既要以公平竞争的市场原则去解决，也要通过更好发挥政府职能去支持其发展，包括对中小微企业给予一定的政策倾斜支持等，以维护市场活力和竞争秩序、促进经济发展、保障就业和民生。要创新民营企业服务模式，畅通民营企业与政府间的沟通与联系，完善针对民营企业的服务模式和服务体系，实现民营企业的更好发展。要引导达到一定规模的民营企业按照现代企业制度加强自身制度建设，提升民营企业决策的科学性及战略视野，使之不断增强自强自立的能力。还要对民营企业及民营企业家在企业的依法经营、承担社会责任、勇于和善于创新发展、确立长远发展眼光和目标等方面做出帮助和指导。此外，在鼓励、支持民营企业做优做强，培育更多具有全球竞争力的世界一流企业的同时，对占民营经济绝大多数的中小微企业及个体经济要给予积极引导，支持它们走"专精特新"发展之路，让广大民营企业等市场主体及其从业者心无旁骛做实业，更好弘扬工匠精神，以有利于我国实现新时代高质量发展，不断提升民营经济的可持续发展能力，并与公有制经济一道，在我国社会主义基本经济制度体系的运行中发挥更积极的作用。

第二节　坚持社会主义市场经济改革方向

中国的经济体制改革，着重解决妨碍社会生产力发展的经济体制机制问题。在实践中，从逐步引入市场调节机制，到培育市场主体及推进市场体系建设，市场在资源配置中发挥愈益重大的作用，促进了国民财富加快增长和民生不断改善。在1992年邓小平"南方谈话"基础上，党的十四大正式提出我国经济体制改革的目标是建立社会主义市场经济体制，并提出在国家宏观调控下使市场在资源配置中起基础性作用。

随着社会主义市场经济体制建设的推进，在经济发展得益于体制改革而获得快速增长的同时，制约新体制完善和生产力进一步发展的因素愈显突出，进一步深化改革的要求愈益迫切。在党的十八大召开后的首次中央经济工作会议上，习近平总书记及时而明确地指出："社会各界、海内外都高度关注我们的改革。我们要坚定信心、凝聚共识、统筹谋划、协同推进，坚持社会主义市场经济的改革方向不动摇，增强改革的系统性、整体性、协同性，以更大的政治勇气和智慧推动下一步改革。"① 经过一年的准备，党的十八届三中全会通过了《中共中央关于全面深化改革若干重大问题的决定》，明确提出要发挥市场在资源配置中的决定性作用和更好发挥政府作用。在十八届三中全会第二次全体会议上，习近平总书记进一步指出："坚持社会主义市场经济改革方向，不仅是经济体制改革的基本遵循，也是全面深化改革的重要依托。"② "以经济体制改革为重点，发挥经济体制改革牵引作用。"③

一　市场决定资源配置与更好发挥政府作用

在十八届中央政治局就市场在资源配置中起决定性作用和更好发挥政府作用问题进行的第十五次集体学习会上，习近平总书记指出："党的十八届三中全会提出，经济体制改革是全面深化改革的重点，核心问题是处理好政府和市场的关系，使市场在资源配置中起决定性作用，更好发挥政府作用。提出使市场在资源配置中起决定性作用，是我们党对中国特色社会主义建设规律认识的一个新突破，是马克思主义中国化的一个新的成果，标志着社会主义市场经济发展进入了一个新阶段。"④

---

① 习近平：《在中央经济工作会议上的讲话》（2012年12月15日），《习近平关于社会主义经济建设论述摘编》，中央文献出版社，2017，第51页。
② 《习近平谈治国理政》，外文出版社，2014，第95页。
③ 《习近平谈治国理政》，外文出版社，2014，第93页。
④ 《习近平谈治国理政》，外文出版社，2014，第116页。

从市场经济理论与世界范围的实践发展看，市场经济的前身是前资本主义时期的商品生产与商品交换构成的商品经济。随着商品经济领域的扩展，产生了资本主义的萌芽，而资本主义发展的进程所伴随的市场的拓展，不仅扩大了商品生产与交换的空间范围与行业品类，更是实现了生产要素的商品化与市场化，从而使市场从商品交换的载体演进为资源配置的方式，深刻改造了人们的生产方式与生活方式。

在市场经济发展的初期，市场机制对资源的配置基本按照价格、竞争、供求等机制所自发释放的信号进行，这种由市场自发力量通过交换过程进行的商品和要素的配置过程，被古典经济学家亚当·斯密称为"看不见的手"的作用，这在当时的历史条件下，对于解放和发展生产力产生了积极作用。但随着自由竞争带来的优胜劣汰逐步发展到生产集中与资本集中，垄断得以形成；同时，不正当竞争行为及垄断的负面作用使价格被扭曲而不一定真实反映市场实际供求，市场欺诈和侵犯消费者权益、侵犯合法企业与经营者权益的现象频频发生，甚至出现资源严重错配、生产"过剩"与资源极大浪费等问题，引发经济危机。因此，从20世纪30年代开始，一些国家以行政、法律等手段开展了力度空前的主动的经济干预，如美国时任总统富兰克林·罗斯福的"新政"等；随后在西方经济学理论体系中出现了主张引入国家宏观调控干预经济运行的凯恩斯学说，出现了所谓的"凯恩斯革命"。从此，"完全由市场调节的市场经济"不复存在，即使是20世纪70年代以后逐渐流行起来的新自由主义，实际上也并未能令宏观调控措施全面退出各国经济治理体系，而只是使其表现为强弱不等的状态。那些宏观调控能力严重不足或滥用国家干预权力的经济体，则在经济运行秩序上较为混乱甚至陷入发展停滞或倒退的状态，其中一批发展中国家陷入"中等收入陷阱"的主要原因之一正是宏观经济治理能力不足。进入21世纪以来，国际经济态势出现了新的严重波动，给世界经济带来深刻影响，一些国家经济发展与民生改善指标表现出显著颓势，这在相当程度上证实：失去国家对经济运行的正确引导，未能采取与市场机制相互补充相互配合的有效宏观调控举措和适当的及时干预，经济发展抗风险抗干扰能力就往往不足，其经济发展进程也必定难以行稳致远。

市场作用与政府作用在社会主义市场经济发展运行中是相互依存的。市场在资源配置中的决定性作用，主要基于市场配置资源能突出效益优先原则，市场价格、供求与竞争等机制具有很强的灵活性，市场体系的完善能够覆盖作为生产成果的商品、服务，投入要素之劳动、技术、资本，以及各种要素背后的产权结构，降低资源配置的难度、成本，提升资源配置的总体效益。因此，市场决定资源配置，不仅是当代最有利于提升资源配置效益的经济运行方式，而且这一方式本身也是低成本高效益的，其长处是显著的。但与此同时，市场机制的局限性也不容忽视，即市场信号可能带来各经营主体行为的盲目性，从而突破市场客观需求的有限性；盲目逐利可能带来投入资源的过剩，继而引发产能过剩和产品过剩，同时也可能引发竞争秩序混乱，以及对环境和自然资源的不计代价的消耗和毁损。这一切都需要代表国家和全体人民利益的主体加以通盘规划、及时干预和有效调节。因此，国家治理当然包含经济领域的治理，而政府在国家机器日常运转中承担着行为主体的功能，需要从国家和全体人民利益的高度发挥好对经济的治理作用。所以政府作用的优势是可以运用国家资源进行规划和调节、干预，并以更高远的视野和更全局的考量，控制或降低某些微观经济行为对宏观效益的损害，使社会发展效益最大化。特别是我们的社会主义国家能够集中力量办大事，一些单靠一般市场主体难以承担和难以合作完成的重大建设项目与"国之重器"，必须由国家决策与国家谋划方可成功。但国家政府的行为也要行之有度，对经济领域绝大部分投入-产出行为不宜过多干预，应该交给市场，这是由市场供求的多样性、易变性、及时性、丰富性所决定的。同时，在效益方面，市场不仅对各类市场主体的微观效益的提升发挥着决定性作用，也在一般情况下对宏观总体经济效益形成有益的支撑作用，支撑国力的强盛和民生的改善。所以政府既不能在该作为的领域和该作为的情况下不作为，也不应该乱作为、盲目干预经济活动，甚至做出以权力"寻租"的不当行为。

习近平总书记对使市场在资源配置中起决定性作用和更好发挥政府作用做出过系统阐述。他指出："提出使市场在资源配置中起决定性作用，其实就是贯彻了问题导向。经过 20 多年实践，我国社会主义市场经济体制不断发展，但仍然存在不少问题，仍然存在不少束缚市场主体活力、阻碍市场和价值规律充分发挥作用的弊端。这些问题不解决好，完善的社会主义市场经济体制是难以形成的，转变发展方式、调整经济结构也是难以推进的。我们要坚持社会主义市场经济改革方向，从广度和深度上推进市场化改革，减少政府对资源的直接配置，减少政府对微观经济活动的直接干预，加快建设统一开放、竞争有序的市场体系，建立公平开放透明的市场规则，把市场机制能有效调节的经济活动交给市场，把政府不该管的事交给市场，让市场在所有能够发挥作用的领域都充分发挥作用，推动资源配置实现效益最大化和效率最优化，让企业和个人有更多活力和更大空间去发展经济、创造财富。"① 在强调市场决定资源配置的同时，习近平还强调："科学的宏观调控，有效的政府治理，是发挥社会主义市场经济体制优势的内在要求。更好发挥政府作用，就要切实转变政府职能，深化行政体制改革，创新行政管理方式，健全宏观调控体系，加强市场活动监管，加强和优化公共服务，促进社会公平正义和社会稳定，促进共同富裕。各级政府一定要严格依法行政，切实履行职责，该管的事一定要管好、管到位，该放的权一定要放足、放到位，

---

① 《习近平谈治国理政》，外文出版社，2014，第 117 页。

坚决克服政府职能错位、越位、缺位现象。"① "使市场在资源配置中起决定性作用和更好发挥政府作用，二者是有机统一的，不是相互否定的，不能把二者割裂开来、对立起来，既不能用市场在资源配置中的决定性作用取代甚至否定政府作用，也不能用更好发挥政府作用取代甚至否定使市场在资源配置中起决定性作用。"② 这是我们认识市场作用与政府作用应有的当代马克思主义的辩证的思想方法和工作方法。

二　完善要素配置市场化的体制机制

市场决定资源配置，体现在市场资源配置的主体主要依据市场价格、竞争、供求等机制确定其行为，因而市场经济体制的核心是市场主体、市场机制与市场体系的构建与完善。

（一）市场主体

市场主体包括企业及其他形式的市场经营者、投资者、消费者和所有进入市场交易并承担相应权益的自然人、法人或非法人的机构与组织。在市场交换中，各市场主体根据自身需要及对交易成本和利益的权衡，选择一定的时间、空间、条件与方式，与他方（一方或多方）达成劳动交换或各自所拥有的生产要素或生活资料的交换，实现社会经济以市场为载体和机制的运行。

在我国市场经济条件下存在的各类主体中，企业等市场经营主体构成了国民经济体系的主要微观基础，担负着组织配置生产要素、实现生产力运行的基本责任，是促进国民财富增长的基本力量。企业等市场经营主体承担了基于市场的投入-产出的主体功能，并对其他主体的市场交易发挥影响与辐射带动作用。在社会分工与市场交换条件下，它们既是

---

① 《习近平谈治国理政》，外文出版社，2014，第117~118页。
② 《习近平谈治国理政》，外文出版社，2014，第117页。

供应者，又是需求者；既是竞争者，又可以是合作者；既是需求的满足方，又可以是激发与创造需求的引领方。因此，市场经营主体的活力，特别是创新力和对市场变化的适应力、反应力，构成社会经济活力的微观基础。我国经济体制改革的目标是建立和完善社会主义市场经济体制，在这一体制内涵中，企业等市场经营主体的活力状况是检验改革成效的最主要方面。自1984年党的十二届三中全会通过的《中共中央关于经济体制改革的决定》把增强企业活力列为改革的中心环节以来，我国的经济体制改革始终把企业等市场经营主体获得更好的发展机制与发展环境作为改革的核心问题。截至2019年底，市场经营主体在我国计有1.23亿户，其中企业主体3858万户，个体工商户8261万户。

企业等市场经营主体通过社会分工合作体系，形成各种要素和商品、服务的有效供给，不断满足人民群众日益增长的物质文化需求；同时作为社会就业的主要载体，为民生的保障发挥重要支撑作用；还作为国家财力的主要贡献者支持国家的发展与社会公共服务体系的完善。在新时代高质量发展的实现过程中，企业等市场经营主体是供给侧结构性改革的主力军。企业适应于市场变革而不断提升科技创新水平及治理能力，对全社会经济结构的优化升级和发展动力转换具有决定性作用，从而成为马克思所说的以"生产创造消费者"① 和习近平总书记所说的"新的供给可以创造新的需求"② 的主导因素。所以，企业发展的活力与素质，是改革与发展绩效的直接体现，对国民经济的整体活力与素质提升发挥着基础性载体作用；而一国的优秀企业在创造卓越发展成就的同时，也会作为国内外市场上参与竞争和合作的优秀"种子选手"，为国力提升和国家品牌形象塑造带来积极的效应。因此，"市场主体是经济的力量载体，保市场主体就是保社会生产力"，"要千方百计把市场主体保护好，

---

① 马克思：《〈政治经济学批判〉导言》，《马克思恩格斯选集》（第二卷），人民出版社，2012，第692页。

② 《习近平谈治国理政》（第二卷），外文出版社，2017，第252页。

为经济发展积蓄基本力量"。① 在我国"十三五"面临收官、"十四五"规划开始设计之际，习近平总书记在企业家座谈会上的讲话，深刻揭示了全力保护和激发企业等市场经营主体的活力对于实现我国经济进一步固本强基、更好应对新冠肺炎疫情与世界经济变局冲击、保障我国经济发展稳中向好长期向好态势具有的重大而长远的意义。

在战胜新冠肺炎疫情与应对世界经济变局冲击中，保护和激发企业活力，是实现"六稳""六保"的关键抓手之一。保市场主体就是为稳就业、稳外资、稳投资、稳预期等打下扎实基础，就是为保居民就业、保基本民生、保产业链供应链稳定等提供最重要的支撑。当前，中国正以发展中大国的强大内需潜力和当今世界产业体系最完备的国家条件为依托，立足于统筹好国内国际两大市场，实现国内国际经济运行"双循环"的联动，这既是当今中国企业包括境外资本在华企业的重大市场机遇，也是我们新形势下对企业等市场经营主体在危机中育新机、在变局中开新局，以做强我国经济发展的力量载体所寄予的殷切期望。

全面保护和激发企业活力，需要在企业的外部环境和内部治理上全面发力。关于市场环境问题，我们在本节稍后部分进行分析，这里着重对企业自身治理的问题做出阐述。全面激发企业等市场经营主体活力，在外部发展环境优化改善的同时，更有赖于企业自身治理能力的提升，就如事物发展的辩证法给予我们的启示：在外因与内因的互动关系中，外因最终仍须通过内因发挥作用。企业必须以练好内功为本，立足增强自主发展的能力，方能无惧风雨，拨云见日。

在市场经营主体中，个体工商户的管理水平固然也需要提高，但其产权及经营方式的特点决定其经营状况主要依赖业主自身的能力与水平。而对我国经济总量贡献份额更大、经营的规模效益更大的企业，则需要有更

---

① 习近平：《在企业家座谈会上的讲话》，人民出版社，2020，第3页。

优秀的企业家，更需要有先进的企业治理制度与治理方式。在我国正式确立以建设社会主义市场经济体制为经济体制改革目标的翌年，《中共中央关于建立社会主义市场经济体制若干问题的决定》在党的十四届三中全会获得通过，该决定着重从国有企业改革的角度提出建立现代企业制度的目标，并就此提出这一目标的内涵是进一步转换国有企业经营机制，适应市场经济要求，做到产权清晰、权责明确、政企分开、管理科学。党的十八大以来，中央加强了对各类不同所有制市场主体一视同仁的政策设计，在鼓励、引导民营经济发展方面给予高度关注。党的十八届三中全会提出要推动国有企业完善现代企业制度，支持非公有制经济健康发展，同时在《中共中央关于全面深化改革若干重大问题的决定》中，首次提出鼓励有条件的私营企业建立现代企业制度。这就把引导条件具备的民营企业建立良好的企业治理制度，当作深化改革与完善社会主义市场经济体制的一项重要工作，为民营企业从较为倾向"人治"为主转向以制度治理为主，以利形成企业发展的长效运行机制进一步指明了方向。

在国内外市场的激烈竞争中，企业的优胜劣汰，不仅与企业治理制度有关，也往往与企业家的素质紧密相关。我国改革开放以来成长起来的企业家队伍是颇具规模的，其中包括一批相当优秀的国有企业和民营企业的企业家，也有部分优秀的外资与港澳台投资企业的企业家为中国经济发展及企业治理能力的提升做出贡献。但仍有相当部分企业负责人的水平尚需提高。习近平总书记恳切地提出了对企业家以自身发展带动企业发展的期望："企业家要带领企业战胜当前的困难，走向更辉煌的未来，就要在爱国、创新、诚信、社会责任和国际视野等方面不断提升自己，努力成为新时代构建新发展格局，建设现代化经济体系，推动高质量发展的生力军。"[①] 我们的企业家，以及个体工商户的业主，都要注意把自身利益与国家、民族利益紧密结合起来，树立家国情怀，确立

---

① 习近平：《在企业家座谈会上的讲话》，人民出版社，2020，第5~6页。

诚信理念，强化依法经营，主动承担社会责任；要从偏重短期利益和经营战术，向更多注重全局及确立战略视野、善谋长远利益转变；从小富即安、偏于守陈，转向勇于并善于以创新谋生存、谋发展。事实上，从企业作为国家经济发展的力量载体看，企业家和企业素质已不仅仅是自身的微观问题，优秀的企业和企业家群体越是壮大，国民经济发展的力量载体就越强韧，国家发展的全局就越出彩；而国家越强盛，发展条件越改善，越会为企业素质提升与竞争力增强创造更好的条件。因此企业的命运与国家和民族的命运不可分割，那些拥有浓厚家国情怀和社会责任的企业，能够坚持创新引领、依法经营的企业，能够以敏锐的国际视野勇立市场潮头而又务实进取的企业，必将更能在发展中行稳致远。

企业等市场经营主体发展的质量，与企业的所有制关系或规模并不存在绝对的必然联系。市场结构和机遇的丰富性、多样性、可变性，在向各类主体提出挑战的同时，也提供了层出不穷的发展空间。在市场决定资源配置的条件下，在营商环境更趋完善的背景下，大企业和中小微企业或个体工商户都各有竞争机会和竞争优势，关键在于各市场经营主体如何牢牢把握市场机遇，并用好国家赋予的政策。2020年初以来的新冠肺炎疫情及国际市场波动的冲击，给了我们必须健全产业体系、加强产业链供应链保障的重要启迪，为包括个体工商户在内的各类企业等市场经营主体之间加强产业内分工合作、加强产业链供应链各环节的对接，开辟了新的路径；而新时代社会主要矛盾演进为人民日益增长的美好生活需要和不平衡不充分的发展之间的矛盾，更是基于供给侧结构性改革的必要性与可行性给广大市场经营主体开辟了新的市场拓展空间，这也是我国构建新发展格局的重要机遇与条件。因此，要全面辩证看待发展形势，让广大企业等市场经营主体在新的活力迸发中，打造自身发展的新优势，开创中国经济发展的新局面。

（二）市场机制

市场机制是市场配置资源的运作机理，它通过价格、供求、竞争、风险等可观测、预测、辨析的市场信息变化，引导市场主体调整其资源配置的方向、结构和规模等，并以主体的行为反作用于市场，促使市场按照客观规律发展运行。发挥市场机制作用，就是"把市场机制能有效调节的经济活动交给市场"[①]。市场机制作用的灵活性、及时性，可以对微观或中观层次的投入-产出行为产生激励或限制性的影响，并以此调节供求关系的矛盾运动，达成宏观层面经济运行的基本协调。但市场信号的形成及转化为市场主体行为的过程，既可能有预警性，也可能有滞后性，这就给市场主体把控市场机会带来了考验，能否抓住机遇乘势而上，或者抓住机遇规避风险，都直接影响甚至决定着企业生存与发展的质量，并进而影响社会资源配置的结构与效益。

价格机制。在市场决定资源配置的总体框架下，价格基本由市场决定，这一决定过程主要受供求关系和竞争态势影响，并调节市场资源流动和交易各方利益的实现程度。在中观与微观层面，价格机制作为一种资源配置的杠杆，引导企业以效益优先的原则发挥资源配置的作用，从而对价格高走反映的供不应求状态做出增加供给的决策，并且以供给的增加缓解供求矛盾并控制价格涨幅甚至带来价格回落；或者因价格低迷而做出减少供给或转产新产品或进入新产业等决策，使价格下降趋势得到遏制或重新回升。这些市场行为都将自发促进供求关系在新的条件下实现新的平衡。但从宏观视角看，如果价格发生较大面积、较大幅度波动并使社会对涨价或跌价有较长时间预期，这种价格波动就可能诱发投入流通的货币增加或减少，成为诱发通货膨胀或通货紧缩的因素。政府通常对一般商品或服务的价格不进行干预，以利于市场机制发挥灵活的

---

① 《习近平谈治国理政》，外文出版社，2014，第117页。

调节作用；但在关系国计民生的基础性、关键性的产品或服务方面，必要的政府定价或政府指导价是更好发挥政府作用的体现。但政府定价（含政府审批价）通常用于特定环节或特殊时期，政府介入定价时更多以政府指导价为主；一般情况下政府定价或指导价（含备案价），主要用于公共产品、战略性资源及保民生的基本必需品等。

供求机制。供求关系是市场交易中最基本的关系，供求关系的形成基于社会分工和需求结构，而以市场价格为交易条件的供求机制是市场经济的机制之一。供求矛盾所形成的运行机制，对市场价格有直接影响，而价格机制也反过来影响供求。一般情况下，某种商品或服务供不应求会导致其价格上升，供过于求会导致其价格下降，从而相应调节该商品或服务供给和需求的变化；但由于商品或服务之间存在基于产业链、供应链的关联性，以及某些商品、服务之间存在相互替代性等因素，一种商品或服务的供求变动，往往会使相关商品或服务的价格也发生波动；而在某类产业出现总体产能过剩或产能不足时，其价格变动的周期会延长，比如维持一定时期的价格高位运行或低位运行，直至相关行业与企业采取调整资源配置以进一步实现供求平衡的有效举措。但从社会经济的发展和人民群众需求的提升趋势看，供求机制的积极意义在于引导、激励供应者密切关注需求的发展变化，以更好地满足社会需求为目标，并以创新激活消费、引领消费，在提供更高质量的供给条件下不断实现新的供求平衡。

竞争机制。竞争机制是市场经济在运行中保持活力的重要机制，也是利益分配的重要机制。它在形式上主要围绕供求、价格开展，但在更高层次的内容上则围绕要素的获得与配置而开展，如围绕人才、技术、市场份额、稀缺资源获得等。企业等市场经营主体在竞争机制作用下，以自身提高市场适应能力、降低运作成本、着力于有效创新、增强市场美誉度等方式争取更优的市场形象和市场地位。竞争机制的有效作用要基于各类市场经营主体之间的平等竞争、依法竞争才能发挥，因此完善的市场经济体制必然与法治社会的建设具有一致性，也与政府对各类市场经营主体一视同仁、社会各方共同打造公平竞争和管理有序的市场营商环境密切相关。为保障竞争机制的公平性有效性，必须纳入三个方面的基本内容：一是反垄断的法律法规和行政措施，防止竞争机制自发作用带来垄断并出现企业以强凌弱、以大欺小等不公平的竞争状况，保护中小微企业的合法权益，并适当采取对中小微企业有所倾斜的政策措施乃至法律规定；二是企业等市场经营主体与政府及各类非营利组织机构的关系也必须公平，其中政府因掌握公权力，可以影响资源配置，因此政府及其他机构以财政资金开支的较大额需求一般应通过公开公平的市场招标方式遴选供应商；三是在企业等经营者与消费者之间构成的竞争关系中，虽然一般情况下可以采取供应商公开明码标价或通过供求双方协商交易条件达成一致，但由于企业等经营者与消费者之间存在信息不对称，消费者往往处于弱势，对于此类竞争关系，立法机构、政府和社会有必要采取向消费者倾斜的做法，订立保护消费者权益的法律法规和处理机制。

风险机制。市场配置资源的机制是以利益为导向的，而利益的背面是风险，利益与风险是市场机制辩证作用的两个方面。一般情况下，利益与风险关系带来的波动表现在市场经营主体经营业务的盈亏；而特定情况下则可以是市场经营主体获得暴利或背负沉重债务以致资不抵债而陷入破产。风险的发生，往往由相关市场经营主体对利益的过度追逐或对市场趋势的误判造成；而风险机制的作用，有利于企业等市场经营主体减少盲目的投资经营活动，降低资源错配或过度浪费资源现象的发生概率，以及在发生此类问题后激发止损效应。风险机制要正常发挥有效作用，有赖于市场竞争环境的公平性和市场信息的公开性，所以应避免和防止人为操纵市场价格、发布虚假信息等违法违规和其他有损商业道德的行为带来对正当经营者或其他消费者、投资者权益的误导和侵害，制造不应发生的风险。另外，在正常的市场运行中，客观上也会因市场供求、价格、竞争态势的波动等因素形成一定风险，对于这类客观风险，企业等经营者和投资者必须加强对市场的研究，在经济全球化条件下还应注重研判国际市场风险对国内市场和本企业所在市场带来的影响。而消费者这一类市场主体也会面对消费风险，则既需要其丰富市场消费知识、提升消费风险意识，避免因某些经营者的不当诱导而落入消费"陷阱"，更需要政府及社会对厂商行为包括产品与服务的质量保障及推广方式做出规范，企业等市场经营主体强化其社会责任的履行，共同防范各类消费风险的发生。

（三）市场体系

《中共中央关于全面深化改革若干重大问题的决定》提出，建设统一开放、竞争有序的市场体系，是使市场在资源配置中起决定性作用的基础。《中共中央关于坚持和完善中国特色社会主义制度　推进国家治理体系和治理能力现代化若干重大问题的决定》进而提出要建设高标准市场体系。

市场体系是市场经济的运行载体。市场体系是通过市场机制调节而形成的各类商品、服务、要素及其权益关系构成的市场的总和。市场体系的发展程度是与市场经济的发育层次相关联的。在前市场经济即简单商品经济时期，进入市场的主要是人们劳动所生产的商品，形成的是商品市场；商品经济的发展使进入交换的商品类别愈益丰富，同时也扩大至服务商品范围，商品市场就涵盖了物质商品与非物质形态的服务商品。而当生产要素开始进入市场交易时，形成了要素市场并通过市场交易、配置要素，商品经济就真正转入市场经济阶段；发达市场经济阶段的要素市场则从物质要素的市场化发展到各类资源要素的市场化，进而纳入虚拟经济领域和精神生产领域的要素，同时原来伴随物质产品或要素的交换而转移的产权体系，也可以脱离物质产品或物质要素，以单独的权利形式进入市场做整体或可分割的交易。

我国的市场体系建设，既要参照国际社会市场体系的一般形态，同时也要服务于中国特色社会主义经济的发展。从改革与完善市场体系建设的角度分析，当前和今后在市场体系建设与运行中需做好以下几个方面工作。

第一，在一般商品与服务市场，需要做好以下四项工作。一是要把发挥市场配置的决定性作用与更好发挥政府作用有机结合起来，注重监测市场供求的动态变化，确保关系民生的商品与服务的供应能适应市场真实需求，支持重要的基本商品做好国家与地方的战略储备，在价格水平不发生剧烈波动的条件下达到供求基本平衡。二是要在放宽市场准入、简化商事登记手续等改革背景下，加强对市场交易过程的事中事后监管，特别是加强知识产权保护，加强反垄断和反不正当竞争，以维护合法经营者权益；加强对经营者经营手法及所提供的产品与服务质量的监管，以保护消费者合法权益。三是维护好国内国际双循环相互促进的市场体系，在保持"双循环"之间的沟通与联系的同时，也要注重加强内循环的市场体系在促进产业链供应链安全方面的支撑作用，加强防范国际市场风险对国内市场的冲击和影响。四是基于保护民生的要求，在特殊时期对市场运作采取必要的行政措施，如在 2020 年发生新冠肺炎疫情的情况下，一度分类控制实体市场营业的时间，限制特定空间中的购买者、消费者的集聚密度，限制旅游市场的空间范围，以及规定餐饮业、农副产品市场等定期消毒，甚至对当地疫情始发的经营场所进行临时关闭等。

第二，在金融市场，需要做好以下五项工作。一是要做强做优资本市场，健全多层次资本市场体系①，支持企业创造条件在适合的证券市场

①　我国目前的多层次资本市场体系包括：主板（含中小板，2021 年 4 月正式并入主板）、创业板、场外市场的全国中小企业股份转让系统（新三板）、区域性股权交易市场、证券公司主导的柜台市场；2019 年 6 月 13 日，新设科创板在上交所正式开板，科创板试点注册制，主要服务于符合国家战略、突破关键核心技术、市场认可度较高的科技创新企业，主要面向的是已经跨越创业阶段进入高速成长期、具有一定规模的中小企业。2021 年 9 月 3 日注册成立的北京证券交易所着重服务于创新型中小企业。

上市，进一步提高直接融资比重。二是完善股票发行与交易的制度体系，其中一项重要的改革是 2019 年新设的科创板开始做股票发行注册制的试点，省略证监会审核环节，以利于进入高速成长期的优质高科技企业以最快的速度在资本市场获得融资支持，从而更有利于其及时提升生产经营能力，更快抢占高技术产品的市场先机；下一步是不断完善注册方式，并在条件成熟的时候，在可复制的部分证券市场加以推开。三是为保护企业活力特别是中小微企业活力，以利于保就业和保持市场竞争活力，各类金融机构要对实体经济领域的中小微企业加强信贷支持，监管机构要对金融机构健全授信尽职免责机制，在对金融机构考核中落实对中小微企业贷款不良容忍机制，在有条件的地方设立中小微民营企业风险补偿基金等。四是完善金融的对外开放，在确保国家金融经济安全的底线条件下，引入境外金融机构开展金融服务，并积极推动人民币"走出去"，持续提升人民币在国际结算和国际大宗商品交易中的计价功能，推动人民币成为更多经济体外汇储备的组成部分。五是继续完善金融监管体系，包括对股票、债券市场的监管，对互联网金融的监管，对影子银行的监管，对外汇交易与国际结算的监管，对地方政府债务问题的监管等，及时对金融风险进行防范化解，确保不发生系统性风险。

马克思以"G—G′"的公式描述生息资本运动时指出："在生息资本上，这个自动的物神，自行增殖的价值，会生出货币的货币，纯粹地表现出来了……这里显示的，不是货币到资本的实际转化，而只是这种转化的没有内容的形式。……创造价值，提供利息，成了货币的属性。"[①]由此，马克思提出了虚拟资本的范畴并展开了分析，认为那些把这种货币资本看作"一种永远保持、永远增长的价值"的脱离现实经济活动的观念，"已经远远超过炼金术士的幻想"。[②]而当代西方层出不穷的"金

---

① 马克思：《资本论》（第三卷），人民出版社，2004，第441页。
② 马克思：《资本论》（第三卷），人民出版社，2004，第444页。

融创新"，也在搞活金融的同时激发了金融泡沫与金融风险的爆发条件，就如 2007 年美国次贷危机及其直接诱发 2008 年国际金融危机一样。鉴于金融联系是国际经济联系的重要方面，金融安全是保障国家经济安全的关键领域，习近平总书记对防范化解金融风险多次做出指示，强调要坚持金融为实体经济服务，防止金融"脱实向虚"。他在 2014 年的中央经济工作会议上就指出，要"坚持在发展中平稳化解风险，在化解风险中优化发展，坚决守住不发生系统性、区域性金融风险的底线"①。在 2017 年 4 月中央政治局的学习会议上，习近平总书记系统阐述了金融安全的问题："金融安全是国家安全的重要组成部分，是经济平稳健康发展的重要基础。维护金融安全，是关系我国经济社会发展全局的一件带有战略性、根本性的大事。金融活，经济活；金融稳，经济稳。必须充分认识金融在经济发展和社会生活中的重要地位和作用，切实把维护金融安全作为治国理政的一件大事，扎扎实实把金融工作做好。"② 2018 年 7 月，在中央政治局会议上，首次提出包括稳金融在内的"六稳"，作为我国相当长时期内的经济工作方针。2019 年 2 月，习近平总书记在中央政治局第十三次集体学习时指出："金融是国家重要的核心竞争力，金融安全是国家安全的重要组成部分，金融制度是经济社会发展中重要的基础性制度。改革开放以来，我国金融业发展取得了历史性成就。特别是党的十八大以来，我们有序推进金融改革发展、治理金融风险，金融业保持快速发展，金融改革开放有序推进，金融产品日益丰富，金融服务普惠性增强，金融监管得到加强和改进。同时，我国金融业的市场结构、经营理念、创新能力、服务水平还不适应经济高质量发展的要求，诸多矛盾和问题仍然突出。我们要抓住完善金融服务、防范金融风险这个重点，

---

① 习近平：《在党的十八届四中全会第一次全体会议上关于中央政治局工作的报告》（2014 年 10 月 20 日），《习近平关于社会主义经济建设论述摘编》，中央文献出版社，2017，第 321 页。

② 《习近平在中共中央政治局第四十次集体学习时强调　金融活经济活金融稳经济稳　做好金融工作维护金融安全》，《人民日报》2017 年 4 月 27 日。

推动金融业高质量发展。"① 要有效防范化解金融风险，必须夯实各级监管部门的责任，落实各金融机构及其行业组织的自检自查自纠的责任，建立覆盖全社会的信用体系，并完善相应的失信惩戒机制，完善相关领域的法治建设和加强依法治理金融乱象的执行力度。

第三，人力资源市场是要素市场体系中的关键市场。为便于理论分析，我们把人力资源市场分为两个主要组成部分：一是就业市场，二是人才市场。二者是相互联系、相互交叉的。就业市场的发展，促进了劳动力资源的自由流动，在改善与保障民生的同时，对我国基本实现工业化和提高城镇化水平发挥了基于市场力量的基础性推进作用。人才市场是人力资源市场中的高端部分，虽也有市场上供求双向选择的因素，但因高水平人才具有稀缺性，更需要国家和企业等用人单位着力提供吸引人才、服务人才、用好人才的条件，这对于我国这样的发展中大国来说，尤其需要高度重视。习近平总书记对人才问题发表过一系列重要观点，强调人才是创新发展的第一要素，在吸引和用好人才方面要发挥好市场作用和政府作用，如："要强化激励，用好人才，使发明者、创新者能够合理分享创新收益。要加快建立主要由市场评价技术创新成果的机制，打破阻碍技术成果转化的瓶颈，使创新成果加快转化为现实生产力。"②"用好科研人员，既要用事业激发其创新勇气和毅力，也要重视必要的物质激励，使他们'名利双收'。名就是荣誉，利就是现实的物质利益回报，其中拥有产权是最大激励。"③ 近年来，为发挥人才作用，各级政府出台了许多积极举措，如允许高校和科研机构人才在保留原工作岗位的同时"下海"创办科技企业，就是鼓励高校与科研机构人才更好地结合

---

① 《习近平在中共中央政治局第十三次集体学习时强调　深化金融供给侧结构性改革　增强金融服务实体经济能力》，《人民日报》2019年2月24日。

② 习近平：《在中央经济工作会议上的讲话》（2013年12月10日），《习近平关于社会主义经济建设论述摘编》，中央文献出版社，2017，第131页。

③ 习近平：《在中央财经领导小组第七次会议上的讲话》（2014年8月18日），《习近平关于社会主义经济建设论述摘编》，中央文献出版社，2017，第139页。

生产力与社会经济发展实践强化创新驱动的一项政策。而要吸引人才就需要完善人才服务，包括对其家庭提供包含良好公共服务措施在内的宜居条件和良好的经济待遇，这些也已成为各地特别是大中城市提升城市化质量和加快创新驱动的重要抓手。

随着中国经济社会发展进入新时代，市场体系也在发展中不断拓展新内容。近年发展势头良好的新市场有许多，较为突出的有以下四种。一是线上交易市场。这是由新业态驱动的市场，业已从一般商品的电商交易，发展到生产与生活服务、金融、教育与人力资本等广泛的领域，使几乎所有线下交易的市场都可以在线上运行，甚至一些不便在线下交易的也可以直接开展线上交易，因而使在线交易增长速度远远领先于线下市场的增速。二是知识产权交易市场。这是产权市场体系中一个愈益重要的市场。随着知识产权意识不断提升和知识产权环境不断改善，中国专利、商标、著作权登记申请量飞速增长，专利申请量自 2011 年以来持续居世界首位；其中通过世界知识产权组织《专利合作条约》（PCT）途径提交的国际专利申请量也在 2019 年超过美国跃升至第一位，相应的专利授权也大幅增长，这些都带来了专利代理及转让等市场的迅速发展。而知识产权交易市场对于知识产权的形成与价值实现提供重要的支撑，对我国经济实现创新驱动的高质量发展具有重大意义。三是碳排放权交易市场。这是一个与实现绿色发展目标相结合的重要的市场。我国从 2011 年起在 7 个省市启动了地方碳交易试点工作，并取得积极进展，截至 2018 年 10 月，试点地区的碳排放配额成交量达 2.64 亿吨二氧化碳当量，交易额约 60 亿元人民币；全国碳排放权交易市场也在 2017 年底启动，2018 年我国已经提前实现 2020 年碳排放强度在 2005 年的基础上降低 40%~45% 的减排目标；"十四五"期间，全国碳市场的配额将达到 30 多亿吨，覆盖我国二氧化碳排放总量的 30% 左右。四是大数据交易市场，我国在发展大数据产业方面走在世界前列，我国第一家也是全球第一家大数据交易所——贵阳大数据交易所于 2014 年 12 月 31 日成立，截至 2019 年已上线 4000 多个数据产品，可交易数据涵盖电商、海关、能源、卫星等 30 多个领域；鉴于当前和未来相当长时期数字经济发展势头强劲，我国产生的数据量将从 2018 年的约 7.6ZB 增至 2025 年的 48.6ZB，大数据交易范围的覆盖面将进一步扩大，这一市场将具有巨大发展空间。① 在一系列新业态、新内容的交易市场发展的同时，为促进其健康有序发展，需要加强对市场运行规则与内容深化、发展趋势与风险等各方面相关问题的研究与预测，如线上交易市场的监管体系建设，知识产权交易市场的知识产权权属关系的准确界定，碳排放权交易市场的配额安排与价格机制作用的发挥效应，大数据交易市场的数据确权、数据安全与定价机制等，都需要深入研究并不断完善其制度建设，以利于新的要素市场更好地适应经济技术与社会发展的趋势和要求，并发挥好对市场体系运行全局的积极作用，为优化提升资源配置的全局效益、推进社会主义市场经济体制高质量运行注入新的力量。

第三节　创新宏观经济治理体制机制

市场决定资源配置与创新宏观经济治理体制机制，都是社会主义市场经济体制的组成内容。善于运用市场机制，也善于做好宏观调控，体现的是国家经济治理体系与治理能力的健全，构成了深化改革与促进发展的必要条件。习近平总书记在党的十八届三中全会上的讲话指出："现在，我国社会主义市场经济体制已经初步建立，市场化程度大幅度提高，我们对市场规律的认识和驾驭能力不断提高，宏观调控体系更为健全，主客观条件具备，我们应该在完善社会主义市场经济体制上迈出新的

---

① 参见《全球首家大数据交易所"涅槃重生"》，《经济参考报》2019 年 4 月 11 日。

步伐。"①

一 完善宏观经济治理体制

（一）宏观经济调控的主要内容

在新时代深化改革的条件下谈宏观经济治理体制的完善，其主要内容可以从习近平总书记的这一论述中加以理解："强调政府的职责和作用主要是保持宏观经济稳定，加强和优化公共服务，保障公平竞争，加强市场监管，维护市场秩序，推动可持续发展，促进共同富裕，弥补市场失灵。"② 习近平总书记在这里谈到的宏观调控的主要内容，针对的正是市场机制失灵的主要方面，如果宏观调控不到位或不恰当，对整体经济社会运行必将产生不利的影响，甚至发生严重的干扰或危机。

保持宏观经济稳定。这是因为市场调节的自发作用有可能引起经济周期性波动，或者某种突发事件会引发社会经济运行陷于困局。国家为保障就业、民生和市场经营主体的发展预期等，通过财政、金融等工具和其他政策手段，对经济活动进行调节，适当缓解或熨平周期性或非常态性经济波动的不利影响，巩固经济社会发展的基本面。就如 2020 年出现新冠肺炎疫情后，我国政府采取积极措施统筹常态化疫情防控和经济社会发展，使中国这个 14 亿人口的大国在国际上率先形成良好的复工复产局面，在当年第二季度就基本实现大部分重要的发展指标恢复正增长态势，体现了我们党和国家维持中国经济稳中向好、长期向好基本面的卓越治理能力。

保障公平竞争，加强市场监管，维护市场秩序。这包含一系列市场秩序治理的工作，目的是营造有利于生产力发展的公平竞争环境，控制

---

① 《习近平谈治国理政》，外文出版社，2014，第76~77页。
② 《习近平谈治国理政》，外文出版社，2014，第77页。

发展的宏观层面的经济与社会成本。国家要通过法律与行政手段，防止及制止不公平竞争的行为，对触犯法律和造成严重社会后果的应依法惩治。其必要性在于：一是市场自发竞争中难免会伴随优胜劣汰而出现强势企业挤占中小微企业生存发展空间的问题，而中小微企业的生存与发展恰是市场经济体制保持活力不可或缺的因素，更是吸收就业、改善民生的重要条件，因此政府必须采取有效政策保障中小微企业和个体工商户的发展权益；二是一些市场经营主体为追求自身利益最大化会采取侵犯他人知识产权或其他经营者各种合法权益的做法，这将对企业的创新和其拥有的合法经营权益造成严重损害，为维护市场经济的法治环境和道德环境，国家需要规范企业行为，制止和打击此类侵权行为；三是消费者权益问题，消费者与市场经营者之间的交易行为本应处于平等地位和实行公平交易，但一些经营者可能利用消费者与之存在交易信息不对称的现实情况，对消费者做出不符合其商品或服务实际状况的夸大性宣传诱导，或者有意隐瞒某些产品或服务的缺陷，甚至以制造虚假信息和假冒伪劣产品欺骗消费者，因此国家就必须有消费者权益保护的法律、规章和处理机制；四是对一些明显缺乏供求价格弹性的商品与服务，特别是一些资源稀缺、需要保护的和属于必需品的公共服务品，国家需要做出一定的平抑市场机制自发作用的决策和举措，如公办教育的财政支持与义务教育阶段的收费、公共交通体系的建设与公共交通的价格管理、供水供电的基本保障与定价等；五是其他一些基于国家经济安全和基本民生保障的经济活动也需要政府介入或直接管控，如针对某些有限资源或需控制的特殊品的进出口审批，对投资项目的负面清单管理，基于市场供给的稳定性而做出国家基本口粮的收购定价和战略物资储备的国家支出，等等。

推动可持续发展。这是基于建设环境友好型社会的需要，以绿色发展建设美丽中国。对生态环境的保护，是市场机制所不能为的领域，必须由国家采取调控措施，包括通过立法与行政、经济手段。在市场机制自发运行中，对资源的配置与利用是与各要素的产权关系相联系的，各种要素产权的确权也就是利益受体的确权；市场机制对于无产权体现的自然要素（如空气、阳光、自然界的水等），不会自动给予其成本和利益补偿，尽管市场经济活动中各主体往往会大量使用和消耗这些自然资源。但人类对自然资源的长期过度且无偿的使用、耗费和损害，已经反过来令我们深切感受到自然界对人类活动的制约甚至"报复"，就如恩格斯早已指出的："但是我们不要过分陶醉于我们人类对自然界的胜利。对于每一次这样的胜利，自然界都对我们进行报复。每一次胜利，起初确实取得了我们预期的结果，但是往后和再往后却发生完全不同的、出乎预料的影响，常常把最初的结果又消除了。"① 因此，在市场自发力量或微观经济活动主体不能自觉和有效维护生态环境安全和可持续发展的情况下，国家必须代表社会整体与长远利益，维护自然资源的权益，并代行获得这部分自然资源"产权"的收益，用于自然环境的整治与维护。习近平总书记强调："我们要坚持节约资源和保护环境的基本国策，像保护眼睛一样保护生态环境，像对待生命一样对待生态环境，推动形成绿色发展方式和生活方式，协同推进人民富裕、国家强盛、中国美丽。"②

促进共同富裕。这是由于市场机制自发作用容易引起一定程度的贫富两极分化，如果在私有制为基础的社会，这种两极分化的加剧，会形成阶级对立与深重的社会矛盾。习近平总书记指出："共同富裕是社会主义的本质要求，是中国式现代化的重要特征。"实现共同富裕的总的思路是："坚持以人民为中心的发展思想，在高质量发展中促进共同富裕，正确处理效率和公平的关系，构建初次分配、再分配、三次分配协调配套的基础性制度安排，加大税收、社保、转移支付等调节力度并提高精准

---

① 恩格斯：《自然辩证法》，《马克思恩格斯文集》（第九卷），人民出版社，2009，第559~560页。

② 《习近平谈治国理政》（第二卷），外文出版社，2017，第209~210页。

性，扩大中等收入群体比重，增加低收入群体收入，合理调节高收入，取缔非法收入，形成中间大、两头小的橄榄型分配结构，促进社会公平正义，促进人的全面发展，使全体人民朝着共同富裕目标扎实迈进。"[1]党的十八大以来，经过不懈的努力，我国基本实现全民纳入社保体系，并通过个人所得税制的调整而不断做大中等收入阶层，通过加强扶贫攻坚在 2020 年实现全面小康；区域协调发展也成为全国和各省宏观调控的重点，通过转移支付及打造造血机制，进一步增强了落后区域的发展能力。在 2020 年的新冠肺炎疫情冲击下，国家有关部门和各地方政府及时动用财政补助资金对低收入群体（含失业人士）做出补贴，对解决就业发挥主要作用的企业特别是中小微企业采取一系列纾困解难政策等，体现了政府在促进共同富裕长效机制建设的同时，辅以及时而灵活的收入分配调节手段，从而更有效地防范两极分化，保障各阶层人民群众生活水平的稳定和提升。

（二）在宏观调控中更好地发挥政府及相关主体的协调作用

政府是代表国家行使日常管理职能的行政组织机构。在中国特色社会主义市场经济体制中，政府并不能置身事外，其也是市场经济运行中的特殊主体，在按市场规则参与市场交易（如政府采购等）的同时，也以宏观经济调控的职能反馈于市场。政府行使宏观调控职能，主要应在以下方面着力：一是主导营商环境建设，包括营商环境改革、完善，依法维护各类市场主体合法权益，对市场秩序维护发挥监督管控及纠错作用；二是国家发展战略中的谋划及宏观发展规划的制订与实施，这里既要有纵向的上下沟通，也要有横向的协商协调；三是国家及地方重大的经科学论证的项目与工程在规划与建设上的组织领导，其中在立项、实施与监督机制方面应当予以健全，特别是涉及财政资金的建设项目必须

---

① 习近平：《扎实推进共同富裕》，《求是》2021 年第 20 期。

有全过程的绩效管理机制；四是在社会经济运行遇到重大风险与危机时的管控与调节、引领，需要政府日常有管控预案、遇事处置及时、政策措施调控到位；五是民生保障与基本公共服务的政策举措的制订与实施，要守住民生保障底线，及时创造条件改善民生保障水平和做好关系到群众生产生活的公共服务保障工作；六是在涉及战争及国家安全等重大问题上，进行特定管理或特殊时期的管制；七是构建和维护好"亲""清"政商关系，"各级领导干部要光明磊落同企业交往，了解企业家所思所想、所困所惑，涉企政策制定要多听企业家意见和建议，同时要坚决防止权钱交易、商业贿赂等问题损害政商关系和营商环境"①。

政府行使宏观调控职能，应依法行政，合理开展。习近平总书记说："那种习惯于拍脑袋决策、靠行政命令或超越法律法规制定特殊政策的做法，已经很难适应新形势新任务的需要。"② 同时，也要解决"部门保护主义和地方保护主义大量存在"的问题和"政府干预过多和监管不到位问题"。③

政府对经济运行的治理，是依法治理，是为民治理。因此，要按照党的领导、人民当家作主、依法治国有机统一的我国国家治理体系的基本特征，更好地发挥政府作用，而不是政府孤立发挥作用。习近平指出："在我国，党的坚强有力领导是政府发挥作用的根本保证。"④ 政府在党领导下，按照党对经济工作的基本方针和决策指挥进行工作；政府也通过人大任命并按照人大通过与颁布的一系列法律行使自己的职权，在职权行使中继续接受人大的监督；同时还需在不断调研、咨询群众意见和各类市场主体意见，以及发挥智库作用的情况下实施政府的管理、调控等。

---

① 习近平：《在企业家座谈会上的讲话》人民出版社，2020，第4~5页。
② 习近平：《以新的发展理念引领发展，夺取全面建成小康社会决胜阶段的伟大胜利》（2015年10月29日），《十八大以来重要文献选编》（中），中央文献出版社，2016，第835页。
③ 《习近平谈治国理政》，外文出版社，2014，第76、77页。
④ 《习近平谈治国理政》，外文出版社，2014，第118页。

社会经济运行过程也是广大人民群众和市场主体参与市场交易的过程，因此要发挥社会治理机制对经济健康运行的积极作用，如在商会、协会等社会组织市场信息发布、梳理，市场秩序规范、自律，竞争行为公平、公正，维护消费者权益、合法企业权益等方面的积极作用；群众作为市场交易的参与者，在对市场交易进行监督和维护自身权益的过程中，也对经济活动依法有序开展发挥着积极作用，政府对群众的诉求要及时听取，对合理的社会各界的建议要及时回复并结合具体条件对合理且可行的建议予以采纳。

二　推进营商环境改革

市场环境是实现企业活力迸发的外部条件，营商环境是市场环境建设的主体部分。营商环境是制约经济活力从而影响经济实力的基本因素的组成部分，是国家和区域治理体系和治理能力的重要体现。

在国际社会，进行营商环境评价的最有影响的机构是世界银行。参照世界银行关于营商环境的一系列研究报告，营商环境建设的核心是政府和社会对企业创办与企业运营实行监管的制度设计和实施。营商环境优良的标志是建立了有助于推动市场交往和保护公众利益的法规，同时又较好地清除了对市场营商主体发展设置的不必要的障碍，即在社会范围内具备了健全的低交易成本的市场体系与市场秩序运行的制度监管体系。目前世界银行采用 10 项主要指标进行营商环境评价：一是"开办企业"指标，反映开办企业的便利程度，主要测评企业从注册到正式运营所需完成的步骤、花费的时间和费用；二是"申请建筑许可"指标，反映企业建设标准化厂房的便利程度，主要测评企业建设所需完成的步骤、花费的时间和费用，包括申请规定的许可证和批文，办理规定的公示和查验，以及接通水电通信设施的整个过程；三是"获得电力供应"指标，反映企业获得电力供应的便利程度，主要测评一个企业获得永久性电力连接的所有手续，包括向电力企业提出申请并签订合同、从其他机构办理一切必要的检查和审批手续，以及外部的和最终的连接作业；四是"注册财产"指标，反映企业获得产权保护的程度，主要测评注册登记一件财产所需完成的步骤、花费的时间和费用；五是"获得信贷"指标，反映企业获得信贷支持的法律保护力度及便利程度，主要测评有关信贷的法律基础，信用体系覆盖的范围、途径和质量等；六是"投资者保护"指标，反映企业股东权益保护的力度；七是"缴纳税款"指标，反映企业所需承担的税负，以及缴付税款过程中的行政负担；八是"跨境贸易"指标，反映企业在进出口贸易方面的便利程度，主要测评跨境装运货物所涉及的各类成本和程序；九是"合同执行"指标，反映合同执行的效率，主要测评企业间案件从原告向法院提交诉讼到最终获得解决所花费的时间、费用和所完成的步骤；十是"办理破产"指标，反映破产程序执行的时间和成本，以及破产法规中存在的程序障碍。

虽然世界银行设定的这些指标涵盖了企业等市场经营主体在一定空间条件下对环境便利度、规范化的主要诉求，但实际上，很多其他因素也会直接或间接形成对市场环境的影响，比如生态环境、文化环境、社会安全环境、当地市场容量、劳动力及其他资源条件、配套产业及供应链因素等都会形成影响，有的因素在特定时空条件下甚至具有决定性的影响。所以我们在营商环境的改革完善上，既要对标世界银行的标准，还应充分考虑投资者、经营者所关注的各方面问题，在有利于国计民生的前提下，进一步拓展营商环境建设的视野，充分改善市场的投资与经营环境，同时改善消费与宜居环境等。

构建一流营商环境必须为企业创业和发展提供宽松的商事制度环境。一个社会的经济活力和经济实力，首先依托于企业的活力与实力，而这需要以相对宽松的商事制度环境为前提。所以，打造一流的营商环境，从市场准入的角度，必须对工商登记制度深化改革，适当降低企业创办的门槛，简化登记手续和程序，取代烦琐的前置审批事项，实行"一站式"和"网络化"方式办理等，为企业的创办提供便捷的服务。广东在"一站式"和"网络化"简化企业和居民办事程序上走在全国前列。2012年以来，广东全省统一规划设计、统一逻辑系统，全面推进网上办事大厅建设，将全省省、市、县三级政府的所有行政审批和社会事务服务事项从申办到办结的全过程搬到互联网上进行。从2020年5月底开始，广州市做到对来穗投资企业"一站式""零成本"申办企业，最快流程只需半天。

构建一流营商环境必须对各类市场主体的发展提供公平透明的制度保障。优良的营商环境具有海纳百川的包容性，意味着对所有经营正当合法业务的生产经营者一视同仁，扫除不合理的行政壁垒，营造公平合理的市场竞争环境，为各类企业、各类市场主体创造发展机会。因此，从企业所有制关系看，必须实行各种所有制企业公平发展，完善公开透明的产权交易市场，鼓励彼此相互联合和发展混合所有制经济；从内外资关系看，必须实行相对统一的国民待遇，依照中国的法律法规和参照一般的国际惯例，对外资企业实行公正合理的市场准入和市场监管；从大小企业的关系看，必须既鼓励大企业投资，又注重保障中小微企业权益，特别是小微企业的生存与发展机会，把市场扶强扶大与政府更多帮扶小微企业结合起来，以更好地协调经济发展，维护市场良性竞争，改善就业、民生的关系。从市场运营角度，必须减少对市场生产者、经营者的不必要的商事干扰，把该由市场运行规律解决的问题交给市场处理和承担；从市场监管角度，必须建立健全公平正义、公开透明的制度体系，监管标准与方式应该建立在获得市场主体广泛共识的基础之上，最大限度地消除监管信息不对称问题，并实现市场主体自律与他律相一致的商事监管机制。

构建一流营商环境必须充分保护公众利益和维护企业合法权益。优良的营商环境，是经济发展充满活力与和谐有序的辩证统一，本质上是处理好"避免过度监管以保持企业活力"与"通过健全的规则保护公众利益"之间的关系。一方面，任何社会的生产和经济活动，最终都是为了满足社会需要，对于脱离社会需要甚至侵害公众利益的企业不法行为和缺德行为，在其发生前、发生中和发生后，必须以严格的市场监管予以防范、制止乃至惩罚，并辅以自愿与强制相结合的市场进入与市场退出机制；若放任不法厂商对消费者和社会公众权益进行侵害，或者对公司大股东侵害其他利益相关者的行为、垄断企业侵害其他市场主体权益的行为等置之不理，就是对营商环境的破坏。另一方面，属于企业合法行使自主权的范围的做法，以及企业对自身有形资产与无形资产合法使用的权利，应该得到严格保护；对各种侵犯企业等各类市场经营主体合法权益的行为，无论其来自何方，政府和社会都必须予以坚决制止和依法处理。

构建一流营商环境必须完善企业与市场运作的协同性强的配套服务体系。首先，营商环境的打造，是一项协同性很强的系统工程。从法律法规制度的建设与完善，到政府与社会相关方面对营商环境的维护监管，再到一系列服务于生产经营者的政策措施的配套，都需要各级立法机关、行政机关、行业协会和企业乃至社会舆论与消费者等方方面面的共识与合力。比如在工商登记制度改革方面，涉及多个政府审批部门的工作协调，只要其中一个部门缺乏改革意识，整个审批过程的简化就不可能真正落地。其次，企业完成登记、进入创立和举办过程中遇到的基础设施条件、财税政策、融资政策与效率、安全与良好的人居生态环境的保障措施、各种交易中介的健全与交易的透明度，甚至包括企业创办的辅导性服务等，都是营商环境内涵与外延的重要组成部分，只有全方位地加以改善，才能使创业者、生产者、经营者充分受惠。最后，构建一流营商环境必须与时俱进，监管部门要不断适应技术进步与经营业态更新的变化，不断创新市场管理的体制机制。

营商环境关注的是如何进行"聪明的监管"，而这样的监管需要运作良好的政府来提供，这是世界银行做出的判断。因此，在国际营商环境中名列前茅的恰恰不是那些放弃监管的经济体。所以，我们应该把打造一流营商环境看作实现全面深化改革所要求的"使市场在资源配置中起决定性作用和更好发挥政府作用"的一项重大改革工程，切实抓紧抓好，并由此促成企业发展、经济繁荣与政府职能转变协同实现。

进入新时代以来，随着社会主义市场经济体制的进一步完善，我国营商环境改革持续深化，在世界银行营商环境评价中的排名迅速提升，从 2017 年的第 78 位跃升至 2019 年的第 31 位，从而带动国内市场经营主体呈现蓬勃发展势头。广东作为全国经济总量居首位的省份，市场经营主体的数量多年稳居全国第一。2020 年上半年面对新冠肺炎疫情及国际市场压力，广东加大惠企系列政策的推进落实，加大运用大数据、智能化技术手段，努力为企业提供高效、便捷、精准的服务，帮助企业加快复工复产，全省市场经营主体数量在往年持续增长的基础上仍继续保持增长。截至 2020 年底，广东市场经营主体总量达到 1384.85 万户，户数在全国 1.46 亿户中的占比接近 1/10，其中企业 616.78 万户，户数占全国 4600 万户的 1/8 强。①

从当前和今后一定时期的发展要求看，为进一步营造好激发市场主体活力的发展环境，一是必须切实全面落实好惠企政策，着力提升政策实施的时效性，通过政府与社会力量的协同，致力于帮助各类企业和个体工商户应对好疫情和国际市场波动的冲击，及时予以纾困解难；二是既要注重一视同仁构建公平竞争的市场环境，又要注重对不同市场主体，包括国有企业、民营企业、外商及港澳台商投资企业，以及广大个体工商户在各自发展中遇到的不同问题，对症下药，提供更直接更有效的政

---

① 资料来源：国家市场监督管理总局、广东省市场监督管理局数据。

策帮扶；三是要在着力解决当前市场经营主体所遇困难的同时，继续扎实推进市场化、法治化、国际化营商环境长效机制建设，以进一步优化提升各类市场主体投资、经营与发展的预期，包括建立更好的"亲""清"政商关系，帮助企业心无旁骛谋发展，为中国经济稳中求进的长远发展提供更强大的可持续的支撑力量。

三　完善社会主义市场经济法治体系

法治是现代社会的一大特征，也是市场经济运行的重要特征。在市场经济形成和发展进程中，市场交易各方的权益要有清晰界定，并且在交易中形成契约关系，这种权益关系、契约关系，既是系统性的，也是可分解的，从而逐渐从彼此协商到约定俗成，再到规制性条文的确定，逐步发展为经济领域的法律体系。

市场经济的法律体系，是国家从市场经济运行涉及的主体、要素、领域、行为、利益等角度做出规范的法治制度。如关于主体方面的《中华人民共和国公司法》《中华人民共和国合伙企业法》等，关于要素方面的《中华人民共和国劳动法》《中华人民共和国知识产权法》等，关于领域（行业）方面的《中华人民共和国商业银行法》《中华人民共和国建筑法》等，关于行为方面的《中华人民共和国反不正当竞争法》《中华人民共和国价格法》等，关于利益方面的《中华人民共和国企业所得税法》《中华人民共和国社会保障法》等。我国经济领域的法律基本上是随社会主义市场经济体制的探索、确立到完善的进程而不断丰富完善的。2020年十三届全国人大三次会议审议通过的《中华人民共和国民法典》是我国第一部法典，其中涉及经济行为特别是相关权益方面的法律条文占了绝大部分。习近平总书记明确指出，实施好民法典，"是坚持以人民为中心、保障人民权益实现和发展的必然要求"；"是发展社会主义市场经济、巩固社会主义基本经济制度的必然要求"；"是提高我们党治国理政水平的必然要求"。当然，经济领域还有大量的法律制度尚未或不适合收入民法典，而且在今后，"随着经济社会不断发展、经济社会生活中各种利益关系不断变化，民法典在实施过程中必然会遇到一些新情况新问题。……要坚持问题导向，适应技术发展进步新需要，在新的实践基础上推动民法典不断完善和发展"。① 所以，我们要系统地学习、掌握、运用我国改革开放以来不断完善的法制建设的系列成果，把社会主义市场经济运行纳入法治轨道，依法公平公正保障各类市场主体权益，以充分调动各种要素及其权益归属方的积极性，促进经济社会的健康发展。

对于完善社会主义市场经济的法治建设，国家机关工作人员特别是领导干部承担着重要的责任。习近平总书记曾经批评某些干部"习惯于用超越法律法规的手段和政策来抓企业、上项目推动发展，习惯于采取陈旧的计划手段、强制手段完成收入任务"，认为"这些办法必须加以改变。领导干部尤其要带头依法办事，自觉运用法治思维和法治方式来深化改革、推动发展、化解矛盾、维护稳定"②。首先，在落实依法治国，包括依法管理社会经济生活时，国家机关及其工作人员的行为往往具有示范性。严格依法办事，能够给社会带来积极的示范效应，体现了其行为的公平性、规范性，也有利于体现"亲""清"政商关系之"清"的因素，避免不正之风的形成，从而在百姓中树立风清气正的法治权威。其次，让市场关系和各项经济工作运行在法治轨道上，有利于减少工作中的偏差、失误，从而提升工作质量和效率。最后，在当今数字政府建设和社会智能化管理趋势不断加强的背景下，遵循统一的法治原则进行标准化操作，能够简化工作程序、规范工作流程，实现许多涉企涉民事宜的网络化、数字化、"一站式"、全天候办理，对社会经济治理方式实

---

① 习近平：《充分认识颁布实施民法典重大意义　依法更好保障人民合法权益》，《求是》2020 年第 12 期。

② 习近平：《在中央经济工作会议上的讲话》（2014 年 12 月 9 日），《习近平关于社会主义经济建设论述摘编》，中央文献出版社，2017，第 323 页。

现优质高效大有裨益。

完善社会主义市场经济的法治建设，各类市场主体都应知法循法，依法开展商事活动，依法维护自身经济权益。一是企业必须知法用法，既不违法侵害其他竞争者权益和消费者权益，也善用法律手段维护自身合法权益，只有依循法治轨道并遵循市场经济规律积极开展市场活动的企业，才有可持续发展的条件；二是行业组织必须知法用法，要做好对行业组织成员的法治教育，依法维护行业正当权益并做好行业自律，坚决反对行业串谋搞不正当竞争的种种行为，打造行业组织守法经营的优秀市场形象；三是消费者应善用法律武器维护自身正当权益，并协助政府和社会共同维护社会主义市场经济依法运行的良好秩序；四是其他非营利组织也应依法用好自身资源和社会资源，为社会提供优质服务。

政府和国家立法、司法机关在维护社会主义市场经济法治基础方面起着主导、执行和监督作用。对于经济发展中的新问题、新现象、新行为，尚无法律规范的要及时制订法律规范，有的可以先采取行政性法规方式加以管理，待实践条件成熟时提请立法机关制订与通过法律；而执法过程本身也应当严格依法实施，执法部门和执法人员更要提高自己依法办事的水平；对于不适应社会经济发展新趋势的法律法规或其部分条文，应经过客观研判后予以及时修订、合并或撤销；同时要完善经济领域法律纠纷和矛盾的处理机制，实现以法治促进经济发展进程更加和谐、顺畅。

第五章　推进更高水平对外开放

"中国的发展离不开世界，世界的繁荣也需要中国。我们统筹国内国际两个大局，坚持对外开放的基本国策，实行积极主动的开放政策，形成全方位、多层次、宽领域的全面开放新格局，为我国创造了良好国际环境，开拓了广阔发展空间。"① 党的十八大以来，我国加快构建开放型经济新体制，开放发展的格局不断走向成熟，同时推动经济全球化朝着更加开放、包容、普惠、平衡、共赢的方向发展。

第一节　提高开放型经济水平

进入新时代，中国坚定扩大开放，构建开放型经济新格局。2013年习近平首次以国家主席身份出席博鳌亚洲论坛时，就向参加该论坛的中外企业家明确宣示："中国将在更大范围、更宽领域、更深层次上提高开放型经济水平。"② 党的十八大以来，我们以更积极主动的作为，把开放

---

① 《习近平谈治国理政》（第三卷），外文出版社，2020，第187页。
② 习近平：《在同出席博鳌亚洲论坛二〇一三年年会的中外企业家代表座谈时的讲话》（2013年4月8日），《习近平关于社会主义经济建设论述摘编》，中央文献出版社，2017，第287页。

型经济发展水平不断提升到新的高度，对外贸易、利用外资等重要的外向型经济指标增长情况明显优于全球，并在增长中持续优化对外经济贸易结构，促进对外经贸关系转型升级。

一 拓展外贸发展空间

改革开放40余年间，中国对外贸易额从1978年占世界不足1%上升至2019年货物贸易出口与进口值在世界的占比分别达到13.2%和10.8%。尽管20世纪第二个十年以来，世界经济政治发展态势遇到百年未有之大变局，国际社会的贸易保护主义、单边主义、霸凌主义抬头，国际贸易发展态势趋于疲软，但党的十八大以来的2013年至2019年，我国出口与进口值在世界的比重在2012年占比已经很高的情况下继续分别提升2个和1个百分点，体现了中国在国际贸易形势发生重大变化的情况下仍取得新的重要进展，2017年以来中国作为货物贸易进出口总额第一大国的地位愈益稳固。这不仅对中国经济发展产生了强大推动作用，也对世界经济增长做出了重要贡献。2020年开局，国际社会因受到新冠肺炎疫情蔓延的影响，跨国贸易严重受挫，但我国在中央一系列稳外贸政策的支持下，2020年出口贸易在第二季度就扭转了第一季度的下滑态势，成为2020年全球唯一实现货物贸易正增长的主要经济体；2020年1~10月，我国进出口、出口、进口在国际市场所占份额分别达到12.8%、14.2%、11.5%，三项比重均创历史新高，这是对中国在抗疫情抗危机中表现出来的经济贸易大国所具备的发展韧性的充分验证。

新时代打造中国外贸新优势的基本方向，即如习近平总书记所指出的："要加快从贸易大国走向贸易强国，巩固外贸传统优势，培育竞争新优势，拓展外贸发展空间，积极扩大进口。"[①] 贯彻实施的主要方式和路

---

① 习近平：《在十八届中央政治局第十九次集体学习时的讲话》（2014年12月5日），《习近平关于社会主义经济建设论述摘编》，中央文献出版社，2017，第294页。

径包括以下六个方面。

（一）优化外贸方式结构

在外贸方式上，一般贸易与加工贸易是当今世界两大基本贸易方式，其他还有租赁贸易、易货贸易等辅助方式。在发展中国家对外贸易方式中，由于起始阶段缺乏自主品牌与技术，也缺乏自己能掌控的国际营销渠道，对外贸易规模的做大通常也只能以加工贸易起步。因此，我国在对外开放起步阶段，由于工业化水平尚低，通过引进技术与设备开展加工贸易成为打开对外贸易局面的重要方式，同时注重在加工贸易中培养生产技术人才和辨识国际市场需求的发展趋势。1998~1999年，我国加工贸易出口值占出口总值的比例曾高达56.9%。

由于加工贸易产品在国际市场开发中主要依赖外商及其品牌和国际营销渠道，我国外贸企业对国际市场的深度介入存在不足，也难以推进自有品牌的国际化。因此，进入21世纪以来，国家在政策上加强对一般贸易的支持，以利于增强自主品牌打造、自主渠道开发、自主技术拥有等方面的外贸竞争力。2008年在全球爆发金融危机的情况下，我国一般贸易占比开始超过加工贸易占比，增强了应对国际市场需求波动的能力。2012年，我国货物贸易领域以一般贸易方式完成的进出口额占进出口总额的52%，加工贸易占进出口总额的34.8%。2014年我国实现一般贸易顺差。2019年我国一般贸易进出口额占我国进出口总额的59%，这一比重比2012年提升7个百分点；加工贸易进出口额占进出口总额的25.2%，比2012年降了9.6个百分点。2020年，我国一般贸易实现逆势增长3.4%，占比持续提升至接近六成，达到59.9%；加工贸易占比降为23.8%。与此同时，也不能绝对地认为加工贸易占比越低越好，因为加工贸易可以提供许多可借鉴的国际经验与技术，并拓展对国际市场的占有率，存在能与一般贸易互相促进的一面；而且不容忽视的是，近年间一定范围的高技术产品仍以加工贸易占比较大为特点。因此,一方面,一国的对外一般贸易占比高可反映其自主贸易能力的提升;另一方面,加工贸易在优化产品贸易结构方面还可发挥重要作用,其发展重点在于进一步升级优化。

(二) 优化外贸市场结构

为进一步分散外贸市场风险,中国近年来加强实施外贸市场多元化战略,对新兴经济体和发展中国家进出口保持较快增长势头。2019 年,主要贸易伙伴结构进一步优化,对欧盟进出口额 4.86 万亿元,同比增长 8%;对东盟进出口额 4.43 万亿元,同比增长 14.1%,东盟超越美国成为我国第二大贸易伙伴;对美国进出口额 3.73 万亿元,从 2012 年的增幅 8.5%转为下降 10.7%;第四大贸易伙伴是日本,对其进出口额 2.17 万亿元,增长 0.4%。2020 年,我国对东盟贸易保持较高增幅,达到 7.0%,东盟跃居我国第一大贸易伙伴[①];对欧盟、美国、日本和韩国的进出口额分别增长 5.3%、8.8%、1.2%和 0.7%。

近年我国外贸市场结构的变化,体现了对亚洲市场和欧盟市场的巩固,同时也体现出我国在中东欧市场上正持续增强市场影响力,并且在非洲和拉美市场进一步扩大覆盖面。市场区域结构的多元化及各地市场比重关系的优化,在一定意义上对于我国在稳外贸方面抵御单边主义对市场的超经济干扰、增强抗危机抗风险能力具有长期的意义。今后依然要持续扩大外贸市场区域覆盖面,更好地平衡不同区域市场之间的收益和风险。

---

① 2020 年东盟超过欧盟成为我国第一大贸易伙伴,不仅与当年各自双边贸易增幅的差异有关,更与英国脱欧的实施令英国不再是欧盟经济体成员有关。2019 年的欧盟包括英国,但在英国实施脱欧后,2020 年我国把中英贸易单列,不再计入中欧贸易范畴;因而尽管中国与东盟 2020 年贸易额（4.74 万亿元）尚未达到 2019 年中国与欧盟贸易额（4.86 万亿元）的水平,且中国与欧盟贸易额在 2020 年仍保持增长,但仍然导致了东盟取代欧盟成为中国第一大贸易伙伴的统计结果。

（三）扩大进口规模促进外贸平衡

在 2008 年全球金融危机爆发之际，中国采取积极举措应对，在 2009 年即跃升为货物出口贸易第一大国。2019 年，中国出口额达到 24984.1 亿美元，比 2012 年的 20487.8 亿美元增长 22%，并在绝对额上超过进口 4000 多亿美元，保持贸易顺差局面。基于促进我国外贸收支平衡、以扩大进口更好地满足国内需求，以及在国际贸易中更好地体现大国责任，我国近年把积极扩大进口作为做强外贸、扩大开放的重要举措，货物贸易的顺差额总体趋降。

在习近平总书记倡导扩大进口、促进我国对外贸易平衡并以全球视野主动推进经济全球化发展的理念指引下，2018 年 11 月，首届中国国际进口博览会（以下简称"进博会"）在上海举行。习近平主席在开幕式上的主旨演讲中指出："中国国际进口博览会，是迄今为止世界上第一个以进口为主题的国家级展会，是国际贸易发展史上一大创举。举办中国国际进口博览会，是中国着眼于推动新一轮高水平对外开放作出的重大决策，是中国主动向世界开放市场的重大举措。这体现了中国支持多边贸易体制、推动发展自由贸易的一贯立场，是中国推动建设开放型世界经济、支持经济全球化的实际行动。"① 进博会举办以来，2018 年的首届意向成交 578.3 亿美元，2019 年的第二届为 711.3 亿美元，在国际贸易界已取得积极反响。习近平主席在第三届进博会上进一步宣布，中国将压缩《中国禁止进口限制进口技术目录》，为技术要素跨境自由流动创造良好环境。② 因此，以进博会平台为标志，结合自贸试验区等一系列政策举措，中国的进口将持续做大做强做优。而 2021 年 5 月在海南开启的首届中国国际消费品博览会，配合海南自贸港建设，吸引了大批海外消费

---

① 《习近平谈治国理政》（第三卷），外文出版社，2020，第 199~200 页。
② 参见习近平《在第三届中国国际进口博览会开幕式上的主旨演讲》（2020 年 11 月 4 日），《人民日报》2020 年 11 月 5 日。

品及消费服务供应商参展，发挥了对进博会的延伸效果，对丰富中国进口规模与结构也将发挥积极作用。

（四）做大做强国际服务贸易

20世纪90年代，二战结束后成立的关税与贸易总协定发展为世界贸易组织，这一演进，客观上仍是发达国家主导的对国际贸易领域的拓展和顺应经济全球化所需的国际合作协调机制的改善。世界贸易组织与关贸总协定在覆盖领域上的重大区别之一是世界贸易组织纳入了服务贸易。这与20世纪70年代末和80、90年代发达国家把物质生产活动大量转移至发展中国家，而发达国家随之更多展开全球服务业的投资、生产及贸易直接相关。中国在2001年加入世界贸易组织以来，不仅在货物贸易上争取了更加平等的发展机会，也注意培育和提升服务贸易的规模和竞争力，以进一步拓展中国经济走向世界市场的合作领域；同时，服务贸易在全部贸易中的占比提升，是世界贸易结构性变化的大趋势，也是一国国际贸易实现全面而优质发展的必然取向。

习近平主席在向2019年中国国际服务贸易交易会致的贺信中指出，"随着经济全球化深入推进，服务贸易日益成为国际贸易的重要组成部分和各国经贸合作的重要领域，为世界经济增长注入了新动能。服务贸易发展前景广阔、潜力巨大"①。把握全球服务贸易发展的新趋势新特征，找准服务贸易发展方向，加快促进服务贸易创新发展，对于稳外贸、优化贸易结构、打造对外开放新格局具有重要意义。2019年，我国服务进出口总额54152.9亿元，同比增长2.8%，占全部进出口总额的比重达到17.2%，比2012年的10.9%提高了6.3个百分点。其中服务出口总额同比增长8.9%，比服务进出口总额的增幅高出6.1个百分点，有利于缩小服务贸易逆差；另外，知识密集型服务进出口额同比增长10.8%，高于

---

① 《习近平向2019年中国国际服务贸易交易会致贺信》，《人民日报》2019年5月29日。

服务进出口总额增速 8 个百分点，占服务进出口总额比重上升 2.5 个百分点至 34.7%，体现了服务贸易层次的提升。进入 2020 年，受新冠肺炎疫情等因素严重影响，我国服务贸易规模虽下降 15.7%，但服务出口表现明显好于进口，贸易逆差减少，知识密集型服务贸易占比继续提高。2020 年中国服务出口总额 19356.7 亿元，下降 1.1%；进口总额 26286 亿元，下降 24%①。服务出口总额降幅小于进口总额 22.9 个百分点，带动服务贸易逆差下降 53.9% 至 6929.3 亿元，同比减少 8095.6 亿元。2020 年中国知识密集型服务进出口额 20331.2 亿元，增长 8.3%，占服务进出口总额的比重达到 44.5%，提升 9.9 个百分点；其中出口额 10701.4 亿元，增长 7.9%，占服务出口总额的比重达到 55.3%，提升 4.6 个百分点；出口额增长较快的领域是知识产权使用费、电信计算机和信息服务、保险服务，分别增长 30.5%、12.8% 和 12.5%。知识密集型服务进口额 9629.8 亿元，同比增长 8.7%，占服务进口总额的比重达到 36.6%，提升 11 个百分点；进口额增长较快的领域是金融服务、电信计算机和信息服务。② 这些特点体现了我国知识型服务业复工复产形势良好，以及服务贸易整体结构加快优化的总体趋势，我们应着力巩固和推进这一趋势。

（五）拓展外贸新业态

随着信息技术与各产业的深度结合，我国电商外贸新业态取得领先全球的发展趋势。近年电商外贸年增幅保持两位数，大幅领先整体贸易增幅，成为稳外贸的重要发展路径。中国海关统计数据显示，2019 年我

---

① 需要说明的是，2020 年我国服务贸易进口额降幅巨大有特殊原因，其最主要因素是国际旅游业务带来的贸易逆差在我国服务贸易整体逆差中长期占首位；而 2020 年受新冠肺炎疫情影响，我国居民出境旅游大幅度减少，使该项因素对我国服务贸易逆差额的贡献度迅速减弱。因此，从长期看，一旦国际社会在疫情防控上取得明显进展，我国居民出境旅游消费额若仍大于境外游客来华旅游消费额，此因素带来的服务贸易进口值及逆差仍会反弹。同样原因，若剔除旅游服务项目的影响，中国 2020 年服务贸易仍实现 2.9% 的增长率。

② 此处及以下除单独说明外，均据商务部公布的数据整理。

国跨境电商等外贸新业态保持快速发展，其中通过海关跨境电商管理平台进出口达到 1862.1 亿元，增长 38.3%；通过市场采购方式进出口 5629.5 亿元，增长 19.7%。两者合计对整体外贸增长贡献率近 14%，为稳外贸注入强劲的新动能，充分体现了外贸新业态的生命力。

2020 年，我国跨境电商等新业态保持发展优势。跨境电商企业发挥无接触、交易链条短、布局海外仓等长处，支持传统行业转型升级、触网上线，全年跨境电商进出口额 1.69 万亿元，增长 31.1%；其中出口额 1.12 万亿元、增长 40.1%，进口额 0.57 万亿元、增长 16.5%。为配合抗击新冠肺炎疫情的全球行动，2020 年 6 月举办的第 127 届广交会采用线上形式，创出全球大型展会线上举办的第一例，对深化拓展在线贸易发挥了重要的促进作用。

但与此同时，考虑到当今世界上还有相当数量的发展中国家特别是其中最不发达国家网络建设严重不足，仍必须加强线上线下的多种贸易业态互动互促，以更多的业态创新、业态交叉融合保障中国外贸基本盘的稳定发展。

（六）优化外贸主体结构

实现全球资源配置和促进国际经贸合作，归根结底需要通过企业等市场主体的行动而实现。中国外贸市场主体结构在当今的新变化，主要体现在民营企业完成的进出口额占比逐步上升。

在改革开放的初期和中期，由于我国内资企业普遍缺乏国际市场营销渠道和自主品牌，大进大出成为做大外贸的主要路径，而拥有大进大出的产业链供应链优势的外资企业承担的外贸额一度占比过半。经过 40 余年的融入国际市场的磨炼，特别是进入新时代以来，我国民营企业已成长为最主要的外贸产品生产与经营主体。民营企业完成的外贸额占全国总外贸额的比例，从 2012 年的 31.6%，上升至 2019 年的 42.7% 和 2020 年的 46.6%，

8 年间占比提升 15 个百分点。而同期外资企业完成的外贸额占比从 49% 降至 38.7%，降了 10.3 个百分点。此外，国企总体占外贸额的 14.3%，比 2012 年下降 5 个多百分点。在我国继续扩大外资使用并鼓励外资企业拓展国际经贸事务的同时，民营企业自主发展成为最大外贸主体，其与国有企业联手做大内资企业的外贸业务，对于一个大国增强国家经济安全和防范化解外贸风险是必要的，对于构建国内大循环和国内国际双循环相互促进的新发展格局也是非常有意义的。特别是在 2020 年新冠肺炎疫情影响下，尽管国际市场总体需求疲软，民营企业仍依靠积极发挥灵活性和适应性强的优势，加快转型升级，全年外贸增幅比同期我国外贸总体增幅高了 9.2 个百分点，有效弥补了外资企业和国有企业当年外贸负增长的缺口，为我国全年实现外贸正增长并创进出口总额历史新高做出重大贡献，其支撑进出口贸易的韧性表现得尤其明显。今后在持续支持民营企业做大做强外贸业务的同时，也依然要一视同仁支持国有企业和外资企业在拓展不同层次贸易领域发挥积极作用，以利于我国外贸产品与服务结构更加完善，更有利于促进国家经济社会的高质量发展。

二　加强引进外资工作

加强对外资的引进，既包括在引进外资的规模上不设限，在使用外资的领域上更加开放，也包括引进和使用外资的结构优化，发挥外商投资在中国经济调结构、稳增长方面的积极作用。多年来，中国一直是实际使用外资最多的发展中国家。进入新时代，习近平总书记要求："要创新和改善利用外资环境，高度重视保护外资企业合法权益，高度重视保护知识产权，对内外资企业要一视同仁、公平对待，努力保持我国利用外资在全球的领先地位。"①

---

① 习近平:《围绕贯彻党的十八届五中全会精神做好当前经济工作》（2015 年 12 月 18 日），《习近平关于社会主义经济建设论述摘编》，中央文献出版社，2017，第 300 页。

（一）不断优化吸引外商投资的营商环境

中国营商环境的不断优化，是中国开放型经济持续高水平发展的制度保障。其中对外商投资从过去的正面清单转向负面清单管理，既与国际社会较多主要经济体尤其是发达经济体相一致，也有利于简化商事制度改革，增强使用外资的吸引力，在更大范围更宽领域发挥以开放促发展的积极效应。

2016 年 3 月，我国制定《市场准入负面清单草案（试点版）》，在天津、上海、福建、广东四省市先行试点，2017 年试点范围扩大到 15 个省市。在总结试点经验基础上，2018 年底正式发布《市场准入负面清单（2018 年版）》，开启我国全面实施市场准入负面清单制度的营商环境建设新阶段，负面清单以外的行业、领域、业务等，各类市场主体皆可依法平等进入。"非禁即入"，有利于激发市场主体活力，对各类市场主体一视同仁，实现规则平等、权利平等、机会平等；有利于政府加强事中事后监管；有利于推动相关审批体制、投资体制、监管机制、社会信用体系和激励惩戒机制改革，推进国家治理体系和治理能力现代化。《外商投资准入特别管理措施（负面清单）》2019 年版和 2020 年版均在上年基础上大幅压缩清单条目，2020 年版比《外商投资产业指导目录（2017 年修订）》中的"外商投资准入负面清单"所列限制和禁止外商投资产业目录的 63 条减少近半，减至 33 条，大幅拓宽吸收外商投资的领域。随着我国开放型经济新格局的持续推进，这一负面清单今后仍会按需要进行调整。2019 年，国家发改委、商务部还发布了《鼓励外商投资产业目录》，并在 2020 年进一步提供该目录的修订版，引导、支持外资更多投向高端制造、智能制造、绿色制造等领域。把负面清单的商事制度简化与突出重点的产业政策引导、鼓励性的正面清单结合起来，对于在构建公平营商环境基础上拓展并优化外商投资的产业领域具有重要意义。

围绕国际化、法治化、市场化的要求，新时代我国加快推进营商环境建设，得到国际社会的积极评价。2020 年 7 月 27 日，世界银行为此专门发布《中国优化营商环境的成功经验——改革驱动力与未来改革机遇》的专题报告。该报告认为，中国近年来在"放管服"改革优化营商环境领域取得了巨大成就，中国国家领导人高度重视，鼓励地方先行先试，在建立改革协调机制、鼓励市场主体参与、加强信息技术应用、推动国际国内改革经验双向交流等方面形成了成功经验。该报告围绕《全球营商环境报告》中关于开办企业、获得电力供应、申请建筑许可等多个指标所涉领域，指出中国采取的有效改革举措为全球其他经济体优化营商环境提供了可借鉴的经验，推动了全球营商环境水平整体提升。在世界银行《全球营商环境报告》2019 年和 2020 年版本中，中国连续两年入选全球营商环境改善幅度最大的 10 个经济体，被采信的改革措施数量居全球前三位，已成为全球主要经济体中营商环境改善幅度最大的经济体。

基于中国营商环境加快改革的力度，同时依托中国加快构建以国内大循环为主体、国内国际双循环相互促进的新发展格局，中国经济总体稳中向好的发展态势愈益显著，令来自海外的投资者进一步巩固在华投资发展的信心，增强在华发展的预期。因此，尽管近年全球经济增长放缓、国际环境不确定性增加、跨国投资自 2016 年以来持续下降、各国引进外资竞争加剧，但基于中国营商环境改革的成果、中国国内市场潜力以及中国经济社会发展大局的稳定，中国在 2018 年实际使用外资创历史新高基础上，2019 年吸收外资进一步实现逆势增长，当年按人民币计算达到 9740.2 亿元，比上年增长 5.8%；以美元计算达 1412.3 亿美元，同比增长 2.1%。2020 年虽然受新冠肺炎疫情及国际市场不景气的影响，我国实际利用外资仍保持增长，总额达 9999.8 亿元，同比增长 6.2%，新设外资企业 3.9 万家。

另据 2020 年 9 月 9 日上海美国商会与普华永道联合发布的报告，被调查的逾 200 家在中国大陆有生产活动的美国企业中，七成受访企业表示不会转移在华投资；中国欧盟商会 2020 年 9 月 10 日发布报告显示，欧盟企业在华投资情况总体稳定，只有 11% 的受访企业考虑外迁或改变投资计划，接近 10 年来最低水平；而美中贸易全国委员会 2020 年 8 月 14 日发布的报告表明，91% 的受访美国企业表示其在华业务保持盈利，83% 的表示将中国视为全球最重要或前五大市场之一，75% 的表示未来一年将保持或扩大在华投资规模。这体现了国际投资者对中国经济发展稳中向好态势的充分肯定。

（二）保持我国使用外资的领先优势

中国引进外资的进程，改革开放以来总体保持增长。2020 年伊始，新冠肺炎疫情的突袭而至严重制约了全球经济增长，进一步影响各国间贸易与投资增长，这一方面是因为各国有支付能力的需求受到抑制，另一方面是因为国际贸易保护主义趋势在疫情影响下表现得更为显著。因此，2020 年全球外国直接投资急剧减少，达到近 20 年来的最低水平，其中发展中经济体的外国直接投资降幅最大。但在中国，我们勇于在危机中育新机、于变局中开新局，对外贸易和使用外资的主要指标走势稳中见好。联合国贸发会议 2021 年 1 月 24 日发布的《全球投资趋势监测》报告指出，2020 年全球 FDI 降幅达 42%，实际规模甚至比 2009 年全球金融危机后的低谷还低 30% 左右，其中美国降幅约 49%；但中国实际使用外资同比逆势增长约 4%，达到 1630 亿美元，外资流入规模再创历史新高。中国吸收外资全球占比大幅提升，已经高达 19%[①]，居全球第一位。

---

① 另据经合组织 2021 年 4 月 30 日公布的全球 FDI 数据，2020 年全球 FDI 总额 8460 亿美元，同比下降 38%。其中流入美国的为 1770 亿美元，同比下降 37%；而流入中国的为 2120 亿美元，同比增长 14%。但该项统计的数据与联合国贸发会议及中国国家统计局有关 2020 年中国实际利用外资的统计数据有较大出入。按照经合组织的数据，中国 2020 年吸纳的 FDI 已占世界的 1/4。

稳外资的态势明显转好，反映外商对华投资预期和信心稳定趋好。

（三）优化外商投资结构

在全球经济增长放缓、跨国投资低迷、国际环境不确定性增加、各国引进外资竞争加剧的条件下，中国吸收外资不仅实现逆势增长，而且外资结构持续优化。一是大项目增长快，2019 年引进的 1 亿美元以上外资项目数量 834 个，同比增长 15.8%。二是高技术产业利用外资增长快，2019 年达到 2660 亿元，同比增长 25.6%，占比升至 28.3%；2020 年保持良好态势，高技术产业吸收外资增长 11.4%，高技术服务业增长 28.5%。三是作为投资来源地的国家和地区更加多元，2019 年增至 179 个，主要外资来源地也保持稳定。[①] 这些指标的增幅都大于整体使用外资的增幅，对我国在经济发展中实现抗风险、稳外资发挥了重要的作用，也对国际社会产生了积极影响。

总体来看，当前中国引进和使用外资的态势优于世界整体，也优于相当部分的发达国家，其重要原因可归结为三点：一是中国经济发展韧性强，就如 2020 年新冠肺炎疫情突袭而至，中国迅速控制疫情并实现复工复产快速到位，成为世界主要经济体中唯一实现经济正增长的国家，展现出抗危机抗风险能力非常强的经济发展的特有韧性；二是中国提出的一系列稳外资稳市场主体等政策让外资企业体会到中国政治与社会的充分稳定，从而排除对政治风险的顾虑，并预期中国营商环境只会越来越好，对外资企业合法权益的保护措施将更加完善；三是中国经济呈现稳中向好、长期向好局面，发展潜力较大，特别是着力构建以国内大循环为主体、国内国际双循环相互促进的新发展格局，这必将进一步形成强大内需市场，为外资企业继续留在中国拓展市场提供不可估量的发展空间。

---

① 以上均据商务部公布的数据。

三 推动中国企业"走出去"

从世界范围看国际投资的流向，发展中国家因对外投资能力尚弱，多以引进外资为主；发达国家的跨国企业则是资本输出的主体。我国在改革开放最初 30 余年的较长时间里也以引进外资为主。但随着我国新时代经济发展水平的提升和企业实力的增强，我国 2014 年开始出现对外投资出超局面。近年来，在为优化对外投资结构而做出相应规范与调整的情况下，我国作为对外投资大国的地位仍然稳固，《2019 年度中国对外直接投资统计公报》反映 2019 年中国对外直接投资额为 1369.1 亿美元，对外直接投资流量全球第二，规模仅次于日本（2266.5 亿美元）。

伴随对外投资规模的扩大，中国企业"走出去"的队伍也愈益壮大，截至 2019 年 12 月 31 日，中国有逾 2.75 万家境内投资者对全球 188 个国家和地区进行投资设厂，覆盖全球 80%以上的国家和地区。对外投资不仅帮助中国企业提升国际市场资源配置能力、深度介入国际市场，增强我国企业的国际竞争力，还带动承接投资的东道国的就业、税收增长与市场开发，而这又对巩固我国出口大国地位发挥了积极作用。2019 年，我国对外投资带动出口 1167 亿美元，占中国货物出口总值的 4.7%，实现销售收入 25120 亿美元。

习近平总书记对我国采取"引进来"与"走出去"并重，利用国内国际两种资源、开辟国内国际两个市场有深刻的阐述："全球市场已经形成一个整体，我国经济和世界经济深度融合，你中有我，我中有你。实体经济振兴要利用好国际国内两个市场、两种资源，努力在国际分工中占据更有利的地位。要正确处理原始创新和引进消化吸收再创新的关系，抓住和用好海外并购重组机会，推动价值链从低端向中高端延伸，更深更广融入全球供给体系。"[①] 我们要加强对外投资的结构性优化，提升对

---

① 习近平：《在中央经济工作会议上的讲话》（2016 年 12 月 14 日），《习近平关于社会主义经济建设论述摘编》，中央文献出版社，2017，第 307 页。

外投资在实体经济中获得优质资源的能力，增强提升投资效益的能力，同时提高对国际市场发展规律和影响因素的研判，更好地防范化解各种投资风险，以"逐步提高海外安全保障能力和水平，保护海外我国公民和法人安全，保护我国海外金融、石油、矿产、海运和其他商业利益"①。

我国企业"走出去"具有以下重要意义和作用。第一，我国企业在"走出去"的实践中不仅可以获得国际市场资源，更可以加深对世界市场的研究与增强对不同市场环境的适应能力，对于全面提升企业素质和竞争力具有积极作用。第二，企业"走出去"所开展的实体经济领域的市场经营或项目建设，往往不仅依靠自己的投资能力，东道国也需要配套提供多种资源包括资金等的支持，在一定意义上也体现出我们不仅可以在国内而且可以在海外利用外资，拓展利用外资的空间，同时也可借此增进与海外合作伙伴的关系而促进外商来华投资。第三，在资本市场上，企业在海外上市同样也成为主动"走出去"利用外资的方式。第四，通过企业"走出去"加强民间外交的影响力，国际经验表明，许多不同国家的民众，都会从外来产品、企业及其品牌认识他国的文化和实力，因此发挥对外投资的正面作用对提升国家形象有利。

我国企业"走出去"要注意以下几点。第一，要把"走出去"看成深度融入国际分工和世界市场的重要路径，以协同发挥我国在世界经济再平衡中的积极作用。第二，要坚持互利共赢的原则，在发展投资项目时，可基于促进东道国经济发展的需要，适当扩大产业链供应链的投资建设，这样既可巩固投资项目的运行保障，又可以给东道国带来更多效益，增进双赢格局的构建。第三，要高度重视投资安全，无论是发展中国家还是如美国这样的发达经济体，都可能发生政治风险、法律风险、经济风险或其他社会风险，东道国当地的民族与宗教等文化环境与本国

---

① 习近平：《在中央经济工作会议上的讲话》（2015年12月18日），《习近平关于社会主义经济建设论述摘编》，中央文献出版社，2017，第299页。

的差异也可能酿成摩擦与冲突，因此务必增强企业研究海外投资环境与选择投资对象国（地区）的能力，做好投资的产业选择和东道国选择，注重产业链供应链资金链安全，不断增强规避投资风险和及时止损的能力。

四　优化区域开放布局

2013 年 10 月，习近平主席在亚太经合组织工商领导人峰会上的演讲中提出："我们将实行更加积极主动的开放战略，完善互利共赢、多元平衡、安全高效的开放型经济体系，促进沿海内陆沿边开放优势互补，形成引领国际经济合作和竞争的开放区域，培育带动区域发展的开放高地。"① 这一阐述体现了拓展国内开放区域的战略考量。在党的十九大报告中，"形成陆海内外联动、东西双向互济的开放格局"② 被列入推动形成全面开放新格局战略的重要内容。

优化区域开放布局具有重要的战略意义。一是从改革开放以来的历史经验看，以开放促改革促发展是为实践所证明的成功法宝，在沿海和东部经济先行开放发展的基础上，为加快内陆和沿边地区发展，缩小区域发展差距，做好经济内循环的大文章，仍然需要用好这一法宝，从而更好地实现国内国际双循环的相互促进；二是通过陆海内外联动、东西双向互济的全面开放新格局，向国际社会展示中国开放的大门不会关闭，只会越开越大的决心与行动，同时也向世界展示中国内陆巨大市场的发展潜力；三是"一带一路"倡议的实施，本身就需要我国沿海、沿边与内陆共同参与，因为"一带一路"需要我国与世界各国全面对接，特别是陆上丝路的发展，必然要把我国内陆推向开放前沿，即使是海上丝路，在发展中也同样需要全国各地协同参与。这正如习近平总书记所述："要

---

① 习近平：《深化改革开放，共创美好亚太》（2013 年 10 月 7 日），《习近平关于社会主义经济建设论述摘编》，中央文献出版社，2017，第 287 页。

② 《习近平谈治国理政》（第三卷），外文出版社，2020，第 27 页。

坚持内外统筹。'一带一路'建设重点在国外，但根基在国内。""'一带一路'建设是推进我国新一轮对外开放的重要抓手，要以此带动我国东中西部梯次联动并进。要加强区域政策协同配合，加强'一带一路'建设同京津冀协同发展、长江经济带发展等国家战略的对接，同西部开发、东北振兴、中部崛起、东部率先发展、沿边开发开放的结合，带动形成全方位开放、东中西部联动发展的局面。"①

在习近平总书记和党中央的决策下，广大内陆地区在吸收海内外投资、加快基础设施建设、做强产业基础和落实高水平开放发展政策方面取得积极进展，使我国内陆开放发展保持良好势头。2021 年前三季度，我国中西部地区进出口额增长 27.2%，领先于东部地区 21.8% 的增速，比同期全国外贸整体增速高出了 4.5 个百分点，体现了在中西部加快发展的同时，东中西部联动推进开放发展的局面正在加快形成。

中西部开放发展对激活内源经济具有重要作用。从海关数据看，借助"一带一路"倡议和区域综合成本比较优势，民营企业进出口在中西部地区的增长速度更快，2019 年中部、西部地区民营企业进出口增速分别达到 28.3% 和 22.4%，比东部地区相应高出 19.5 个百分点和 13.6 个百分点，预示其增长潜力巨大。2020 年尽管遇到新冠肺炎疫情与国际市场形势低迷的压力，中西部地区进出口仍逆势增长 11%，高于同期全国整体进出口增速 9.1 个百分点，其中中部的江西和西部的四川、贵州等省份积极承接产业转移、深度开拓海外市场，同期出口实现两位数增长，创造了在国际市场逆境中育新机、开新局的新亮点。这充分证明我国实行扩大区域开放，构建内陆开放发展新高地的战略方针是完全正确的，必须坚持并不断深化，进一步实现中西部地区高质量开放发展。

---

① 习近平：《在推进"一带一路"建设工作座谈会上的讲话》（2016 年 8 月 17 日），《习近平关于社会主义经济建设论述摘编》，中央文献出版社，2017，第 279、280 页。

第二节　实施"一带一路"倡议

"一带一路"（The Belt and Road，B&R）是"丝绸之路经济带"和"21世纪海上丝绸之路"的简称。"一带一路"贯穿欧亚大陆，东边连接亚太经济圈，西边进入欧洲经济圈，并连接西亚、南亚与非洲、拉美地区。习近平提出的"一带一路"倡议是古代以中国为核心辐射世界的经济贸易合作体系在当代的创新发展。

一　"一带一路"倡议的宗旨

2018年8月27日，习近平在推进"一带一路"建设工作5周年座谈会上指出："2013年秋天，我们提出共建'一带一路'倡议以来，引起越来越多国家热烈响应，共建'一带一路'正在成为我国参与全球开放合作、改善全球经济治理体系、促进全球共同发展繁荣、推动构建人类命运共同体的中国方案。""我们要坚持对话协商、共建共享、合作共赢、交流互鉴，同沿线国家谋求合作的最大公约数，推动各国加强政治互信、经济互融、人文互通，一步一个脚印推进实施，一点一滴抓出成果，推动共建'一带一路'走深走实，造福沿线国家人民，推动构建人类命运共同体。"① 作为促进完善全球治理体系、实现国际社会经济共建共享共赢的积极倡议，"一带一路"倡议实施数年来已取得积极的发展成效，同时也需要"百尺竿头、更进一步，在保持健康良性发展势头的基础上，推动共建'一带一路'向高质量发展转变"②。

习近平指出："我提出'一带一路'倡议，旨在同沿线各国分享中国

---

① 《习近平谈治国理政》（第三卷），外文出版社，2020，第486页。
② 《习近平谈治国理政》（第三卷），外文出版社，2020，第487页。

发展机遇，实现共同繁荣。"① "共建'一带一路'倡议的核心内涵，就是促进基础设施建设和互联互通，加强经济政策协调和发展战略对接，促进协同联动发展，实现共同繁荣。这一倡议源自中国，更属于世界；根植于历史，更面向未来；重点面向亚欧非大陆，更向所有伙伴开放。"② 因此，"一带一路"倡议体现的是随着中国改革开放的深入发展，中国应逐步参与完善全球发展模式和全球治理进程，促进世界各国经济的协同发展，实现共同繁荣的美好愿景。

2016 年，习近平总书记在推进"一带一路"建设工作座谈会上阐明了"一带一路"倡议的内涵与实施要求，指出要"聚焦政策沟通、设施联通、贸易畅通、资金融通、民心相通，聚焦构建互利合作网络、新型合作模式、多元合作平台，聚焦携手打造绿色丝绸之路、健康丝绸之路、智力丝绸之路、和平丝绸之路"，以利于"一带一路"建设造福沿线各国人民。③ 这里阐明的"三个聚焦"，是对"一带一路"的内涵与实施方式及发展愿景的系统揭示。

二 "一带一路"倡议的内涵

习近平总书记把"一带一路"合作的基本内涵提炼为"聚焦政策沟通、设施联通、贸易畅通、资金融通、民心相通"，即"五通"，揭示了"一带一路"建设应着力的五大基本方面。

（一）政策沟通

"一带一路"建设"不是中国一家的独奏，而是沿线国家的合唱"④。

---

① 习近平：《中国发展新起点　全球增长新蓝图——在二十国集团工商峰会开幕式上的主旨演讲》（2016 年 9 月 3 日），《人民日报》2016 年 9 月 4 日。
② 习近平：《抓住世界经济转型机遇　谋求亚太更大发展——在亚太经合组织工商领导人峰会上的主旨演讲》（2017 年 11 月 10 日），《人民日报》2017 年 11 月 11 日。
③ 《习近平谈治国理政》（第二卷），外文出版社，2017，第 503 页。
④ 习近平：《迈向命运共同体　开创亚洲新未来——在博鳌亚洲论坛 2015 年年会上的主旨演讲》（2015 年 3 月 28 日），《人民日报》2015 年 3 月 29 日。

因此需要沿线国家共同参与，要求沿线国家在项目实施及配套政策方面进行协调，这样方能相互对接彼此发展需求。任何实质性的合作项目，从规划、环保、财税、金融、外汇、劳工等方面都需要相应可行的政策体系加以支撑。由于"一带一路"倡议是国际合作的新理念、新蓝图，涉及的具体项目也主要以解决发展的短板和完善国际合作体系为目的，部分具有填补空白的意义，所以涉及的某些政策可能不是已有的而是需要创新设计的。而相关政策体系的设计与对接必然需要通过加强合作各方的沟通、磨合方可有效完成。此外，一些涉及项目建设的规则与标准，也是合作各方必须加以规范和对接的内容。因此，我们需要不断总结经验，并不断研判各国法律体系、民族文化及行政决策体系的特点，以相互尊重的方式达成最大限度的共识，并做好应对相应政策风险的预案。

在"一带一路"倡议提出后，中国已陆续与联合国的"丝绸之路复兴计划"、东盟的"互联互通总体规划"等大批国际组织拟订的发展规划和相关国家的建设规划与政策对接。在政策沟通基础上，"一带一路"倡议获得世界绝大多数经济体的积极响应，截至2019年10月底，中国已与137个国家和30个国际组织签署197份"一带一路"合作文件。

（二）设施联通

"一带一路"建设需要承载不断增长的人员、货物的跨国流动，因而以交通设施和信息网络为主要代表的基础设施的联通，是实现以"一带一路"联通各国各民族共同发展、走向繁荣的桥梁和纽带。"一带一路"联通的大部分国家是发展中经济体，有不少还是最不发达国家，基础设施是其薄弱环节；也有的虽然具备一定基础设施条件，但由于管理不力及市场开发不足，也未获得良好利用。因此，从港口、码头到机场、仓储，从铁路、公路到管道运输设施等，许多短板不足既是"一带一路"建设面临的挑战，也是开启"一带一路"的重要机遇和抓手。因此，习近平总书记在中央财经领导小组研究加快推进丝绸之路经济带和21世纪海上丝绸之路建设的会议上明确提出："推进'一带一路'建设，要抓住关键的标志性工程，力争尽早开花结果。要帮助有关沿线国家开展本国和区域间交通、电力、通信等基础设施规划，共同推进前期预研，提出一批能够照顾双边、多边利益的项目清单。"①

基础设施建设对相关国家经济发展的产业带动具有乘数效应。从基础设施建设入手，把"一带一路"合作意愿落实到设施联通上来，才能为各国相互贸易、相互交流提供支撑条件。在中国"一带一路"合作的相关协议中，基础设施建设已成为彼此合作的优先方向和合作启动的主要引擎，同时也是中国发起成立的亚洲基础设施投资银行等金融机构重点支持的领域。据主要服务于"一带一路"的亚洲基础设施投资银行提供的分析报告，在发展中国家，基础设施对经济增长的带动，是发达国家的2倍，亚洲尤甚。截至2019年9月，亚投行已审批47个建设项目，共90亿美元。

（三）贸易畅通

历史上的丝绸之路，以跨国跨民族的贸易为主要内容，以"丝绸"这样的产品来命名这一贸易联系，本身就体现了务实贸易的显著特色。在当今时代，国际分工的深化程度与世界市场的发展规模已今非昔比，因而发展国际贸易关系已是世界经济得以稳步发展的必要条件；尽管时有不和谐的杂音和相当严重的干扰，但谁也没有能力阻止国际分工和世界市场按照其自身规律向前发展。因此，贸易畅通在实施"一带一路"倡议中作为落地实施的基本内容，具有必然性和长效性。在一定意义上，政策沟通和设施联通也服务于贸易畅通。

---

① 《习近平主持召开中央财经领导小组第八次会议强调　加快推进丝绸之路经济带和二十一世纪海上丝绸之路建设》，《人民日报》2014年11月7日。

我国自 2001 年加入世界贸易组织以来，一直奉行与各国建立平等互利经贸合作关系的原则，不断推进国际经贸联系向纵深发展。在"一带一路"倡议提出后，更是进一步加强与相关国家的互利贸易。一方面积极与相关国家加强政策沟通和对接市场需求，另一方面积极借助设施联通拓展贸易规模。在推进与相关经济体的自由贸易方面，我国截至 2019 年底已与相关国家或地区签订 17 个自贸协定，其中继 2010 年与东盟签订自贸协定后，于 2018 年 11 月又签订了该协定的升级版；同时积极推进中欧、中日韩、中国—海合会自贸协定和亚太《区域全面经济伙伴关系协定》（RCEP）等。2020 年 9 月 14 日我国与欧盟签署《中欧地理标志协定》，该协定一共包括十四条和七个附录，纳入双方共 550 个地理标志（各 275 个），涉及酒类、茶叶、农产品、食品等诸多产品，为日后中欧进一步深化自贸合作区建设、签署中欧投资协定等打下了扎实基础。在设施联通方面，我国进一步拓展陆海空交通网络体系建设，其中空运航线在党的十八大以来实现成倍增长，中欧班列作为陆上丝路贸易畅通的大动脉迅速发挥不断扩大贸易的作用。截至 2020 年底，中欧班列已累计开行 3 万多列；其中 2020 年开行了 1.24 万列，同比增长 50%，共运送货物 113.5 万标箱，同比增长 56%，再创 2011 年开行以来的历史最好水平。开行中欧班列数量领先的城市有西安、成都、重庆等。广州尽管是以海运为主导拓展"一带一路"贸易的城市，但在创新拓展中欧班列上同样表现突出，如开行首个进口回程班列、首开国际邮包及跨境电商班列、首次开展出口二手车班列业务、首开钾肥保税进口专列，首次以"铁—公—水"跨境联运方式运作等，这些创新做法为中欧班列的业务发展和效益提升提供了很好的经验。

（四）资金融通

资金融通是市场贸易、投资等经济合作项目顺利实施的支持条件。

资金融通涉及货币交易、货币互换、汇率、借贷与国际投资、股权合作等丰富的形式，既涉及双边或多边金融合作模式的选择与规则制订，又涉及资金来源的渠道开拓和风险防范。习近平指出："我们要建立稳定、可持续、风险可控的金融保障体系，创新投资和融资模式，推广政府和社会资本合作，建设多元化融资体系和多层次资本市场，发展普惠金融，完善金融服务网络。"①

从中国支持"一带一路"倡议实施的行稳致远考虑，必须积极发挥本币在"一带一路"建设中的作用，进一步加快离岸人民币市场和多层次资本市场建设，加快境内货币与资本市场的对外开放，引导国内社会资本广泛参与"一带一路"相关项目建设等。同时，我们还应利用牵头设立的金融机构和借助已有国际金融机构做好支持"一带一路"相关发展中国家融资服务。就如习近平所说："我们还将同亚洲基础设施投资银行、金砖国家新开发银行、世界银行及其他多边开发机构合作支持'一带一路'项目，同有关各方共同制定'一带一路'融资指导原则。"② 中国倡导并积极参与的亚洲基础设施投资银行、丝路基金、海上合作基金、金砖国家新开发银行及上海合作组织融资机构等平台，自设立以来，为"一带一路"建设的资金融通提供了有力支撑。由于"一带一路"项目投资及贸易畅通都有我国企业的大量参与，还要鼓励国内政策性银行、商业银行、进出口信用保险机构等力量加以支持。如我国国家开发银行自 2013 年至 2018 年累计为 600 多个"一带一路"项目提供了 1900 亿美元融资；丝路基金截至 2018 年 8 月底已签约基础设施、产能合作、资源开发等投资项目 25 个，承诺投资金额超过 82 亿美元和 26 亿元人民币，实际出资金额超过 68 亿美元。

近年特别是 2018 年以来，国际社会单边主义、经济霸凌主义、保护

---

① 《习近平谈治国理政》（第二卷），外文出版社，2017，第 512 页。
② 《习近平谈治国理政》（第二卷），外文出版社，2017，第 515 页。

主义等抬头，国际经济波动加大，不可预见因素增加，包括但不限于由各种政治因素、社会因素、经济因素等引起的汇率波动、股市债市波动、国际官方债务问题加剧和企业资金链断裂带来的问题等。因此，只有更好地防范丝路建设的金融风险，完善金融治理体系和治理能力中的制度建设，才能保障资金融通的顺畅。一是加强项目评估中的资金筹措安全及影响资金回收的风险因素评估，做好保障资金循环的相应预案与对策措施；二是对汇率、债市股市风险等加强预测；三是开拓更多的筹资渠道，分散投资风险；四是完善合作协定中的风险防范与补救内容；五是继续支持人民币"走出去"。

（五）民心相通

"一带一路"不仅是各国各民族展开经贸合作的纽带，更是加强文化交流、增进相互了解、促进民心相通的精神桥梁。"一带一路"建设的行稳致远，离不开"民心相通"作为根本的支撑和保障；民心相通也成为"一带一路"建设的文化与社会基础，进而成为构建人类命运共同体的根基。"一带一路"建设构想本身就具有民心相通的特质，但民心相通不会因为经济合作的深入而自动实现，有了"一带一路"建设构想，还要落实到行动中。

在中国古代哲学思想和治国理念中，人们一直高度重视民心向背的问题。在当今世界，民心相通需要"一带一路"相关各国政要、企业、学界及舆论界和广大民众共同付出不懈努力。习近平主席指出："民心相通是'一带一路'建设的重要内容，也是'一带一路'建设的人文基础。要坚持经济合作和人文交流共同推进，注重在人文领域精耕细作，尊重各国人民文化历史、风俗习惯，加强同沿线国家人民的友好往来，为'一带一路'建设打下广泛社会基础。"①

---

① 《习近平谈治国理政》（第二卷），外文出版社，2017，第502页。

"文明的活力在于交往交流交融"①，在"一带一路"建设过程中，只有促进共建"一带一路"各国及地区相互了解、相互包容、相互尊重，加强各国民众友谊，才能携手走向共同发展的繁荣美好的明天。因此，不仅要通过加强经济合作、创造共同的发展机会、改善共同的发展条件和各国民生推进民心相通，还要在做好经济建设项目与经贸交流的同时，"积极架设不同文明互学互鉴的桥梁，深入开展教育、科学、文化、体育、旅游、卫生、考古等各领域人文合作，加强议会、政党、民间组织往来，密切妇女、青年、残疾人等群体交流，形成多元互动的人文交流格局"②。为此，我国积极牵头举办和组织如中国共产党与世界政党高层对话会、"一带一路"青年创意与遗产论坛、青年学生"汉语桥"夏令营、共建科技园区和实验室、开展环境保护和医疗卫生合作，以及开展双边或多边的国际文化年、旅游年、艺术节、智库对话会等，使经济合作与民心沟通实现更丰富的对接，并最终为构建人类命运共同体凝聚共识打下基础。

三　"一带一路"合作的方式

习近平提出的"聚焦构建互利合作网络、新型合作模式、多元合作平台"，即"三合作"，阐明的是"一带一路"合作的方式。

全球化基于国际分工和世界市场的形成和扩展得以兴起，并在与资本国际化进程相互推动中加快发展。而资本的全球视野是基于经济利益的，经济全球化初始阶段是伴随黑奴贩卖、鸦片贸易、殖民化统治等资本强权而发展的，其间不乏诉诸武力；从世界市场的原始积累到国际竞争中的零和博弈，国际经贸体系中产生垄断资本的控制，形成霸权主义、强权政治的经济基础。二战后，殖民地附属国等大多独立，一大批

---

① 《习近平谈治国理政》（第三卷），外文出版社，2020，第484页。
② 《习近平谈治国理政》（第三卷），外文出版社，2020，第494页。

发展中国家加快发展，不断加大其在国际经济发展格局中的分量，国际经贸关系中的公平竞争、互利合作呼声日益强烈。但由于旧国际经济秩序造成的世界范围的两极分化状态没有从根本上消除，一些发达国家特别是个别西方大国，仍企图维持其独大局面，以经济霸凌主义、单边主义打压那些表现卓越的新兴经济体，并采取许多超经济的手段搞乱发展态势较好的一批发展中国家，同时也屡屡挑起发达国家间的矛盾，企图破坏正逐渐走向新秩序的世界经济格局，维护和提升其狭隘的既得利益。

中国作为发展中大国，作为新兴经济体中经济体量最大的国家，作为进入 20 国集团的全球经济总量第二位的国家，应当积极倡导维护经济全球化健康发展的正确方向，通过与各国特别是众多发展中国家的平等合作、互利共赢，并与发达国家开展正和博弈、加强协调，促进世界开放发展的道路行稳致远。构建互利合作网络，就是以互利合作为原则，多领域全方位构建网络化合作体系，该体系可以涵盖各个产业门类、各个社会建设领域，乃至开展治理体系与治理能力的交流互鉴；构建新型合作模式，就是除传统的产业内外的投资合作方式外，还可以通过人才、技术交流，培训与合作科研，以及合作开展基础设施建设、合作组建金融机构和开拓新型融资方式等，采取多样化、更灵活的合作模式，实现共建共享共赢；构建多元合作平台，就是运用现代科技和管理技术打造有利于全方位合作的平台，如基于互联网和大数据的线上线下合作平台、基于园区建设的产业合作平台、基于科技文化交流的会议会展平台和技术研发平台、基于融资需求的金融合作平台等。

构建合作网络、合作模式与合作平台时，要坚持以互利合作为本源，以利益分享和风险共担为条件，并逐步推进，在构建中相互获利，在相互获利中加强构建。就如习近平在推进"一带一路"建设工作 5 周年座谈会上所阐明的："要坚持稳中求进工作总基调，贯彻新发展理念，集中力量、整合资源，以基础设施等重大项目建设和产能合作为重点，解决好重大项目、金融支撑、投资环境、风险管控、安全保障等关键问题，形成更多可视性成果，积土成山、积水成渊，推动这项工作不断走深走实。"① 这里说到的可视性成果，不仅仅于我国而言，更体现了对合作各方的责任。合作各方的政府和人民在参与共建"一带一路"过程中不断获得更直观的可视性成果，可以使这些国家和人民不断提升获得感和增强持续合作发展的信心。

四 "一带一路"合作发展的方向和愿景

习近平提出的"聚焦携手打造绿色丝绸之路、健康丝绸之路、智力丝绸之路、和平丝绸之路"，即"四路"，揭示的是"一带一路"合作发展的方向和愿景。

在打造绿色丝绸之路方面，习近平说，"我们要坚持开放、绿色、廉洁理念，不搞封闭排他的小圈子，把绿色作为底色，推动绿色基础设施建设、绿色投资、绿色金融，保护好我们赖以生存的共同家园"②。这体现了我国新发展理念之绿色发展观在全球的积极倡导和身体力行。在推进"一带一路"建设过程中，中国注重与相关国家加强建设生态环境、保护生物多样性和应对气候变化合作，共同打造绿色"一带一路"，如中国与英国的机构已共同发布《"一带一路"绿色投资原则》等。中国政府还相继发布《关于推进绿色"一带一路"建设的指导意见》《"一带一路"生态环境保护合作规划》等指导性文件和政策实施纲要，着力将绿色发展逐步融入"一带一路"建设中。

在打造健康丝绸之路方面，我国提出"一带一路"倡议后，进一步加大了为非洲、阿拉伯国家、亚洲、拉美等国家和地区提供健康服务的

---

① 《习近平谈治国理政》（第三卷），外文出版社，2020，第487~488页。

② 《习近平谈治国理政》（第三卷），外文出版社，2020，第491页。

力度。2015 年，"一带一路"框架下的卫生合作机制建设就已启动，当时中国发布《关于推进"一带一路"卫生交流合作三年实施方案（2015—2017）》并取得初步成效。此外，中国还与世界卫生组织签署"一带一路"卫生合作备忘录，并夯实了中国—中东欧国家、上海合作组织、中国—东盟、澜沧江—湄公河、亚太经合组织、金砖国家等多边机制下的卫生合作，建立了中国—东盟卫生合作论坛、中阿卫生合作论坛、中国—中东欧卫生合作论坛等区域多边部长级对话平台。2017 年 8 月，我国国家卫生管理部门在"一带一路"暨"健康丝绸之路"高级别研讨会上发布《"一带一路"卫生合作暨"健康丝绸之路"北京公报》，该公报提出要扩大卫生等人文领域的交流，维护卫生安全、促进卫生发展和加强创新合作，促进民众健康福祉，以构建人类卫生健康共同体作为我们的共同愿望。2020 年，在全球面临新冠肺炎疫情冲击的背景下，中国不仅率先打赢疫情防控的人民战争，还积极支持世界卫生组织和各国特别是发展中国家共同抗疫。习近平主席在与印尼总统通电话时指出："这场疫情是全人类面临的共同挑战。国际社会只有凝聚起强大合力，才能克敌制胜。""中国将秉持人类命运共同体理念，为全球疫情防控分享经验，提供力所能及的支持，同各国一道促进全球公共卫生事业发展，构建人类卫生健康共同体。"[①] 为实践这一理念，我国宣布，中国研发的疫苗成功以后，将作为全球公共产品，惠及各国人民；自 2020 年底中国疫苗研发成功并开始付诸使用，截至 2021 年 12 月初，仅一年时间就已向 120 多个国家和国际组织提供超过 18 亿剂中国疫苗。中国提出并践行的建设健康丝绸之路及人类卫生健康共同体，充分体现了中国负责任的大国担当。

智力丝绸之路的打造，主要体现在两个方面：一是在"一带一路"建设中增强智能投入，实现创新驱动；二是加强智力交流，包括

---

① 《习近平同印尼总统佐科通电话》，《人民日报》2020 年 4 月 3 日。

人才培养和智库研究的交流等。习近平指出："我们要坚持创新驱动发展，加强在数字经济、人工智能、纳米技术、量子计算机等前沿领域合作，推动大数据、云计算、智慧城市建设，连接成 21 世纪的数字丝绸之路。"① "我们要建立多层次人文合作机制，搭建更多合作平台，开辟更多合作渠道。要推动教育合作，扩大互派留学生规模，提升合作办学水平。要发挥智库作用，建设好智库联盟和合作网络。"② 为提高"一带一路"建设的质量，我国国际先进的高铁建造技术、桥梁建造技术、输电技术、云计算、北斗导航等都作为"一带一路"相关项目中的关键核心技术予以投入；同时，我国在提供留学生学位、进行智力援助以及智库国际交流等方面都取得不俗的成绩。为积极推动"一带一路"框架内的智库交流工作，2015 年 4 月，中共中央对外联络部牵头，联合中国社会科学院、国务院发展研究中心、复旦大学、中国国际经济交流中心等单位，共同发起成立"一带一路"智库合作联盟，发挥智库在"一带一路"研究中的"思想源""政策源""舆论源""信息源""共识源"作用。

在打造和平丝绸之路方面，根据习近平的阐述，"中国愿在和平共处五项原则基础上，发展同所有'一带一路'建设参与国的友好合作"③，我国提出"以共建'一带一路'为实践平台推动构建人类命运共同体，这是从我国改革开放和长远发展出发提出来的，也符合中华民族历来秉持的天下大同理念，符合中国人怀柔远人、和谐万邦的天下观"④。要打造好和平丝绸之路，一是必须按照平等互利共建共赢的原则，做实经济合作的文章，以共赢的效果增强东道国社会和民众获得感，打下共建和平丝路的经济基础；二是要坚持以和平发展、共建人类命运共同体为引

---

①　《习近平谈治国理政》（第二卷），外文出版社，2017，第 513 页。
②　《习近平谈治国理政》（第二卷），外文出版社，2017，第 514 页。
③　《习近平谈治国理政》（第二卷），外文出版社，2017，第 514 页。
④　《习近平谈治国理政》（第三卷），外文出版社，2020，第 487 页。

领，多渠道加强各方沟通，增进建设"一带一路"在政治、文化、社会各层面的交流，团结各方力量，从而有效降低和消除政治风险，实现共建"一带一路"在促进人类命运共同体建设中的积极推进作用。

第三节　建设自由贸易区与自由贸易港

自由贸易区（Free Trade Zone，FTZ）和自由贸易港（Free Trade Port，FTP）是一国或一地区自主设立的处于国境之内关境之外、货物资金人员进出自由、绝大多数进口商品只要不流入国内市场即免征关税的特定经济功能区域。在我国，自贸试验区是自贸区、自贸港建设的试验场，是国家推进开放型经济格局建设的先行者。在试验成熟和必要的条件下，自贸试验区可以分批或以其局部地区向自贸区、自贸港过渡。改革开放进入新时代以来，上海拥有我国第一个自贸试验区，海南是我国第一个建设自由贸易港的省份。①

另外，两国或多国共建的自由贸易区域亦被称为自由贸易区。其指在国际经济合作领域，基于彼此间降低关税壁垒、实现自由贸易、增进互惠互利的需要，两个或两个以上的国家（包括独立关税地区）根据WTO相关规则，通过自由贸易协定（Free Trade Agreement，FTA）做出地区性自由贸易安排并由缔约方所形成的区域。自由贸易协定做出的安排除货物贸易自由化外，还可以涉及服务贸易、投资、政府采购、知识产权保护、标准化等更多领域的相互承诺，是深度发展双边或多边经济合作的一种战略部署。进入21世纪以来，我国启动与加快实施双边或多边自由贸易协定，取得了积极成效。

建设国内的自贸区与自贸港，对于我国形成开放型经济新格局，具有对接国际市场前沿与构建引领性开放平台的作用。与他国（地区）签

---

①　我国香港特别行政区、澳门特别行政区在其回归前已是自由贸易港。

订自贸协定建设自贸区，对于促进经济全球化发展和推进双边、多边投资贸易，发展国际互利共赢的经济合作关系具有重要战略意义。

一　推进自由贸易试验区与自由贸易港建设

（一）我国自由贸易试验区和自由贸易港建设的推进过程

我国自由贸易试验区和自由贸易港的建设，是党的十八大以来构建开放型经济新格局的重大创新突破。2013 年 9 月，中国首个自贸试验区在上海浦东建立。2013 年中共十八届三中全会通过的《中共中央关于全面深化改革若干重大问题的决定》指出："建立中国上海自由贸易试验区是党中央在新形势下推进改革开放的重大举措，要切实建设好、管理好，为全面深化改革和扩大开放探索新途径、积累新经验。在推进现有试点基础上，选择若干具备条件地方发展自由贸易园（港）区。"① 基于上海自贸试验区开局良好，经中央决定，国务院于 2019 年 8 月 6 日印发《中国（上海）自由贸易试验区临港新片区总体方案》，进一步设立中国（上海）自由贸易试验区临港新片区，为上海自由贸易试验区承担更前沿的探索使命拓展空间。根据中央部署，2014 年 12 月，决定在广东、天津、福建设立第二批自贸试验区；2017 年 3 月，增设自贸试验区于辽宁、浙江、河南、湖北、四川、陕西、重庆 7 个省（市）。

2017 年 10 月，在党的十九大报告中，习近平总书记重申了深化自贸试验区建设及下一步的探索方向："赋予自由贸易试验区更大改革自主权，探索建设自由贸易港。"② 2018 年 4 月 13 日，习近平总书记在庆祝海南建省办经济特区 30 周年大会上宣布："党中央决定支持海南全岛建设自由贸易试验区，支持海南逐步探索、稳步推进中国特色自由贸易港建

---

① 《中共中央关于全面深化改革若干重大问题的决定》（2013 年 11 月 12 日），《人民日报》2013 年 11 月 16 日。

② 《习近平谈治国理政》（第三卷），外文出版社，2020，第 27 页。

设，分步骤、分阶段建立自由贸易港政策和制度体系。这是党中央着眼于国际国内发展大局，深入研究、统筹考虑、科学谋划作出的重大决策，是彰显我国扩大对外开放、积极推动经济全球化决心的重大举措。"[1] 2019年11月工信部印发《支持海南建设自由贸易试验区和中国特色自由贸易港的实施方案》。2020年6月1日，中共中央、国务院印发的《海南自由贸易港建设总体方案》正式对外公布，该总体方案明确海南自贸港的实施范围为海南岛全岛，并提出海南自贸港建设的五大基本原则：借鉴国际经验、体现中国特色、符合海南定位、突出改革创新、坚持底线思维。该总体方案还提出，在2025年前，适时启动海南全岛封关运作，建设海关监管特殊区域；到2025年，海南将初步建立以贸易自由便利和投资自由便利为重点的自由贸易港政策制度体系，到2035年成为中国开放型经济新高地，到21世纪中叶全面建成具有较强国际影响力的高水平自由贸易港。这标志着海南将成为我国打造高水平对外开放新格局的重要窗口和平台。

2019年8月，国务院分别印发在山东、江苏、广西、河北、云南、黑龙江设立自由贸易试验区的总体方案；2020年9月，国务院分别印发在北京、湖南、安徽设立自由贸易试验区的总体方案和《中国（浙江）自由贸易试验区扩展区域方案》。至此，我国自贸试验区（含自贸港）达到21个。自贸试验区在国内进一步拓展布局，结合上海、浙江等自贸试验区自身的扩容，目的是通过更大范围、更广领域、更深层次的改革开放探索，构建一批开放发展新高地，并推动形成国内国际双循环相互促进的新发展格局的极点带动效应。

（二）自由贸易试验区（自由贸易港）建设的意义

中共中央、国务院印发的《海南自由贸易港建设总体方案》开宗明

---

[1] 《习近平谈治国理政》（第三卷），外文出版社，2020，第198页。

义提出："当今世界正在经历新一轮大发展大变革大调整，保护主义、单边主义抬头，经济全球化遭遇更大的逆风和回头浪。在海南建设自由贸易港，是推进高水平开放，建立开放型经济新体制的根本要求；是深化市场化改革，打造法治化、国际化、便利化营商环境的迫切需要；是贯彻新发展理念，推动高质量发展，建设现代化经济体系的战略选择；是支持经济全球化，构建人类命运共同体的实际行动。"① 这里概括的建设意义，总体上不仅适用于海南自由贸易港，也适用于我国其他自由贸易试验区。

一是有利于向世界宣示我国加强对外开放的决心。自由贸易园（港）区是迄今为止世界范围对国际资源配置的开放度最高、贸易自由化政策最宽松的特别区域，目前我国的自贸试验区和自贸港建设已经分布于华东、华南、华北、东北和西南、西北各大区域，体现了我国全面构建新的开放平台、构筑对外开放新高地的决心，展示了我国开放的大门不会关上，只会越开越大的系列行动。当前，除海南自贸港概念及实施方案已经出台外，其他现有自贸试验区在试点基础上，也将根据成熟程度和国家布局需要，继续选择若干具备条件的地方发展自由贸易园（港）区，这表明我国自贸试验区的开放度将继续深化，形成深度融入经济全球化的示范与带动功能。

二是有利于推进我国改革开放走深走实和实现高质量发展。通过"发挥好自由贸易试验区对外开放先行一步的改革创新作用"②，为我国全面深化改革和扩大开放探索新途径、积累新经验。习近平指出："中国将支持自由贸易试验区深化改革创新，持续深化差别化探索，加大压力测试，发挥自由贸易试验区改革开放试验田作用。"③ 从上海自贸试验区到

---

① 《中共中央　国务院印发海南自由贸易港建设总体方案》，《人民日报》2020 年 6 月 2 日。

② 《习近平主持召开中央财经领导小组第十六次会议强调　营造稳定公平透明的营商环境　加快建设开放型经济新体制》，《人民日报》2017 年 7 月 18 日。

③ 《习近平谈治国理政》（第三卷），外文出版社，2020，第 204 页。

北京等自贸试验区的陆续设立，其基本功能就是通过既有共同使命又有各自侧重的先行先试，探索更多可复制可推广的深化改革、扩大开放的治理经验，特别是制度创新的经验，从而为推动新时代高质量发展先行先试、推进我国经济发展领域治理体系和治理能力现代化做出重要探索。

三是有利于提升我国国际竞争力和话语权。通过自由贸易试验区和自由贸易港建设，我们能够接触和创造更前沿的国际经贸领域的创新成果，同时更加直接地面对国际经贸领域新的矛盾和问题。习近平总书记在参加十二届全国人大三次会议上海代表团审议时提出，自贸试验区要"为我国加快实施自由贸易区战略、参与国际经贸规则制定、争取全球经济治理话语权提供经验"①，因此，自贸试验区和自贸港的建设将使我们大大增强对国际经贸活动发展趋势的研究与把握，增强对现有国际经贸规则的理解和思考，从而为我们深化经济全球化进程中参与全球治理提供平台、积累经验、提升有效话语权，为构建平等互利共建共赢的合作平台做出更大的贡献。

（三）各自贸试验区在深化改革开放中构成协同创新体系

我国设置的自贸试验区及自贸港数量多、覆盖面大，这既是带动各自贸试验区开放发展和深化改革的需要，也是在自贸试验区总的体系中通过实施各有重点的改革举措加以分类推进的需要。

从已有布局看，一类自贸试验区和自贸港，着重展开系统性的集成创新，其中上海自贸试验区和海南自贸港目前就属于这一类情况，它们肩负着综合引领功能；另一类是其他多数自贸试验区，侧重于某些重点方向、重点领域的试验，部分在试验成就显著的情况下将扩大试验功能，以利于向较高层次的自由贸易园（港）区过渡。

---

① 习近平：《在参加十二届全国人大三次会议上海代表团审议时的讲话》（2015 年 3 月 5 日），《习近平关于社会主义经济建设论述摘编》，中央文献出版社，2017，第 295 页。

　　习近平总书记对上海自贸试验区与海南自贸港建设实施的综合性试验和集成创新提出直接要求。他指出，上海自贸试验区"要抓住制度创新这个核心，着眼国际高标准贸易和投资规则，在投资管理、贸易便利化、事中事后监管等方面，对国家层面深化改革、扩大开放仍需试验探索的事项，率先探索，充分试验"①。这里着重提到"对国家层面深化改革、扩大开放仍需试验探索的事项，率先探索，充分试验"，反映出上海自贸试验区主要承担国家层面的全面深化改革开放综合试验的职责，其试验成果的可复制推广性也较强。截至 2019 年底，上海自贸试验区内累计超过 3200 个扩大开放项目落地，在 49 个开放领域实现全国首创，累计310 多项各类改革试点经验在全国各地分层次分领域复制推广，是改革开放试验成果最丰富的自贸试验区，具有除海南全岛外先行建设自由贸易园（港）区的发展机会，并对国家全局性改革起到示范引领和突破带动作用。2017 年 3 月国务院印发的《全面深化中国（上海）自由贸易试验区改革开放方案》中提出，在洋山保税港区和上海浦东机场综合保税区等海关特殊监管区域内，设立自由贸易港区。

　　海南自贸港虽然起步建设的时间尚短，但其建设层次要求高。在中共中央、国务院印发的《海南自由贸易港建设总体方案》出台之际，习近平总书记对海南自由贸易港建设所做的重要指示也反映了海南承担全面建设自贸港的制度集成创新的使命："在海南建设自由贸易港，是党中央着眼于国内国际两个大局、为推动中国特色社会主义创新发展作出的一个重大战略决策，是我国新时代改革开放进程中的一件大事。要坚持党的领导，坚持中国特色社会主义制度，对接国际高水平经贸规则，促进生产要素自由便利流动，高质量高标准建设自由贸易港。要把制度集成创新摆在突出位置，解放思想、大胆创新，成熟一项推出一项，行稳

---

　　①　习近平：《在参加十二届全国人大三次会议上海代表团审议时的讲话》（2015 年 3 月 5日），《习近平关于社会主义经济建设论述摘编》，中央文献出版社，2017，第 295 页。

致远，久久为功。"① 根据这个要求，《海南自由贸易港建设总体方案》提出："海南是我国最大的经济特区，具有实施全面深化改革和试验最高水平开放政策的独特优势。……对标国际高水平经贸规则，解放思想、大胆创新，聚焦贸易投资自由化便利化，建立与高水平自由贸易港相适应的政策制度体系，建设具有国际竞争力和影响力的海关监管特殊区域，将海南自由贸易港打造成为引领我国新时代对外开放的鲜明旗帜和重要开放门户。"②

广东自由贸易试验区主要依托港澳和珠三角，服务内地、面向世界，要将自贸试验区建设成为粤港澳大湾区深度合作示范区、21世纪海上丝绸之路重要枢纽和全国新一轮改革开放先行地。其中深圳前海片区着重优化提升其深港现代服务业合作区功能，联动香港构建开放型、创新型产业体系，加快迈向全球价值链高端；广州南沙片区着重打造粤港澳全面合作示范区，充分发挥国家级新区和自贸试验区优势，加强与港澳全面合作，加快建设大湾区国际航运、金融和科技创新功能的承载区，成为高水平对外开放门户；珠海横琴片区着力建设粤港澳深度合作示范区，配合澳门建设世界旅游休闲中心，建设粤港澳物流园和中医药产业园等。作为全国全省开放型经济发展高地，广东自贸试验区对标国际高标准规则体系，不断完善开放型经济新体制，成为全国开放程度最高、发展速度最快、营商环境最优的地区之一。广东自贸试验区在营商环境改革方面在全国率先实现"二十证六章联办"的简化程序，将商事登记窗口延伸到港澳等境外地区，实现外商投资商事登记离岸办理远程注册；并实施了更短的外商投资负面清单，率先在现代服务业和先进制造业领域大幅放开外资准入。制度创新激发市场活力，截至2019年末，广东自贸试

---

① 《习近平对海南自由贸易港建设作出重要指示强调 要把制度集成创新摆在突出位置 高质量高标准建设自由贸易港》，《人民日报》2020年6月2日。
② 《习近平主持召开中央财经领导小组第十六次会议强调 营造稳定公平透明的营商环境 加快建设开放型经济新体制》，《人民日报》2017年7月18日。

验区注册市场主体居全国自贸试验区首位，并设立了全国首家外资控股证券和基金公司、外商独资船舶管理公司、外资相互保险社、外资大宗商品交易平台等。目前区内对港澳金融、法律、教育、医疗、建筑等领域开放实现一系列零的突破，集聚了港澳大部分知名企业，2019 年实际使用港澳投资 457.77 亿元，在全省实际利用港澳投资总额中占比39.78%，正不断增强其在粤港澳大湾区实施深度合作和推进开放发展的极点带动功能。

其他自贸试验区亦各具亮点。天津自贸试验区作为我国北方首个自贸试验区，战略定位为挂钩京津冀协同发展，重点发展融资租赁业、高端制造业和现代服务业；建区以来，推出全国首单知识产权证券化产品、首单飞机保税退租再租赁交易等。福建自贸试验区定位为建设深化海峡两岸经济合作的示范区和建设 21 世纪海上丝绸之路沿线国家和地区开放合作的新高地；开设大陆首家服务全球的台商独资海员外派机构、签发首本台湾地区海员证、开发台湾渔船停泊点边检管理服务系统、创新"一网三联"涉台司法服务模式等。

2017 年批准设立的辽宁自贸试验区主要功能为着力打造提升东北老工业基地发展整体竞争力和对外开放水平的新引擎；目前其吸引东北亚外资企业入驻初见成效，面向东北亚开放合作先行地效应初步形成。浙江自贸试验区肩负落实中央关于"探索建设舟山自由贸易港区"的要求之重任，就推动大宗商品贸易自由化、提升大宗商品全球配置能力进行探索，现已凸显其国际大宗商品贸易自由化先导区和具有国际影响力的资源配置基地的重要特色，已建设国际海事服务基地、国际油品储运基地、国际石化基地、国际油品交易中心等，将自贸试验区打造成东北亚保税燃料油加注和交易中心；2020 年 9 月中央决定对浙江自贸试验区扩容，其扩展区域实施范围为 119.5 平方公里，涵盖宁波、杭州、金义三个片区，着力做大该自贸试验区的优势，在继续打造以油气为核心的大宗商品资源配置基地的同时，做大做强新型国际贸易中心、国际航运和物流枢纽、数字经济发展示范区和先进制造业集聚区。河南自贸试验区着力落实中央关于加快建设贯通南北、连接东西的现代立体交通体系和现代物流体系的要求，建设服务于"一带一路"建设的现代综合交通枢纽和内陆开放型经济示范区；其跨境电商零售进口退货中心仓模式等改革试点经验国内领先，首创的1210"网购保税"进出口监管服务模式被世界海关组织作为全球推广的示范样板，围绕"一带一路"开展的多式联运"一单制"也为内陆省份开了先河。湖北自贸试验区着重承担中部地区通过承接产业转移建设一批战略性新兴产业和高技术产业基地的要求，在实施中部崛起战略和推进长江经济带建设中发挥开放引领的示范作用；目前该自贸试验区依托国家存储器基地、国家信息光电子创新中心等重大项目平台，吸引了一批国外行业龙头企业落户，逐步成为中国光通信领域最大的技术研发和生产基地。四川自贸试验区致力落实中央关于加大西部地区门户城市开放力度以及建设内陆开放战略支撑带的要求，推进内陆与沿海沿边沿江协同开放；该自贸试验区设立当年就产生了首份基于国际铁路联运的多式联运提单，实现以多式联运提单作为信用证议付凭证，进而推出"银保联合体"、供应链金融平台融资、"国际信用证+人民币结算"等创新模式，以及旨在提质降本增效的中欧班列集拼集运、宽轨段集并运输、"安智贸"试点等，从而使成都成为中欧班列发出车次最多的城市之一，截至2020年8月26日，中欧班列（成都）累计开行量在全国率先突破6000列。陕西自贸试验区着力加大西部地区门户城市开放力度，打造内陆型改革开放新高地，探索内陆与共建"一带一路"国家经济合作和人文交流新模式；该区结合区位特点，已建设"中欧""中俄"等国际合作园区；其创新的"微信办照""铁路运输舱单归并"等成果被国家推广使用，2019年进出口贸易占全省七成，实际使用外资占近四成。重庆自贸试验区着力发挥战略支点和连接点重要作用，成为实现"一带"与"一路"、"一带一路"和长江经济带无缝连接和互联互通的重要门户枢纽，带动西部大开发战略深入实施；该区率先开立全球首份"铁路提单国际信用证"并实现批量化运用，以"西部陆海新通道"建设为重点，推动多式联运创新，形成国际国内共建机制。

2019 年 8 月新设的山东、江苏、广西、河北、云南、黑龙江自由贸易试验区，试验时间尚短，但都有良好的开局。山东自贸试验区在创新发展海洋经济、深化中日韩区域合作方面，引领区域开放、环渤海区域经济发展联动效应方面大有可为；青岛片区着力打造东北亚国际贸易与航运枢纽，烟台综合保税区西区重点打造中韩贸易投资合作先行区等工作的开展已经初见成效。江苏自贸试验区南京片区着力建设具有国际影响力的自主创新先导区、现代产业示范区和对外开放合作重要平台，苏州片区着力建设世界一流高科技产业园区，连云港片区建设亚欧重要国际交通枢纽和共建"一带一路"国家（地区）交流合作平台；目前南京片区积极推动成立长三角自贸试验区联盟，并成为国内首个与上海临港新片区达成战略合作的自贸试验片区。广西自贸试验区致力于发挥广西与东盟国家陆海相邻的独特优势，着力建设服务西南中南西北出海口、面向东盟的国际陆海贸易新通道，形成 21 世纪海上丝绸之路和丝绸之路经济带有机衔接的重要门户；其中南宁片区在通关监管模式、行政审批流程优化等方面有显著的制度创新，打造全国首个国际邮件、跨境电商、国际快件"三合一"集约式监管模式，大幅压缩流程环节，出口通关时长从 8 小时压缩至 1 小时。河北自贸试验区主要承接北京非首都功能疏解和京津科技成果转化，着力建设国际商贸物流重要枢纽、新型工业化基地、全球创新高地和开放发展先行区；其中雄安片区致力于以"点单式"放权和高效审批模式为代表的营商环境改革，在制度创新和综合保税区建设上取得新突破。云南自贸试验区着力打造"一带一路"和长江经济带互联互通的重要通道，建设连接南亚东南亚大通道的重要节点，推动形成我国面向南亚东南亚的辐射中心和开放前沿；目前红河片区在传统边贸基础上，因地制宜形成电子化跨境结算、"跨境电商+边民互市"等制度创新经验，促进红河片区边民贸易出口商品种类由过去的 7 种增长到截至 2020 年末的 400 多种。黑龙江自贸试验区贯彻推动东北全面全方位振兴、建成向北开放重要窗口的要求，着力深化产业结构调整，打造对俄罗斯及东北亚区域合作的中心枢纽；目前哈尔滨片区依托建设深圳（哈尔滨）产业园，推进跨地域合作前沿，按照对深圳经验"能复制皆复制"的原则，积极寻求"带土移植"深圳体制创新政策，以实现其赶超目标。

在 2020 年 9 月国务院公布的北京、湖南和安徽自贸试验区方案中，北京自贸试验区将助力建设具有全球影响力的科技创新中心，加快打造服务业扩大开放先行区、数字经济试验区，着力构建京津冀协同发展的高水平对外开放平台；湖南自贸试验区将着力打造世界级先进制造业集群、联通长江经济带和粤港澳大湾区的国际投资贸易走廊、中非经贸深度合作先行区和内陆开放新高地；安徽自贸试验区将加快推进科技创新策源地建设、先进制造业和战略性新兴产业集聚发展，形成内陆开放新高地。北京作为首都，拥有国内领先的央企总部集群、高水平大学与科研机构集群和高科技服务业领先发展优势；中央支持人民银行数字货币研究所在北京自贸试验区设立金融科技中心，建设法定数字货币试验区和数字金融体系，依托人民银行贸易金融区块链平台，形成贸易金融区块链标准体系，加强监管创新；北京自贸试验区同时探索建设国际信息产业和数字贸易港，在风险可控的前提下，在软件实名认证、数据产地标签识别、数据产品进出口等方面先行先试。湖南自贸试验区将立足湖南工程机械、轨道交通装备等优势产业基础，在创新平台建设、数字经济发展、工业互联网建设、高端装备维修再制造、知识产权保护和运用等方面开展探索试验，加快形成参与全球产业分工竞争合作的新优势；将打造中非经贸深度合作先行区，通过建设非洲在华非资源型产品集散交易加工中心、中非经贸合作公共服务平台，以及提升对非金融服务能力等系列改革试验，进一步完善对非经贸合作新机制，开辟中非经贸合作的新增长点；打造联通长江经济带和粤港澳大湾区的国际投资贸易走廊，通过加快湘粤港澳服务业扩大开放合作和承接产业转移等举措，推动沿海与内陆地区市场一体化发展。安徽自贸试验区重点布局高科技产业、战略性新兴产业与现代商贸物流业，其中合肥片区以高端制造、集成电路、人工智能、新型显示、量子信息、科技金融、跨境电商等产业为重点，打造有全球影响力的综合性国家科学中心和产业创新中心引领区；芜湖片区以智能网联汽车、智慧家电、航空、机器人、航运服务、跨境电商等产业为重点，打造战略性新兴产业先导区和江海联运国际物流枢纽区；蚌埠片区以硅基新材料、生物基新材料、新能源等产业为重点，打造世界级硅基和生物基制造业中心、皖北地区科技创新和开放发展引领区。

从 2013 年上海自贸试验区起步，截至 2021 年底，中国各自贸试验区和自贸港的建设为时尚短，最长的上海自贸试验区建设时间为 8 年多，有 9 个自贸试验区开局时间仅为 2 年多或 1 年多，但先行先试的经验却已屡屡出新。而各自贸试验区及其片区各有特色的试验和发展目标，使我国自贸试验区在全局上系统上形成既丰富多彩又极具互补性和可相互借鉴性的特点，这无疑将大大推进其彼此互学互鉴、协同创新、携手并进的发展过程。今后自贸试验区的发展，一是要遵循国家设置自贸试验区的战略考量，继续推进制度创新和集聚国际优质资源，进一步发挥带动区域和国家开放型经济新格局、实现"双循环"新发展格局的推进器的作用；二是需要不断总结经验，其中一些成熟的可复制推广的经验，可以加快在各自贸试验区及其片区复制和推广，在保护各自贸试验区发展特色的同时，通过协同创新联手提升总体的开放发展水平；三是对条件成熟的自贸试验区及其片区，在国家总体布局下，可选择合适的时机"脱试"，建成完整意义上的自由贸易区或自由贸易港，做强做实我国开放型经济发展在世界格局中的新据点、新高地。

二 通过自由贸易协定加快建设国际合作的自由贸易区

国家间双边或多边通过自贸协定建设的自由贸易区，可以为签约各方之间的经贸合作扫除障碍，实现共赢，因此，其在国际经济竞合的博弈中获得愈益广泛的重视。从20世纪五六十年代的欧洲煤钢联营、欧洲经济共同体到后来的欧盟，再到90年代以来的北美自由贸易区、东盟自由贸易区、加勒比自由贸易区等，都属于多边合作的自贸区（协定）；而以双边协定建立的自贸区（协定）更是数以百计。因此，我们可以做出这样的判断：经济全球化与区域双边多边合作的并存发展是国际经济关系的主基调。鉴于经济结构的差异、发展水平的差异等，各国在全球化格局中往往处于不同层次或存在历史文化差异，不容易直接便捷地获得介入全球化的利益并使其最大化；而选择区域内外的双边或多边合作，通过互利互惠的自由贸易协定降低彼此的贸易与投资成本，对于其相互扶掖、抱团发展是有利的。当然，这种区域合作应该与整体经济全球化的健康发展是互补的、协同的，因而以同向性而非逆向性为宜。

党的十八大提出要加快实施自由贸易区战略。党的十八届三中全会通过的《中共中央关于全面深化改革若干重大问题的决定》提出，要"加快自由贸易区建设。坚持世界贸易体制规则，坚持双边、多边、区域次区域开放合作，扩大同各国各地区利益汇合点，以周边为基础加快实施自由贸易区战略。改革市场准入、海关监管、检验检疫等管理体制，加快环境保护、投资保护、政府采购、电子商务等新议题谈判，形成面向全球的高标准自由贸易区网络"①。党的十八大以来，加快双边、多边、区域次区域开放合作的自由贸易区建设，取得了明显进展。

---

① 《中共中央关于全面深化改革若干重大问题的决定》（2013年11月12日），《人民日报》2013年11月16日。

习近平总书记对建设这类自贸区高度重视，专门以此为专题组织中央政治局集体学习，并指出："加快实施自由贸易区战略，是我国积极参与国际经贸规则制定、争取全球经济治理制度性权力的重要平台，我们不能当旁观者、跟随者，而是要做参与者、引领者，善于通过自由贸易区建设增强我国国际竞争力，在国际规则制定中发出更多中国声音、注入更多中国元素，维护和拓展我国发展利益。"① 因此，通过与更多不同类型的发达国家、发展中国家，以及不同区域的国家如亚洲、欧洲、美洲等地的国家，组建双边或多边自贸区，对中国深度加强国际经贸合作、巩固发展国际经济关系的基本盘、学习借鉴国际经贸合作的规则与模式、表达中国对国际经贸合作的诉求和扩大话语权等，具有重要意义。

截至 2020 年 12 月，我国已经陆续与他国或我国内地（大陆）以外的独立关税区签署 19 个自贸协定，合作方遍及各大洲。这些自贸区合作方包括亚洲的东盟 10 国，以及韩国、巴基斯坦、马尔代夫等 13 个国家，美洲的智利、秘鲁、哥斯达黎加 3 个国家，大洋洲的新西兰和澳大利亚，欧洲的冰岛和瑞士，欧亚地区的格鲁吉亚，还有非洲的毛里求斯等。

其中与东盟 10 国洽谈的自贸区建设起步较早，2002 年 11 月 4 日，《中国与东盟全面经济合作框架协议》签署，自贸区建设正式启动；2004 年 11 月签订《货物贸易协议》、2007 年 1 月签订《服务贸易协议》、2009 年签订《投资协议》；2010 年 1 月 1 日自贸协定全面实施，90% 的商品实现零关税，中国对东盟平均关税从 9.8% 降到 0.1%，东盟 6 个老成员国对中国的平均关税从 12.8% 降到 0.6%；2019 年 8 月 20 日，《中华人民共和国与东南亚国家联盟关于修订〈中国—东盟全面经济合作框架协议〉及项下部分协议的议定书》正式生效，新版东盟原产地证书也同日签署。

2005 年 11 月 18 日签订《中华人民共和国政府和智利共和国政府自

---

① 《习近平谈治国理政》（第二卷），外文出版社，2017，第 100 页。

由贸易协定》，主要覆盖货物贸易和经济技术合作等内容，是我国与拉美地区国家签署的第一个自贸协定，也是我国已签署的货物贸易自由化水平最高的自贸协定之一，该协定于 2006 年 10 月 1 日正式实施。2017 年 11 月 11 日，双方签署《中华人民共和国政府与智利共和国政府关于修订〈自由贸易协定〉及〈自由贸易协定关于服务贸易的补充协定〉的议定书》，该自贸协定的升级议定书自 2019 年 3 月 1 日起正式实施，中智双方在原有自贸协定实施的货物贸易高水平自由化的基础上，承诺进一步对 54 种产品实施零关税，总体零关税产品比例达到 98%。同时，中智自贸协定升级版对原产地规则和操作程序进行了优化，证书申办时限及使用更加有利于外贸企业，内容设置也更加完善。

2006 年 11 月 24 日签订《中华人民共和国政府和巴基斯坦伊斯兰共和国政府自由贸易协定》，2019 年 4 月签署《中华人民共和国政府和巴基斯坦伊斯兰共和国政府关于修订〈自由贸易协定〉的议定书》，于同年 12 月 1 日正式生效。该议定书生效后，中巴两国间相互实施零关税产品的税目数比例从此前的 35% 逐步增加至 75%，自由化水平提高一倍以上，其中中方对 45% 的税目在协定生效后立即取消关税，并对 30% 的税目分别在 5 年内（税目占比 15%）和 10 年内（税目占比 15%）逐步取消关税；巴方同样对 45% 的税目在协定生效后立即取消关税，并对 30% 的税目分别在 7 年内（税目占比 15%）和 15 年内（税目占比 15%）逐步取消关税。此外，双方还将对占各自税目数比例 5% 的其他产品实施 20% 的部分降税。

2008 年 10 月 23 日签署《中华人民共和国政府和新加坡共和国政府自由贸易协定》，同时签署了《中华人民共和国政府和新加坡共和国政府关于双边劳务合作的谅解备忘录》。新方承诺在 2009 年 1 月 1 日取消全部自华进口产品关税；中方承诺在 2010 年 1 月 1 日前对 97.1% 的自新进口产品实现零关税。双方还在医疗、教育、会计等服务贸易领域做出了高于 WTO 的承诺。2018 年 11 月 12 日，《中华人民共和国政府与新加坡共和国政府关于升级〈自由贸易协定〉的议定书》签署，并于 2019 年 10 月 16 日生效，该议定书对原中新自由贸易协定原产地规则、海关程序与贸易便利化、贸易救济、服务贸易、投资、经济合作等 6 个领域进行了升级，并新增了电子商务、竞争政策和环境等 3 个领域，涉及的原产地规则调整于 2020 年 1 月 1 日起实施。

中韩自贸区谈判于 2012 年 5 月启动。2015 年 6 月，双方签署《中华人民共和国政府和大韩民国政府自由贸易协定》，于同年 12 月 20 日正式生效。中韩自贸协定是我国当时对外签署的覆盖议题范围最广、涉及国别贸易额最大的自贸协定。根据协定，双方货物贸易自由化比例均超过税目的 90%、贸易额的 85%；协定范围涵盖货物贸易、服务贸易、投资和规则共 17 个领域，包含电子商务、竞争政策、政府采购、环境等"21 世纪经贸议题"。同时，双方承诺在协定签署生效后以负面清单模式继续开展服务贸易谈判，并基于准入前国民待遇和负面清单模式开展投资谈判。

在大洋洲，2008 年 4 月 7 日签署《中华人民共和国政府和新西兰政府自由贸易协定》，于 2008 年 10 月 1 日正式生效。这是中国与发达国家签署的第一个自由贸易协定，也是中国与其他国家签署的第一个涵盖货物贸易、服务贸易、投资等多个领域的自由贸易协定。根据协定，新西兰在 2016 年 1 月 1 日前取消全部自华进口产品关税，其中 63.6% 的产品从该协定生效时起即实现零关税；中国在 2019 年 1 月 1 日前取消 97.2% 自新进口产品关税，其中 24.3% 的产品从该协定生效时起即实现零关税。中国还在 2015 年 6 月 17 日与澳大利亚签署《中华人民共和国政府和澳大利亚政府自由贸易协定》，于 2015 年 12 月 20 日正式生效。根据此协定，双方各有占出口贸易额 85.4% 的产品在协定生效时立即实现零关税，减税过渡期后澳大利亚最终实现零关税的税目占比和贸易额占比将达到

100%，中国实现零关税的税目占比和贸易额占比将分别达到 96.8%
和 97%。

在欧洲方面，中国—冰岛自贸区谈判于 2006 年 12 月启动并进行了 4
轮谈判，2009 年，因冰岛提出加入欧盟申请，双方谈判中止。2012 年 4
月，中冰两国领导人商定重启中冰自贸区谈判。后经 2 轮谈判，双方于
2013 年 1 月结束实质性谈判，于 2013 年 4 月 15 日签署了《中华人民共
和国政府和冰岛政府自由贸易协定》，该协定涵盖货物贸易、服务贸易、
投资等诸多领域。2013 年 7 月 6 日签署的《中国—瑞士自由贸易协定》，
是多年来我国达成的水平最高、最为全面的自贸协定之一；该协定明确
的关税减让方案于 2014 年 7 月 1 日起正式实施，瑞方对中方 99.7% 的出
口立即实施零关税，中方对瑞方 84.2% 的出口最终实施零关税；如果加
上部分降税的产品，瑞士参与降税的产品比例是 99.99%，中方
是 96.5%。

还有一批自贸区也分别创出"第一"。中国和格鲁吉亚的自贸协定于
2015 年 12 月启动谈判，2017 年 5 月签署，2018 年 1 月 1 日起正式生效，
该协定是我国与丝绸之路经济带沿线国家签署的首个自贸协定；中国出
口至格鲁吉亚 96.5% 的商品凭检验检疫机构出具的中国—格鲁吉亚自贸
协定原产地证书，可享受零关税待遇，同时我国也将对格鲁吉亚 93.9%
的进口商品实施零关税政策。中国和毛里求斯于 2019 年 10 月 17 日签署
《中华人民共和国政府和毛里求斯共和国政府自由贸易协定》，这是我国
商签的第 17 个自贸协定，也是我国与非洲国家的第一个自贸协定；中方
和毛里求斯最终实现零关税的产品税目比例分别达到 96.3% 和 94.2%，
占自对方进口总额的比例均为 92.8%。毛里求斯剩余税目的关税也将进
行大幅削减，绝大多数产品的关税最高将不再超过 15%。中国与马尔代
夫自贸协定谈判于 2015 年 12 月启动，在 2017 年 12 月 7 日签署《中华人
民共和国政府和马尔代夫共和国政府自由贸易协定》，这是马尔代夫对外

签署的第一个双边自贸协定；双方同意最终实现零关税的产品税目数和进口额占比均接近 96%，我国对马出口的绝大部分工业品及花卉、蔬菜等农产品将从中获益，马方绝大部分水产品等优势出口产品也将享受零关税待遇。

2020 年 11 月 15 日，第四次区域全面经济伙伴关系协定领导人会议以视频方式举行，东盟 10 国以及中国、日本、韩国、澳大利亚、新西兰共 15 个国家，正式签署《区域全面经济伙伴关系协定》（RCEP），标志着全球规模最大的自由贸易协定正式达成。RCEP 源于 1997 年亚洲金融危机爆发触动东亚国家加强合作的意愿，深受危机影响的东盟国家开始邀请中日韩领导人共商危机应对措施，形成 "10+3" 合作机制；此后，东盟一直致力于自贸协定的谈判，并在 2012 年发起 RCEP 谈判，邀请中国、日本、韩国、澳大利亚、新西兰、印度 6 个对话伙伴国参加，旨在通过削减关税及消除非关税壁垒，建立一个 16 国统一市场的自由贸易协定，涉及中小企业、投资、经济技术合作、货物和服务贸易等十多个领域。后经 3 次领导人会议、19 次部长级会议、28 轮正式谈判，在 2019 年 11 月 4 日，经第三次区域全面经济伙伴关系协定领导人会议通过，发表联合声明，宣布除印度因 "有重要问题尚未得到解决" 外，15 个成员国结束全部文本谈判及实质上所有市场准入谈判，并于 2020 年 11 月 15 日由 15 个成员国如期签署 RCEP。RCEP 成员国家的人口总量、经济体量、贸易总额均约占全球总量的 30%。截至 2021 年 12 月初，已有文莱、柬埔寨、老挝、新加坡、泰国、越南等 6 个东盟成员国和中国、日本、新西兰、澳大利亚、韩国完成核准，达到了 RCEP 生效条件（根据 RCEP 规定，协定生效需 15 个成员国中至少 9 个成员国批准，其中要至少包括 6 个东盟成员国和中国、日本、韩国、澳大利亚和新西兰中至少 3 个国家），因此，该协定将于 2022 年 1 月 1 日正式生效，标志着世界迄今为止经济体量最大的自贸协定进入实质性运作阶段，必将对促进贸易自由和经济全球化的健康发展发挥不可估量的作用。

除了国家间签署的自贸协定外，在一个中国的原则与前提下，基于扩大对香港特别行政区、澳门特别行政区和台湾地区开放合作，内地与香港、澳门分别签署的建立更紧密经贸关系安排的 CEPA 协议，以及与台湾签署的《海峡两岸经济合作框架协议》（ECFA），都纳入跨独立关税区的自贸协定或自贸合作区的范畴。

鉴于自贸区是当今抵御国际经贸领域保护主义、单边主义的重要抓手和平台，中国将力争与绝大部分周边国家和地区建立自贸区；同时争取同更多新兴经济体、发展中大国，以及主要区域经济集团和部分发达国家建立自贸区，形成面向全球的高标准自由贸易区网络。

中国与欧盟于 2020 年 9 月 14 日签署的《中华人民共和国政府与欧洲联盟地理标志保护与合作协定》具有重大意义，这是中国对外协商签订的第一个全面而高水平的地理标志协定；而且欧盟总体经济规模仅次于美国，也是中国对外经济合作的重点区域。地理标志是鉴别原产于一成员国领土或该领土的一个地区或一地点的产品的标志，该标志表明产品的质量、声誉或其他确定的特性应主要决定于其原产地，因此，对地理标志的互认有利于双边贸易，并且有利于提升各自产品的国际影响力。该协定谈判于 2011 年启动，历时 8 年，2019 年 11 月，中欧双方宣布结束谈判。2020 年 7 月 20 日，欧盟理事会做出决定，授权签署《中华人民共和国政府与欧洲联盟地理标志保护与合作协定》，该协定将确保来自中国和欧盟的地理标志在对方市场上得到保护。2020 年 9 月 14 日，中欧双方领导人共同举行视频会晤，宣布正式签署该协定。该协定包括十四条和七个附录，主要规定了地理标志保护规则和地理标志互认清单等内容，2021 年 3 月 1 日生效。根据协定，纳入协定的地理标志将享受高水平保护，并可使用双方的地理标志官方标志等。协定附录共纳入双方各 275 个地理标志产品，主要覆盖农产品和食品领域，其中首批为各自 100 个品种；协定生效 4 年后，双方将各追加 175 个品种。这一协定的签署，也为今后中欧深化贸易自由化合作打下了良好基础。

习近平主席在第二届中国国际进口博览会开幕式上的主旨演讲向世界重申中国继续深化多双边合作的愿望，在肯定了《区域全面经济伙伴关系协定》（RCEP）谈判进展的同时，进一步提出："中国愿同更多国家商签高标准自由贸易协定，加快中欧投资协定、中日韩自由贸易协定、中国—海合会自由贸易协定谈判进程。中国将积极参与联合国、二十国集团、亚太经合组织、金砖国家等机制合作，共同推动经济全球化向前发展。"[①] 这里所指出的就是我们当前推进多边和双边经贸合作机制与合作平台建设的重点工作与发展方向。截至 2020 年 11 月，我国除与柬埔寨发布联合声明宣布完成自由贸易谈判外，正在积极推进的自贸区协定谈判及进入操作性研究的还有（但不限于）与斯里兰卡、以色列、挪威、摩尔多瓦、巴拿马、哥伦比亚、斐济、尼泊尔、孟加拉国、蒙古国等一批国家的谈判，以及与新西兰、秘鲁、韩国、瑞士等的自贸区升级谈判等。其中中欧投资协定从 2013 年启动谈判，经过 7 年间 35 轮磋商，于 2020 年 12 月 30 日由双方领导人宣布完成，该协定将待双方各自完成内部批准程序后生效。

[①] 《习近平谈治国理政》（第三卷），外文出版社，2020，第 212 页。

第六章　形成"双循环"新发展格局

"抓经济发展，首先要明大势、掌大势，顺势而为。"[①] 这是我们在坚持发展是第一要务的前提下，科学拟定发展方针、确定发展方向和发展战略的基本思路。

进入 21 世纪特别是第二个十年以来，国内国际经济社会发展呈现两大新态势。在国内，随着我国经济社会进入新时代，社会主要矛盾发生相应变化，已转变为人民日益增长的美好生活需要和不平衡不充分的发展之间的矛盾，这不仅表现为消费引领对经济增长的拉动作用愈益重要，从而对供给侧的创新发展提出更高要求，同时还表现为国内区域间发展仍不平衡和不少地区发展较不充分的状况，从而对统筹优化国内国际发展格局，加强国内外资源配置的全局考量，提出了更新更高要求。国际社会当今正面临世界经济格局和全球治理体系一系列新矛盾新挑战新机遇带来的重大变局，而 2020 年全球突发的新冠肺炎疫情也直接影响了世界经济的发展格局并引起各经济体的不同反应，使世界百年未有之大变局又增添了新的影响因素。

---

① 习近平：《在党的十八届六中全会第二次全体会议上的讲话》（2016 年 10 月 27 日），《习近平关于社会主义经济建设论述摘编》，中央文献出版社，2017，第 110 页。

面对新形势新挑战，中国必须走出自己的稳中求进的发展新路。2020年4月，习近平在中央财经委员会第七次会议上提出了构建"双循环"新发展格局的战略构思："大国经济的优势就是内部可循环。我国有14亿人口，人均国内生产总值已经突破1万美元，是全球最大最有潜力的消费市场。居民消费优化升级，同现代科技和生产方式相结合，蕴含着巨大增长空间。我们要牢牢把握扩大内需这一战略基点，使生产、分配、流通、消费各环节更多依托国内市场实现良性循环，明确供给侧结构性改革的战略方向，促进总供给和总需求在更高水平上实现动态平衡。扩大内需和扩大开放并不矛盾。国内循环越顺畅，越能形成对全球资源要素的引力场，越有利于构建以国内大循环为主体、国内国际双循环相互促进的新发展格局，越有利于形成参与国际竞争和合作新优势。"[1] 在同年5月全国"两会"期间，习近平进一步提出："面向未来，我们要把满足国内需求作为发展的出发点和落脚点，加快构建完整的内需体系……逐步形成以国内大循环为主体、国内国际双循环相互促进的新发展格局，培育新形势下我国参与国际合作和竞争新优势。"[2] 新发展格局的构建及运行，是我国进入新时代和从实现全面小康走向全面建成现代化国家必然的战略抉择。

第一节　"双循环"新发展格局的战略构思

习近平指出："推动形成以国内大循环为主体、国内国际双循环相互促进的新发展格局是根据我国发展阶段、环境、条件变化提出来的，是重塑我国国际合作和竞争新优势的战略抉择。"[3] "我们要科学分析形势、

---

① 习近平：《国家中长期经济社会发展战略若干重大问题》，《求是》2020年第21期。
② 《习近平在看望参加政协会议的经济界委员时强调　坚持用全面辩证长远眼光分析经济形势　努力在危机中育新机于变局中开新局》，《人民日报》2020年5月24日。
③ 《习近平主持召开经济社会领域专家座谈会强调　着眼长远把握大势开门问策集思广益研究新情况作出新规划》，《人民日报》2020年8月25日。

把握发展大势，坚持稳中求进工作总基调，坚持新发展理念，统筹发展和安全，珍惜发展好局面，巩固发展好势头，加快形成以国内大循环为主体、国内国际双循环相互促进的新发展格局。"① 要做好"双循环"这篇大文章，我们必须加强认识，科学部署，落实举措，扎实推进。

一 "双循环"新发展格局的含义

科学认识"以国内大循环为主体、国内国际双循环相互促进的新发展格局"的内涵与要求，是我们在实践中构建好这一新发展格局的前提。"双循环"是基于中国所处的国内外发展环境，运用辩证唯物主义和历史唯物主义思想方法得出的。

"双循环"在内涵上包含两个基本层次。

（一）以国内大循环为主体，是中国作为发展中大国的必然选择

经济全球化背景下的国际经验表明，各国经济发展必然需要用好国内国外两种资源、两个市场、两大循环。但具体结合各国实际，其经济发展由内外循环带来的贡献，在经济总量中的占比并不完全一致。较小的经济体，其内循环空间有限，不可能建立满足自身需要的庞大而完善的产业体系，这既与资源局限有关，又与囿于市场的狭小自主产业体系无法达到规模效益而令多数产业构建的成本高昂相关。而一个大国，国内市场容量巨大，有利于实现国内产业分工体系建设的规模效益，其只要善于利用国内国际市场，协同优化资源配置，内循环既应该也必然可以成为带动经济发展的主要依托。因此，大国以内循环为主体是普遍规律。

如果我们以经济的外向度（外贸额/GDP）作为重要的观察指标，选

---

① 《习近平在基层代表座谈会上强调　把加强顶层设计和坚持问计于民统一起来　推动"十四五"规划编制符合人民所思所盼》，《人民日报》2020年9月20日。

取美国和新加坡这两个人均 GDP 水平相似的发达经济体为例，可以更直观地看出，即使发展水平相近，内外循环的占比在不同规模国家间的差异也是明显的。新加坡作为一个地理空间小、人口容量少的城市型国家，对世界市场的依赖度很大，2019 年其 GDP 为 3720.6 亿美元，而对外贸易额则高达 7494.8 亿美元，其经济外向度达到 2.014（201.4%）；而经济总量居全球之首的最大发达国家美国，同年 GDP 为 21.43 万亿美元，对外贸易额 42139.98 亿美元，其经济外向度是 0.197（19.7%），新加坡的经济外向度指标是美国的 10 倍多。①

中国不仅是大国，而且是发展中大国，其以内循环为主体的必要性与可能性就越发凸显。作为发展中大国，国内的发展始终是第一位的，邓小平提出的发展才是硬道理、习近平强调的发展是我们党执政兴国的第一要务，都是从中国实际出发的治国理政的基本原则。正如习近平指出，我国当前"正处于新型工业化、信息化、城镇化、农业现代化快速发展阶段"②，虽然我国在改革开放以来取得长足的发展，但"我国发展不平衡不充分问题仍然突出，创新能力不适应高质量发展要求，农业基础还不稳固，城乡区域发展和收入分配差距较大，生态环保任重道远，民生保障存在短板，社会治理还有弱项"③。因此，以国内大循环为主体，既是中国巩固提升发展成果，解决发展中的不平衡不充分问题，突破中等收入陷阱，向现代化迈进的必然要求，同时也是因为中国作为世界人口最多的最大发展中国家，具有最强的内需市场潜力，同时也已形成最丰富的产业体系及最具规模的人才群体，构建以内循环为主体的新发展

---

① 外向度数据根据联合国贸发会议公布资料计算。经济外向度指标体现一国经济增长对国际市场的依存度，在体现外循环作用方面有重要意义。但从学术视野看，一国经济与国际市场的联系当然还包括使用外资、引进技术、人才等非贸易方式的交流。此处选择美国与新加坡对比，既考虑大国与小国的比较，亦考虑同为发达经济体的可比性，新加坡与美国 2019 年各自的人均 GDP 都在 6.5 万余美元的水平。

② 《习近平在看望参加政协会议的经济界委员时强调 坚持用全面辩证长远眼光分析经济形势 努力在危机中育新机于变局中开新局》，《人民日报》2020 年 5 月 24 日。

③ 习近平：《在经济社会领域专家座谈会上的讲话》，人民出版社，2020，第 3 页。

格局具有深厚潜力和高度可行性。

（二）国内国际双循环相互促进是培育国际合作与竞争新优势的必然走向

在市场决定资源配置条件下，国内大循环与国际大循环的关系在总体上不是简单的板块式的相互排斥的关系，而是不可割裂的相互影响、相互促进的关系，体现了事物发展的辩证规律。

一方面，国内大循环必将增进中国在国际大循环中的地位和竞合能力。这基于三个理由：一是国内大循环将结合互联互通及新基建等因素，缩小国内区域间基础设施建设的差异，为中国内陆广大区域更便捷地对接国际市场提供便利；二是国内大循环在加快国家特别是内陆地区经济发展水平的同时，带来更多投资机会，为看重中国市场潜力的外商投资企业在华扩大投资提供更广阔的市场空间；三是在国内大循环中，中国内陆地区的就业水平和市场消费能力都将有量和质的快速提升，对进口商品和国际服务业的消费需求也将相应增长。这些因素都对中国的进出口贸易、使用外资和丰富其他方式的国际经济交流发挥持续的促进作用。

另一方面，国际大循环也将继续促进国内大循环的发展。其一，以开放促改革促发展，是我国既往的改革开放历史所验证的重要经验；广大内陆地区不断推进开放型经济发展，必将进一步促进内陆与沿海地区在发展观念、制度创新等方面的差距不断缩小，有利于提升内循环发展的速度、效益和质量。其二，通过构建全面开放新格局，国内营商环境普遍优化，国际先进技术、资金和我们需要的国际产品均可更多进入内陆广大腹地，对内陆供给侧结构性改革将产生进一步的推动作用，促进内循环水平的提高。

从世界经济在二战后直至 21 世纪初的数十年发展史可见，这一时期是世界经济增长最快的时期，而许多国家正是在这一时期乘势而上，并反过来回馈于全球经济增长。中国是当前世界贸易第一大国、使用外资最多的发展中经济体，同时在对外投资方面也迅速扩大并成为发展中国家国际投资第一大国。当前提出并实施以国内大循环为主体，并不意味着对国际大循环将形成"挤出效应"，恰恰相反，国内大循环的效益增长中，必然包括由此吸引的国际大循环的增量因素；而国际大循环不仅不能放弃或削弱，而且要进一步做强，在使之形成对国内大循环更好的积极推进作用的同时，使我国在全面做强内循环、做好双循环相互促进中，培育提升我国国际合作与竞争的新能量、新优势。

二　以国内大循环为主体

以国内大循环为主体，在中国经济发展中具有显著的现实必要性。习近平提出："只有立足自身，把国内大循环畅通起来，才能任由国际风云变幻，始终充满朝气生存和发展下去。要在各种可以预见和难以预见的狂风暴雨、惊涛骇浪中，增强我们的生存力、竞争力、发展力、持续力。"以国内大循环为主体，重点在于"建立起扩大内需的有效制度，释放内需潜力，加快培育完整内需体系，加强需求侧管理，扩大居民消费，提升消费层次，使建设超大规模的国内市场成为一个可持续的历史过程"。①

（一）"双循环"构成我国发展的重大历史机遇

"双循环"新发展格局的提出，为国内和国际社会展示了中国新发展阶段的重大历史机遇。

首先，以国内大循环为主体，是我们党对中国发展新形势下客观规

---

① 《习近平在省部级主要领导干部学习贯彻党的十九届五中全会精神专题研讨班开班式上发表重要讲话强调　深入学习坚决贯彻党的十九届五中全会精神　确保全面建设社会主义现代化国家开好局》，《人民日报》2021 年 1 月 12 日。

律作用趋势的深化认识和自觉运用，这将为我国经济发展开创新的巨大空间，创造新的历史机遇。要清醒地看到这样的历史机遇："未来一个时期，国内市场主导国民经济循环特征会更加明显，经济增长的内需潜力会不断释放。我们要坚持供给侧结构性改革这个战略方向，扭住扩大内需这个战略基点，使生产、分配、流通、消费更多依托国内市场，提升供给体系对国内需求的适配性，形成需求牵引供给、供给创造需求的更高水平动态平衡。"[①] 特别是我国目前沿海和内陆、城市与乡村、东部与西部等仍存在较明显的发展差距，这种差距就是先进生产要素配置的重大机遇，就是经济发展的深厚潜力；内循环潜力的充分挖掘，包括新基建在内的广大内陆投资空间的进一步拓展，包括 14 亿人口消费水平提升的强大后劲，对我国在实现全面小康后走向现代化的进程，必然发挥最基础最根本最持续的作用。

其次，以国内大循环为主体，为进一步扩大开放、吸引国际资源提供了巨大的历史机遇。从经济全球化的发展状态看，国际资本及各种生产要素的流动，主要是遵循市场的规律，优先选择进入市场潜力大或辐射力强或营商环境宽松的地点。我国的改革开放进程在一定意义上是市场开放的进程，一方面国内区域间的市场壁垒被打破，另一方面国内市场逐步向国际生产要素和商品开放。在国内市场对外开放条件下，境外企业在我国的投资，不仅考虑营商环境的便利度等，也考虑产业链供应链的条件等，而其最看重的是中国市场不仅巨大，而且在世界上保持稳定增长的良好态势，这是外资企业总体上在华得以不断做大做强的最大利好。既往的大量事实也揭示了许多外资企业包括知名大企业，在近年来国际市场不景气的情况下，其盈利来源主要是中国市场。所以，我国明确以国内大循环为主体，将引导更多资源配置于需要加快发展的内陆广大空间，这同时意味着向国际市场的商品与资本更多进入中国发出明

---

① 习近平：《在经济社会领域专家座谈会上的讲话》，人民出版社，2020，第 5 页。

确信号，为进一步扩大和优化吸纳国际资本、技术等打造新机遇，创造新条件。

最后，内陆地区通过"双循环"更多更便利地融通国内外市场，将大大促进国内区域间市场资源配置差异缩小，由此在促进广大腹地增进发展和培育内陆企业更多对接国际市场的同时，为带动内陆腹地的市场主体融入"双循环"大格局提供重要机遇。

（二）扩大内需，激发国内消费潜力

扩大内需，激发国内消费潜力，是做实做强国内大循环的基本立足点。习近平总书记做了这样的分析："自 2008 年国际金融危机以来，我国经济已经在向以国内大循环为主体转变，经常项目顺差同国内生产总值的比率由 2007 年的 9.9%降至现在的不到 1%，国内需求对经济增长的贡献率有 7 个年份超过 100%。"[①] 确实，我国经济的外向度在 2007 年时高达 61.2%，2012 年降至 45.3%，2019 年进一步回落到 31.9%；而外贸额从 2007 年的 21738 亿美元上升至 2019 年的 45753 亿美元，增长一倍多。因此，经济外向度的下降主要源于国内需求上升带来的经济总量的更快增长，我国 GDP 从 2007 年的 3.55 万亿美元增至 2019 年的 14.34 万亿美元，增长 3 倍多。可见，国内需求在当前中国发展中的牵引力、支撑力在迅速增强。在这一新的发展条件下，进一步把扩大内需作为促进发展的主攻方向，既有国际大循环形势变化的因素，更有基于国内内在的经济增长动力结构与绩效提升的考虑。

从动力结构看，通常所说的牵引经济增长的"三驾马车"即消费、投资与出口，其各自的贡献度与一国的规模、所处的发展阶段及各种发展条件的变化有关。但内需以消费为主要牵引力是一个较大且走向成熟的经济体持续发展的一种常态。进一步分析，则以消费拉动作为经济发

---

① 习近平：《在经济社会领域专家座谈会上的讲话》，人民出版社，2020，第 5 页。

展的最重要的动力源，符合我国以人民为中心的根本发展理念，符合我国以发展解决新时代发生变化的社会主要矛盾的客观需要。

以国内大循环为主体，要坚持以内需增长、消费拉动作为国内发展水平提升的最重要的牵引力量。我国在 2020 年实现了全面小康，这是中国发展史上一个重要的里程碑。站在新的历史起点，我们可以看到，全面小康意味着全面消除贫困，但同时依然存在国内各地区、各群体之间的初步小康、较宽裕的小康、先行富裕等发展水平的差异。按照世界银行划分的标准，中国整体上在多年前就已成为上中等收入经济体，即使以各省区市单独测算，2019 年人均地区生产总值最低的甘肃按美元计算也已达到 4783 美元，高于世界银行划定的进入上中等收入经济体的现行门槛 4046 美元，这当然是我国坚持以发展来解决发展中的问题所取得的重大成就。但与此同时，发展不平衡不充分的问题确实存在。比如，2019 年，人均地区生产总值最高的北京是最低的甘肃的 4.98 倍；如不考虑直辖市的特殊条件，则江苏的人均值（12.36 万元）为甘肃的 3.30 万元的 3.75 倍。若按全国 2019 年人均 GDP 70892 元为基准，则高于平均值的仅有 9 个省市，尚有 22 个省级行政区低于这个平均值。① 这在反映发展的不平衡不充分的同时，也揭示了我国扩大内需存在极为丰厚的潜力，即在全国总体上从上中等收入国家向高收入国家迈进的同时，一些经济发展水平尚低于当前全国平均水平的区域，将通过我国全局性的加大国内大循环的资源配置，获得更快增长的机会。

要加强内需增长、消费拉动对内循环效益的作用，一是要采取鼓励沿海发达地区先进产业向内陆辐射的政策，并由此带动内陆腹地就业率、就业质量和生产要素配置水平的全面提升，以经济增长夯实内陆地区消费者购买力提升的物质基础；二是要考虑国内区域间发展水平存在的梯

---

① 依据 2020 年上半年国家统计局及各省级行政区公布的统计公报相关数据，部分由作者据此计算得出。

度差异，从产品的需求上看，中国市场的产品是极其丰富的，要以需求引领和组织有效供给，使供给更好地对接各地市场的实际需求，服务于多层次的需求；三是供给侧结构性改革应当在总体提升质量、加强创新驱动的同时，善于发挥自身引导需求的作用，形成需求牵引供给、供给创造需求的良性互动，形成水平更高的动态平衡，缓解不平衡不充分发展问题；四是要加强需求侧管理，培育新型消费方式，全面优化消费环境，把扩大消费同改善人民生活品质结合起来，促进消费向绿色消费、健康消费、安全消费发展，稳步提高城乡居民消费水平；五是要打造优质的区域消费中心和建设国际消费中心城市，提升消费美誉度，进一步吸纳境内外消费力。

（三）优化投资拉动作用

投资拉动在经济增长中具有较强的乘数效应，即可以通过一定量的投资，对上游原材料、设备的供给提出有效需求，并由投资项目吸纳就业人口以引发消费力增长；同时引导下游产业发展，包括提供其他产业发展的支撑条件，如此层层传递，激活并放大上下游产业及左右平行配套领域各环节的投资，使产业链供应链得以延伸发展，产生数倍于初始投资额的市场需求和相应的资金运动。因此，在国内大循环推进中，要优化投资结构，提高投资效率，保持投资合理增长。

基础设施建设是多年来我国拉动经济增长的重要投资领域，其对工业、流通产业、旅游产业及就业的带动作用巨大。中国的高铁里程、高速公路里程、发电量等多年来均居世界第一位，地铁通车里程也已居世界第一位，传统基础设施投资对经济增长的拉动作用仍将持续。与此同时，有别于传统基础设施的新基建在 2018 年 12 月中央经济工作会议上被首次提出。2020 年 4 月，国家发展改革委首次明确了"新基建"的范围。2020 年 5 月十三届全国人大三次会议上的政府工作报告就扩大有效投资的问题做出阐述："重点支持既促消费惠民生又调结构增后劲的'两新一重'建设，主要是：加强新型基础设施建设，发展新一代信息网络，拓展 5G 应用，建设数据中心，增加充电桩、换电站等设施……加强新型城镇化建设，大力提升县城公共设施和服务能力，以适应农民日益增加的到县城就业安家需求。新开工改造城镇老旧小区 3.9 万个，支持管网改造、加装电梯等……加强交通、水利等重大工程建设。增加国家铁路建设资本金 1000 亿元。"① 这是新基建首次被写入国务院的政府工作报告。新基建的范畴体现了新技术、新领域、新动能的应用与辐射带动作用，对生产领域的技术改造、创新，对城市建设的更新与智慧城市建设，对国家治理体系和治理能力现代化建设所需的技术设施依托能力的增强，这些对于中国整体基础设施保持全球领先的发展水平、进一步夯实中国在未来世界经济发展领域的地位和影响力，都具有重要意义。

以投资促进内需增长和带动内循环做大做实，除传统基础设施建设及新基建外，还需要根据供给侧结构性改革的要求，在为广大内陆腹地形成产业布局和造血机制、构建现代化经济体系时，进行产业规划的科学论证，并依托市场对资源配置的决定性作用，积极引导社会资本深耕制造业、农业、流通产业以及生产服务业与生活服务业等。其中因地制宜发展实体经济是产业选择的一个原则，要求避免简单的产业复制，以免形成新的产能过剩；因地制宜既包括适应资源禀赋条件，也包括适应市场需求特点的变化，还包括对接相应产业链供应链的条件和相应要素的获得性等因素。

优化投资拉动内需的另一个重要的要求是广辟资金来源。其基本原则是实行多元化融资，吸引国内外资本参与，并利用好金融市场的融资功能。中国目前的资本市场发展态势良好，香港交易所 2019 年 IPO 集资额居全球

第一位，内地的深交所与上交所 2019 年交易额居全球第三、四位，交易额均超过东京、伦敦等国际重要的老牌证券交易所，2021 年 9 月成立的北京证券交易所又为中国创新型企业搭建了新的融资平台；而以人民币计价的中国国债和政策性银行债券自 2019 年 4 月起先后被宣布纳入彭博巴克莱全球综合指数（BBGA）、摩根大通全球新兴市场多元化指数（GBI-EM）和富时世界国债指数（WGBI），这为我国进一步提升债券市场流动性，不断深化中国债券市场制度性、系统性开放，为广大国际投资者提供更加友好、便利的投资环境，逐步形成以国内大循环为主体、国内国际双循环相互促进的新发展格局开辟了更宽阔的融资渠道。与此同时，必须完善投资绩效评价体系，特别是对财政投资绩效的全程评价，确保投资效益；必须重点鼓励、支持有利于高质量发展的实体经济领域投资，对金融市场融资也必须强化风险防范化解机制，这是"六稳"中的稳金融、稳投资的题中应有之义，是必须坚持的底线思维，"既要有防范风险的先手，也要有应对和化解风险挑战的高招"[1]。

三　加强国内国际双循环相互促进

习近平指出："新发展格局决不是封闭的国内循环，而是开放的国内国际双循环。""我们认为，国际经济联通和交往仍是世界经济发展的客观要求。我国经济持续快速发展的一个重要动力就是对外开放。对外开放是基本国策，我们要全面提高对外开放水平，建设更高水平开放型经济新体制，形成国际合作和竞争新优势。要积极参与全球经济治理体系改革，推动完善更加公平合理的国际经济治理体系。"[2] 因此，以国内大循环为主体，并不是要主动减弱国际大循环的参与，而是坚持国内国际双循环相互促进。正如《中华人民共和国国民经济和社会发展第十四个

---

[1]　《习近平谈治国理政》（第三卷），外文出版社，2020，第 220 页。
[2]　习近平：《在经济社会领域专家座谈会上的讲话》，人民出版社，2020，第 5、8 页。

五年规划和 2035 年远景目标纲要》提出的："立足国内大循环，协同推进强大国内市场和贸易强国建设，形成全球资源要素强大引力场，促进内需和外需、进口和出口、引进外资和对外投资协调发展，加快培育参与国际合作和竞争新优势。"①

（一）坚持以开放促改革促发展

坚持国内国际双循环相互促进，是国内大循环不能封闭运行的客观需要。自 1978 年底党的十一届三中全会开创改革开放、建设中国特色社会主义事业以来，中国形成了改革与开放互动互促从而带动国家加快发展的良好态势。以开放促改革促发展是我们取得成功的一个重要法宝。习近平明确指出："实践证明，过去 40 年中国经济发展是在开放条件下取得的，未来中国经济实现高质量发展也必须在更加开放条件下进行。这是中国基于发展需要作出的战略抉择。"② 在构建国内国际双循环新发展格局时，"要塑造我国参与国际合作和竞争新优势，重视以国际循环提升国内大循环效率和水平，改善我国生产要素质量和配置水平，推动我国产业转型升级"③。

所以，正确认识和处理国内大循环与国际大循环的关系，以开放促进国内的改革与发展，是中国实现经济高质量发展即高质量的国内大循环所必须坚持的基本方针。开放发展的历史经验证明，各国各民族都有其长处和不足，借鉴他人经验，结合自身实际，进行技术创新、制度创新、管理创新、市场创新等，是加快本国发展的正确选择。相反，若如当今世界某些大国强化保守主义、单边主义和经济霸凌主义那样排斥平

---

① 《中华人民共和国国民经济和社会发展第十四个五年规划和 2035 年远景目标纲要》，《人民日报》2021 年 3 月 13 日。
② 《习近平谈治国理政》（第三卷），外文出版社，2020，第 194 页。
③ 《习近平在省部级主要领导干部学习贯彻党的十九届五中全会精神专题研讨班开班式上发表重要讲话强调　深入学习坚决贯彻党的十九届五中全会精神　确保全面建设社会主义现代化国家开好局》，《人民日报》2021 年 1 月 12 日。

等合作，不仅不利于国际社会经济的整体发展，也必将制约自身的经济发展。所以我们要更主动更全面地构建开放型经济新格局，以完善我国"双循环"的新发展格局，使新发展格局更能行稳致远。

（二）正确处理自主创新和国际交流合作的关系

创新是发展的第一动力，也是实现"双循环"良性运行的第一动力。一方面，只有坚持创新，才能不断提升"双循环"的质量；另一方面，只有坚持把国内的自主创新和国际科技合作创新结合起来，使二者相互促进、相互融合，才能更快更好地提升"双循环"的发展绩效。所以，"以国内大循环为主体、国内国际双循环相互促进"的发展命题，在科技创新领域就相应表现为以自主创新为主体、国内自主创新和国际科技合作创新互相促进的创新格局。习近平在 2020 年 9 月召开的科学家座谈会上就加强国际科技合作问题明确指出："国际科技合作是大趋势。我们要更加主动地融入全球创新网络，在开放合作中提升自身科技创新能力。越是面临封锁打压，越不能搞自我封闭、自我隔绝，而是要实施更加开放包容、互惠共享的国际科技合作战略。一方面，要坚持把自己的事情办好，持续提升科技自主创新能力，在一些优势领域打造'长板'，夯实国际合作基础。另一方面，要以更加开放的思维和举措推进国际科技交流合作。"①

因此，我们要把持续提升自主创新能力放在首要位置，"创新主动权、发展主动权必须牢牢掌握在自己手中"②。这是我们建设现代化国家和实现中华民族伟大复兴的重要根基。持续做强自主创新能力，就可以为防范化解国际科技合作领域出现重大政治干扰等风险构筑起强大的防御体系；就可以减轻受制于人的被动状态的影响，敢于占领当代科技发

---

① 习近平：《在科学家座谈会上的讲话》，人民出版社，2020，第 10 页。
② 《习近平在扎实推进长三角一体化发展座谈会上强调　紧扣一体化和高质量抓好重点工作 推动长三角一体化发展不断取得成效》，《人民日报》2020 年 8 月 23 日。

展的前沿阵地；就可以对国际科技合作产生强大的磁石效应，构成吸引国际科技合作的雄厚基础。

当今科技发展的速度不断加快，在许多重要的科技领域不断形成多国科技工作者和相关研究机构、企业比肩而行的态势。我们主动参与和积极推进国际科技交流合作，对于互相借鉴创新思路和经验，加快创新成果的研发与投入应用，具有非常重要的意义。因此，我们要积极倡导国际科技合作，加快国际科技协同创新，让人类更多更快分享有益于促进经济发展、促进人与环境和谐友好和不断造福民生的科技成果。例如，在 2020 年面临新冠肺炎疫情冲击的时候，我们党和政府不仅动员全国医务人员投入抗疫和治病救人工作并取得迅速而显著的成效，而且及时启动自主创新的疫苗研发工作；与此同时，主动向国际社会表明开展国际合作进行疫苗研发和联手抗疫的意愿，以构建人类卫生健康共同体。习近平主席在 2020 年 5 月 18 日第 73 届世界卫生大会视频会议开幕式上的致辞就明确表达了加强国际相关科技合作的建议："要加强信息分享，交流有益经验和做法，开展检测方法、临床救治、疫苗药物研发国际合作，并继续支持各国科学家们开展病毒源头和传播途径的全球科学研究。"[1] 习近平主席向世界阐述的这一理念，表达了我国在科技创新领域开放合作的积极姿态。

当前，进一步加强国际科技合作交流，需要重点从以下五个方面着手做好相关工作。一是要抓住抗疫科技交流合作的契机，强化国际科技合作机制。新冠病毒带来的全球疫情，客观上助推了新技术的快速应用，对社会生产与生活方式产生了重大影响，人工智能、大数据、远程诊疗、云计算等技术为国际抗疫提供了有力支持，远程办公、在线会议、网络课堂等也为疫情下保证各类组织工作有序开展提供了重要的新载体新路径。这些技术给国际合作提供了新的机遇，我们要抓住机遇，发挥中国

---

① 《习近平在第 73 届世界卫生大会视频会议开幕式上致辞》，《人民日报》2020 年 5 月 19 日。

站在抗疫前沿的优势，促进国际科技交流新机制的构建。二是要发挥各类科技交流平台的作用，如中国北京国际科技产业博览会（前身为1998年创办的中国北京高新技术产业国际周）、1999年开创的每年在深圳举办的中国国际高新技术成果交易会、2019年在北京首次举办的首届世界科技与发展论坛，以及各种专业领域的国际会议会展等。要通过进一步打造品牌，深化构建国际科技合作机制，拓宽拓深合作路径。三是要在引进外资企业特别是发展总部经济时，更重视高技术企业及企业研发总部；同时，企业"走出去"建立海外研发机构，也是实施国际化科技合作的一个抓手。四是国际科技合作要兼及两个层面：基础研究及应用研究。基础研究涉及原创性理论与方法，应用研究直接对接产业升级及产业链竞争力。五是要多渠道开展国际合作，"凡是愿意同我们合作的国家、地区和企业，包括美国的州、地方和企业，我们都要积极开展合作，形成全方位、多层次、多元化的开放合作格局"①。所以，要发挥国家、地区、企业、高校和科研机构、行业组织等在国际科技交流合作中的作用，以及鼓励学术界、企业界、创业者、青少年等各类人员参与，以广辟渠道广纳群力，开创国际科技合作的新局面。

（三）不断拓展"双循环"相互促进的发展路径

构建国内国际双循环相互促进的新发展格局，需要拓展思路、广辟路径。

首先，经济发展水平领先的我国沿海地区，要利用改革开放以来在科技、人才、资金等方面的先行积累，更进一步研究与内陆广大腹地的对接方式和对接路径，发挥先行发展的辐射带动作用，带动内循环水平的提升。要发挥好各省级及省级以下行政单元的能动性，其中沿海地区的中心城市和门户枢纽，以及内陆近年来发展态势良好的超大、特大城

---

① 习近平：《在经济社会领域专家座谈会上的讲话》，人民出版社，2020，第8页。

市，要牵头加强与内陆其他城市的合作，构建网络化的合作体系，促进资源内循环的顺畅；而内陆地区要进一步加快发展观念的更新，在国内大循环中扮演更主动的角色。

其次，要发挥市场在配置资源方面的决定性作用，以产业为载体，发挥好企业和企业组织的作用。习近平在 2020 年 7 月召开的企业家座谈会上提出，"优秀企业家必须对国家、对民族怀有崇高使命感和强烈责任感，把企业发展同国家繁荣、民族兴盛、人民幸福紧密结合在一起，主动为国担当、为国分忧"①。参与和推进国内大循环，是广大企业的责任，也是广大企业的利益所在。发达地区的企业应通过加大对内陆地区投资的力度来挖掘内地市场、激活内地经济发展的内生动力；行业龙头企业和各地行业组织都可以在推进区域间的企业合作、产业链合作、供应链合作等方面发挥引领性的作用并广开渠道。此外，经济较发达的地区与内陆其他地区可以互建行业性商会驻对方的办事机构，或组建其他形式的合作机制和共享平台，以此带动更广泛的市场主体共同参与，形成内外联通加强合作的网络结构，巩固合作纽带与优化合作机制。

最后，要把做好"双循环"工作纳入各级发展规划，包括中长期规划，并制订与完善相应的政策体系，以利于"双循环"资源配置更加科学合理，促进"双循环"资源利用效益的最大化。要考虑各地在参与国内大循环和国际大循环方面的基础、条件及能力等方面的不一致性，各地对"双循环"的推进不宜强求一个口径，而应因地制宜、实事求是。比如在参与国际大循环方面，那些开放程度高的区域与行业，要在以国际大循环促进国内大循环方面多下功夫；而直接对接国际市场的条件尚存在明显不足的区域，应更多着力做好国内及区域的经济发展工作，以做强内循环的功力，逐步提高吸引国际资源与介入国际市场的竞争力。

国内国际双循环是环环相扣的多圈层的大系统。正如国际大循环涉

---

① 习近平：《在企业家座谈会上的讲话》，人民出版社，2020，第 6 页。

及的经济全球化与区域经济合作可以相辅相成一样，我国"双循环"的新发展格局并不排除各大区域、各省（区、市）及省（区、市）内区域的一定程度的内循环深化与外循环参与，这是一种大系统与子系统的关系。例如广东省提出的"一核一带一区"，即珠江三角洲为带动全省发展的核心区，粤东粤西沿海地带着重打造沿海经济带，北部山区主要打造生态发展区；而它们之间的互动互促使发展效益得到提升，不仅可以反映广东省域次于全国范围的内循环质量的提高，也有利于广东在缓解省内区域发展差异的同时，以更强的省域经济实力，为全国的国内大循环发挥更强有力的支撑作用。而广东外向型经济在珠三角的领先优势，更可以通过粤港澳大湾区的合作发展，辐射带动全省和对全国的"双循环"做出更大贡献。

第二节　新发展格局需要创新驱动

创新是发展的第一动力，同样是构建新发展格局的主要动力。习近平指出："加快科技创新是构建新发展格局的需要。推动国内大循环，必须坚持供给侧结构性改革这一主线，提高供给体系质量和水平，以新供给创造新需求，科技创新是关键。畅通国内国际双循环，也需要科技实力，保障产业链供应链安全稳定。"[1]"构建新发展格局最本质的特征是实现高水平的自立自强，必须更强调自主创新，全面加强对科技创新的部署。"[2] 我们要牢牢抓住创新这个"牛鼻子"，引领"双循环"新发展格局构建得更加扎实，更能够经受未来各种外来的冲击和内在的考验。

2020 年 8 月，习近平在经济社会领域专家座谈会上对如何以科技创

---

[1] 习近平：《在科学家座谈会上的讲话》，人民出版社，2020，第 3 页。
[2] 《习近平在省部级主要领导干部学习贯彻党的十九届五中全会精神专题研讨班开班式上发表重要讲话强调　深入学习坚决贯彻党的十九届五中全会精神　确保全面建设社会主义现代化国家开好局》，《人民日报》2021 年 1 月 12 日。

新推进新发展格局建设做了提纲挈领的阐述："我们要充分发挥我国社会主义制度能够集中力量办大事的显著优势，打好关键核心技术攻坚战。要依托我国超大规模市场和完备产业体系，创造有利于新技术快速大规模应用和迭代升级的独特优势，加速科技成果向现实生产力转化，提升产业链水平，维护产业链安全。要发挥企业在技术创新中的主体作用，使企业成为创新要素集成、科技成果转化的生力军，打造科技、教育、产业、金融紧密融合的创新体系。基础研究是创新的源头活水，我们要加大投入，鼓励长期坚持和大胆探索，为建设科技强国夯实基础。要大力培养和引进国际一流人才和科研团队，加大科研单位改革力度，最大限度调动科研人员的积极性，提高科技产出效率。"[1]

一　加强创新链与产业链互动发展

科学技术是第一生产力，因而促进生产力的发展也正是我们所强调的以创新驱动构建新发展格局的主战场。伴随社会分工和产业融合的深化，产业间的边界逐渐模糊，产业间的相互依存性和相容性也日益加强，产业链体系的牢固性与相互链接水平在更大程度上受制于某些环节关键技术的突破与创新，局部的技术约束对产业体系的辐射性影响更趋扩大。所以科技创新对产业发展的服务，已在越来越大的程度上需要与产业链的发展紧密配合、相互促进。在提出构建"双循环"新发展格局后，习近平在对科学家重申"加快科技创新是构建新发展格局的需要"的同时，又面向企业家提出要求："要提升产业链供应链现代化水平，大力推动科技创新，加快关键核心技术攻关，打造未来发展新优势。"[2]确实，以科技创新促进产业链现代化发展进而推进"双循环"新发展格局的实现，需要充分发挥科技界与企业界的合力，并以此实现以发展生产力为目的的协同创新。

---

① 习近平：《在经济社会领域专家座谈会上的讲话》，人民出版社，2020，第6~7页。

② 习近平：《在企业家座谈会上的讲话》，人民出版社，2020，第10页。

　　加强创新链与产业链的对接与互动发展，是构筑国家创新体系、提升我国产业创新能力的必由之路。这里使用的"链"的表达，既体现了创新活动与产业发展各自的延伸要求，也体现了创新活动各环节内在的系统性联结、产业发展系统的内在联结和创新活动与产业之间的相互联结。因此，需要以系统的视野和方法，在加强创新链建设和产业链建设的同时，把二者更好地对接起来、结合起来，乃至融合起来，实现协同发展。

　　当代科技创新的一个重要特点是，各学科、各产业内部的科技进步与在边缘学科、交叉学科中形成的科技创新并存，且来自边缘学科与交叉学科的创新活动的活力更为强劲。因此，我们需要打造两大创新链：一是根据各学科、各产业发展的规律，深化拓展该领域的技术创新，形成学科内或产业内的创新链，这类创新链的延伸，将丰富产业内生的新技术，改善和提升新产品的竞争力，促进产业或产品市场生命周期的延长，占据产业发展的前沿阵地；二是从多学科协同、多产业融合的视角，深化拓展交叉学科集成创新的成果，形成跨学科、跨产业的创新链，这类创新链的形成和发展，不仅可以产生前一类创新链的绩效，还可能拓展形成新的产业门类、新的跨学科综合技术，从而为社会生产方式和生活方式开辟新领域、拓展新空间。

　　如同习近平指出的"要依托我国超大规模市场和完备产业体系，创造有利于新技术快速大规模应用和迭代升级的独特优势"[①]，我国具备世界最丰富的产业体系和最大也最具发展潜力的国别市场，可以分别从供给侧和需求侧提出创新的要求，形成加强创新的基础动力；同时我国拥有世界规模最大的高等教育体系，目前正在加快持续提升人才培养水平和科研水平，为创新力的增强输送最重要的人才资源。我们要发挥好产业体系、需求体系、人才供给体系这三大优势，在构建"双循环"新发展格局中开辟创新发展的新天地。

---

　　① 习近平：《在经济社会领域专家座谈会上的讲话》，人民出版社，2020，第6页。

要加强创新链的构建，需要加强三个方面的工作。一是加强产业内的合作。产业内合作可以依托多种机制和平台：行业组织的协同，产业园区的企业组合，产业内企业自发组建的创新联合体，以及中小企业与第三方合作组建的共享性的创新平台等。二是建设产学研协同创新机制。在这一机制中，无论是科研机构、高等学校，还是企业或企业联合体，都可以成为牵头方，或是高校和科研机构提出创新思路，与企业对接；或是企业提出创新需求，寻求科研机构和高校合作。其方向是一致的，即紧密联系市场需求和国际竞争，紧扣产业链供应链中的关键环节和薄弱环节，同时也包含把产业链供应链中的优势环节继续做强。三是区域合作，包括国内外区域合作，这是"双循环"的题中应有之义。鉴于我国相当多的产业的国际联系度较高，无论是在国际上属于优势产业还是短板明显的产业，都具有与海外合作者，包括海外产业链供应链对接的上下游及中间环节的制造商、中介商等加强合作研发的必要性和可能性，都应以此巩固彼此的合作伙伴关系，把合作打造的产业链与创新链结合起来，形成更坚固的共赢链。这种国际区域合作，还包括跨国的城际、省际（省州）等地方政府合作的科技交流与产业合作领域。

二 加强企业创新主体建设

习近平在2020年7月的企业家座谈会上提出："创新是引领发展的第一动力。'富有之谓大业，日新之谓盛德。'企业家创新活动是推动企业创新发展的关键。美国的爱迪生、福特，德国的西门子，日本的松下幸之助等著名企业家都既是管理大师，又是创新大师。改革开放以来，我国经济发展取得举世瞩目的成就，同广大企业家大力弘扬创新精神是分不开的。创新就要敢于承担风险。敢为天下先是战胜风险挑战、实现高质量发展特别需要弘扬的品质。大疫当前，百业艰难，但危中有机，唯创新者胜。企业家要做创新发展的探索者、组织者、引领者，勇于推动生产组织创新、技术创新、市场创新，重视技术研发和人力资本投入，有效调动员工创造力，努力把企业打造成为强大的创新主体，在困境中实现凤凰涅槃、浴火重生。"① 习近平从理论到实践，从创新的必要性到创新型企业家的范例，阐述了企业和企业家必须重视并着力推进创新的意见。

企业作为创新主体的意义，首先来自其作为生产力组织主体的角色。生产力是推动社会发展进步的最基础最根本的力量，而生产力的要素组织，最终要落实到各生产主体。在现代社会，企业是最重要的生产力组织的基本单位。② 企业作为生产力要素的组织运用者，其开展创新活动是生产力发展进步的内在要求，在当今这个科技进步加速度发展的时代，尤其如此。重视创新并把创新活动与社会科技进步的大趋势联系起来的企业，将立于生产力发展的潮头；忽视创新的企业，在生产力发展大潮中不进则退，或迟或早都会被淘汰。

企业作为创新主体的意义，同时来自对市场机制作用的认识和运用。在市场经济条件下，供给必须满足市场需求；而市场需求在当今的变化发展中呈现加速度的特点。那些与社会的需求紧密结合，并善于根据需求变化规律不断创新，进而善于以创新引领消费需求增长的企业，必将更能赢得发展的空间和发展的可持续性；而因循守旧，或者只敢跟随他人脚步亦步亦趋开展生产经营活动的企业，不仅难以成为行业的领头羊，企业及其产品和品牌的生命周期也往往因此受到影响。

加强企业创新主体建设，大中型企业要更多地注重开展研发活动。按照我国第四次经济普查数据（截至 2018 年末），全国开展研究与试验发展（R&D）活动的规模以上工业企业法人单位 104820 个，比第三次普查的 2013 年增长 91.2%，占全部规模以上工业企业法人单位的 28.0%；其 R&D 经费支出 12954.8 亿元，比第三次普查增长 55.7%，R&D 经费占

---

① 习近平：《在企业家座谈会上的讲话》，人民出版社，2020，第6~7页。
② 虽然除企业外的个体工商户等生产经营主体也是组织运用生产力要素的微观单元，但从所组织的要素的先进性和对市场的辐射力看，企业总体上占绝对主要的地位。

营业收入的比重为 1.23%。其中规模以上高技术制造业企业法人单位 R&D 经费支出 3559.1 亿元，比 2013 年增长 75.0%；占规模以上制造业的比重为 28.4%，比 2013 年提高 2.9 个百分点；R&D 经费占营业收入的比重为 2.27%。从这一组数据可见，我国企业总体的研发活动及其投入在增长，但规模以上高技术制造业企业法人单位的 R&D 投入占规模以上制造业的比重提升得还不够快。

广东目前是我国的工业大省，已迅速发展为研发创新大省，这与广东企业重视加大研发投入直接相关。据第四次全国经济普查数据，2018 年广东开展 R&D 活动的规模以上工业企业法人单位 16570 个，占全国的 15.8%（近 1/6），比 2013 年增长 191.2%，增幅高出全国 100 个百分点；其中规模以上高技术制造业企业法人单位 R&D 经费支出 1124.70 亿元，占全国该项经费支出的比重超过三成，达 31.6%。其中深圳作为国家创新型城市的典范，以高技术制造业为支撑，以企业为创新主体，是该市做强做大城市创新力的基本经验；其同期规模以上高技术制造业企业法人单位 R&D 经费支出 796.07 亿元，占全省的七成，并占全国的 22.37%（1/5 强）。产业布局固然会受历史基础与现实条件的差异影响，但激活企业作为创新主体的积极性，依然需要企业和企业家高度重视，也同样需要各级地方政府高度重视和全社会协同支持。

2016 年，经过数年准备，我国在统计方法上做了重大改革，依据 2009 年联合国、世界银行等国际组织联合颁布的新的国民经济核算国际标准——《国民账户体系 2008》，对研发支出进行资本化处理，这有利于更好地反映创新对经济增长的贡献，也有利于进一步与国际标准接轨（美国、加拿大、澳大利亚等发达国家已先行按照新核算标准调整研发支出核算方法）。实施研发支出核算方法改革，将其由中间投入调整为固定资本形成而计入 GDP，具有鼓励创新的重要的导向和激励作用。深圳在当时被国家统计局确立为唯一试点研发支出计入 GDP 核算的城市，这是因为深圳研发投入大而令试点数据具有显著对比性。深圳按照新核算标准计算后地区生产总值明显增大，从而形成了对创新型城市发展的激励，同时也调动了企业特别是高技术企业研发投入的积极性。此外，近年来国家还推出一定时期企业所得税的研发加计扣除方式，即以企业利润转为研发投入的费用为基数，再加一定比例从应纳所得税的基数中加以减免，比如一定时期对中小科技型企业的这一加计比例高达75%。这些政策都是对企业研发的重要支持措施。当然，从长期的可持续发展看，企业自身因素是事物发展变化的内因，对企业增强创新力的重视与实施，内因仍然起着决定性作用。

三 重视基础领域和关键核心技术领域的创新

在科技创新领域，基础研究与应用研究都非常重要。基础领域的创新，做的是固本强基的工作，体现对科学理论体系发展的贡献，也是人的认识从必然向自由发展的积累过程；关键核心技术领域的创新，体现的是科技创新在生产力转化中的引领作用，是国家在相关领域获得发展优势的重大标志，也是取得关键技术创新突破的有关市场主体在国内国际市场上获取先机的核心竞争力。因此，重视基础领域和关键核心技术领域的创新，是建设科技强国的两大支柱。

基础领域研究，对于应用研究抢占前沿，在关键核心技术领域获得重大创新成果，具有基础的理论支撑作用。在一个发展中大国，特别是产业体系最完备的大国，系统性的创新是丰富完备的产业体系生命力的源泉，基础领域的研究正是使创新源泉得以奔涌的持续播种和孕育。基础领域的科研工作是实现企业创新和建设创新型国家的根基，是实现生产方式和生活方式重大变革的理论基础和实践指导。人类历史上所有重大的科技创新成果，其背后必定有基础领域研究的重大发现、重大突破作为支撑。习近平对重视和发挥好基础研究的重大作用发表了重要意见：

"基础研究是整个科学体系的源头。要瞄准世界科技前沿，抓住大趋势，下好'先手棋'，打好基础、储备长远，甘于坐冷板凳，勇于做栽树人、挖井人，实现前瞻性基础研究、引领性原创成果重大突破，夯实世界科技强国建设的根基。"① "持之以恒加强基础研究。基础研究是科技创新的源头。我国基础研究虽然取得显著进步，但同国际先进水平的差距还是明显的。我国面临的很多'卡脖子'技术问题，根子是基础理论研究跟不上，源头和底层的东西没有搞清楚。基础研究一方面要遵循科学发现自身规律，以探索世界奥秘的好奇心来驱动，鼓励自由探索和充分的交流辩论；另一方面要通过重大科技问题带动，在重大应用研究中抽象出理论问题，进而探索科学规律，使基础研究和应用研究相互促进。要明确我国基础研究领域方向和发展目标，久久为功，持续不断坚持下去。要加大基础研究投入，首先是国家财政要加大投入力度，同时要引导企业和金融机构以适当形式加大支持，鼓励社会以捐赠和建立基金等方式多渠道投入，扩大资金来源，形成持续稳定投入机制。对开展基础研究有成效的科研单位和企业，要在财政、金融、税收等方面给予必要政策支持。要创造有利于基础研究的良好科研生态，建立健全科学评价体系、激励机制，鼓励广大科研人员解放思想、大胆创新，让科学家潜心搞研究。要办好一流学术期刊和各类学术平台，加强国内国际学术交流。"②

根据习近平的意见，我们在加强基础领域科研工作中，要注意加强以下三个方面的工作。一是要把科学规律的基础探索与问题导向的溯源研究结合起来。既要有依据科学发展的规律探索发现新问题、新领域，从而做出新揭示的基础研究，又要有依照实践中的问题，反过来研究问题的成因、根源，追溯更基础更源头的科技理论问题，以源头创新引领破解实践中的技术难点、关键节点的研究。二是要多渠道多方位支持基

---

① 《习近平谈治国理政》（第三卷），外文出版社，2020，第249页。
② 习近平：《在科学家座谈会上的讲话》，人民出版社，2020，第7~8页。

础研究。国家和地方财政都应加大科研投入，同时应鼓励、引导社会资源投入，还要激励科研单位、高校和企业积极组织人力物力财力投入科研。三是要做好支撑基础研究的平台建设。其中一个重要方面是建设重点实验室，包括国家实验室引领的各级重点实验室系统，完善基础领域及关键核心技术领域重大研发的工作平台；另一个重要方面是建设一批自己主办的国际一流学术期刊，同时加强各类国内国际学术交流平台与机制的建设，为基础研究成果的呈现和丰富完善提供良好的学术氛围和更有利的展示、交流机会。

关键核心技术领域的创新，是紧扣国家发展战略，紧密跟踪国际技术创新前沿和抢占科技竞争力、产业竞争力制高点的关键所在，是反映科技强国建设程度的主要标志，也是国家安全的核心保障因素。对此，习近平指出："只有把关键核心技术掌握在自己手中，才能从根本上保障国家经济安全、国防安全和其他安全。"要"努力实现关键核心技术自主可控，把创新主动权、发展主动权牢牢掌握在自己手中"。"要强化战略导向和目标引导，强化科技创新体系能力，加快构筑支撑高端引领的先发优势，加强对关系根本和全局的科学问题的研究部署，在关键领域、卡脖子的地方下大功夫，集合精锐力量，作出战略性安排，尽早取得突破，力争实现我国整体科技水平从跟跑向并行、领跑的战略性转变，在重要科技领域成为领跑者，在新兴前沿交叉领域成为开拓者，创造更多竞争优势。"①习近平在这里指出了掌握关键核心技术领域创新力的根本意义和努力方向。我们要牢牢抓住关键核心技术领域创新问题，坚持问题导向，争取在当前某些"卡脖子"的领域率先取得突破，并扩展至各关键发展领域。

从战略高度和长远发展看，强化关键核心技术领域的创新，一是要着力解决产业链供应链的安全性可靠性问题，减少或避免因局部关键技术受制于人而产生的阻力，促进"双循环"的顺畅运行，保障经济发展行稳致

---

① 《习近平谈治国理政》（第三卷），外文出版社，2020，第248~249页。

远；二是在国际政治、经济、社会、卫生、环境等协调治理方面遇到大量不可预测因素甚至严重困难挑战的情况下，更多掌握关键领域的核心技术，对于保障 14 亿人口国家的发展安全至关重要；三是在国际竞争与合作中，掌握关键核心技术，就掌握了相关领域的话语权和引领地位，就可以在领跑中更好地集聚国际优质资源，在实现国家现代化事业高质量发展的同时，更有利于推进我国所倡导的人类命运共同体的建设。

在关键核心技术领域进行科技创新，要加强原始创新能力，这是连接基础研究与关键领域应用研究的聚焦点。所以要动员科研人员、高校师生和企业力量共同实施，包括各系统强化科研选题在关键核心技术领域的聚焦，以及鼓励共同筛选攻关项目、共组科研攻关团队等，以更好地发挥各方的积极性和协同作用。2020 年 7~9 月，习近平紧锣密鼓地与企业家、经济社会领域专家、科学家、教育家等座谈，并就关键核心技术领域的创新和重大原始创新问题分别做出重要阐述。他对科学家说："现在，我国经济社会发展和民生改善比过去任何时候都更加需要科学技术解决方案，都更加需要增强创新这个第一动力。同时，在激烈的国际竞争面前，在单边主义、保护主义上升的大背景下，我们必须走出适合国情的创新路子，特别是要把原始创新能力提升摆在更加突出的位置，努力实现更多'从 0 到 1'的突破。"[1] 他向高校提出要求："我国高校要勇挑重担，释放高校基础研究、科技创新潜力，聚焦国家战略需要，瞄准关键核心技术特别是'卡脖子'问题，加快技术攻关。"[2] 他还对经济社会领域专家说，"我们更要大力提升自主创新能力，尽快突破关键核心技术。……要发挥企业在技术创新中的主体作用，使企业成为创新要素集成、科技成果转化的生力军"[3]。同时对企业家强调："要提升产业链供应链现代化水平，大力推动科技创新，加快关键核心技术攻关，打造未

① 习近平：《在科学家座谈会上的讲话》，人民出版社，2020，第 4 页。
② 习近平：《在教育文化卫生体育领域专家代表座谈会上的讲话》，人民出版社，2020，第 3 页。
③ 习近平：《在经济社会领域专家座谈会上的讲话》，人民出版社，2020，第 6 页。

来发展新优势。"① 在这一系列密集的重要讲话中同时强调"关键核心技术"和"原始创新能力",体现了这一重大战略问题在当前的极其重要性和紧迫性,以及习近平对我国产学研各界的殷切期望。在我国发展进入"双循环"新发展格局构建的大背景下,这就是我们凝心聚力破解发展难题、引领新时代高质量发展的重大战略举措,需要全社会协同努力,坚定不移加以推进。

四　加快数字中国建设

数字化是当今经济社会信息化发展的重要特征,是新科技革命改变社会生产与生活方式的主要方式与路径,在各领域的创新活动中发挥着越来越重要的作用。数字化带来的数据及其流量成为新的极其重要的要素资源,不仅对市场运行的规模与质量发挥愈益重要的影响,也是更好发挥政府作用的核心要素。

数字中国建设涵盖经济、社会和国家治理的方方面面,是关乎发展全局的问题,也是反映新发展格局建设的质量和国家创新力的重要标志,是中国实现高质量发展和现代化目标的重要内容和支撑条件。习近平指出,要"推动信息领域核心技术突破,发挥信息化对经济社会发展的引领作用","自主创新推进网络强国建设","加速推动信息领域核心技术突破","要发展数字经济,加快推动数字产业化,依靠信息技术创新驱动,不断催生新产业新业态新模式,用新动能推动新发展。要推动产业数字化,利用互联网新技术新应用对传统产业进行全方位、全角度、全链条的改造,提高全要素生产率,释放数字对经济发展的放大、叠加、倍增作用。要推动互联网、大数据、人工智能和实体经济深度融合,加快制造业、农业、服务业数字化、网络化、智能化"。② 2021 年 3 月在十

---

① 习近平:《在企业家座谈会上的讲话》,人民出版社,2020,第 10 页。
② 《习近平谈治国理政》(第三卷),外文出版社,2020,第 305、307 页。

三届全国人大四次会议上通过的《中华人民共和国国民经济和社会发展第十四个五年规划和 2035 年远景目标纲要》把建设数字中国作为国家发展的重要内容加以列入，阐明要"迎接数字时代，激活数据要素潜能，推进网络强国建设，加快建设数字经济、数字社会、数字政府，以数字化转型整体驱动生产方式、生活方式和治理方式变革"①。

从数字经济领域看，中国已形成较强较广的发展基础。其重要因素是中国互联网普及率高、数字化智能化运用范围广。截至 2020 年 12 月，中国网民规模达 9.89 亿，五年增长了 43.7%，其中手机网民规模 9.86 亿；中国的网民总体规模已占全球网民的 1/5 左右，构成了全球最大的数字社会基础。② 而政府对数据管理规范性的要求不断提升，正为数字经济领域的拓展提供日臻丰富的应用场景。中国信息通信研究院发布的《中国数字经济发展白皮书（2020）》显示，中国数字经济增加值规模已由 2005 年的 2.6 万亿元增长到 2019 年的 35.8 万亿元，数字经济占 GDP 比重已提升到 36.2%，在国民经济中的地位进一步凸显。2019 年数字产业化增加值达 7.1 万亿元，同比增长 11.1%；产业数字化增加值约为 28.8 万亿元，占 GDP 比重为 29.0%，其中，服务业、工业、农业数字经济渗透率分别为 37.8%、19.5% 和 8.2%。在数字产业化与产业数字化加快协同推进下，2020 年我国数字经济规模占 GDP 比重已近四成，对 GDP 贡献率近七成。

从数字社会领域看，基于网络与大数据支撑，共建共治共享的社会治理新格局逐步形成。生态环境的数字化管理加快推进，全国环境监测网络持续健全，为开展污染防治监管执法联防联控提供精准支持；应急管理信息化体系加快完善，风险监测预警能力全面提升；"互联网+人社"

---

① 《中华人民共和国国民经济和社会发展第十四个五年规划和 2035 年远景目标纲要》，《人民日报》2021 年 3 月 13 日。

② 《中国网民数达 9.89 亿 构成全球最大数字社会》，中华人民共和国商务部，http://www.mofcom.gov.cn/article/i/jyjl/e/202102/20210203036974.shtml，最后访问日期：2021 年 11 月 24 日。

行动成效显著，截至 2019 年社保卡全国持卡人数达 13.05 亿，覆盖率达 93.2%；教育信息化 2.0 行动加速推进，截至 2019 年底，全国中小学网络接入率达 98.4%，92.6% 的中小学拥有多媒体教室；"互联网+医疗健康"驶入快车道，远程医疗加快推进，异地就医直接结算持续完善；数字化盘活文化资源，国家图书馆超过 2/3 的善本古籍实现了在线阅览；新兴媒体和传统媒体融合发展，智慧广电建设加速提质升级，移动应用不断丰富人民群众生活。2020 年新冠肺炎疫情突袭而至，我国先行发展的信息技术和数字化管理第一次大范围应用于应对公共卫生事件，使疫情发生及防控相关信息得到快速精准传递，并利用前所未有的资源整合能力实现纵向与横向多主体、多维度、多平台的协同合作，为高效及时做出科学的抗疫决策和有效治理发挥了重大作用。

从数字政府领域看，全国各地数字政务已向综合治理数字化迈进。2019 年已实现全国一体化政务服务平台整体上线试运行，接入地方部门 360 余万项服务事项和一大批高频热点公共服务；国家政务服务平台汇聚各地区政务服务事项数据 2800 多万条、注册用户 1.35 亿。国家数据共享交换平台共发布 1300 多个数据共享服务接口，近 2000 项群众和企业办事常用数据被列入部门数据共享责任清单。同时，全国人大建设完成法规备案审查平台；全国政协开通委员移动履职平台进行网络议政远程协商；智慧法院建设加速推进；全国检察机关统一业务应用系统 2.0 版启动试点应用，开启新时代检察信息化办案新模式。各地区"一网通办""异地可办""跨区通办"渐成趋势，"掌上办""指尖办"逐步成为政务服务的普遍形式。以广东的"粤省事"为例，截至 2020 年 6 月，已有 6291 万实名注册用户，实现 1226 项高频民生事项靠移动网络办理，其中 83% 的事项实现零跑动。① 在"十四五"规划与 2035 年远景目标体系中，国

---

① 以上部分数据来源于国家互联网信息办公室 2020 年 9 月印发的《数字中国建设发展进程报告（2019 年）》，中华人民共和国中央人民政府，http://www.gov.cn/xinwen/2020-09/13/content_ 5543085.htm，最后访问日期：2021 年 8 月 6 日。

内主要城市都列入了智慧城市建设规划。

加快数字中国建设是中国实现全面建设社会主义现代化强国的重要命题。在数字经济领域，要进一步加快从原始创新到应用创新的科技创新链建设，特别是关键领域和"卡脖子"环节的重点突破，如高端芯片、操作系统、人工智能关键算法、传感器等领域；要着力推进数字技术与实体经济深度融合，培育壮大人工智能、大数据、区块链、云计算、网络安全等新兴数字产业，提升中国先进制造业数字化竞争力，促进传统产业转型升级，包括促进提高农业生产方式数字化、产业化、市场化发展水平；同时稳步推进数据产权化，制订与完善数据交易的各项制度。在数字社会领域，要进一步构建覆盖城乡的大数据治理模式，把人口和人才管理、疫病防治管理、交通枢纽管理、社会治安管理、公共服务管理、环境检测与环境治理等方面的大数据和智能化纳入先行范畴，进而提升数据集约化水平；从全面小康转向全面建设现代化国家的发展进程中，城市要发挥促进城乡智慧治理一体化的引领作用，继续完善城市信息管理服务平台，构建城市数据资源体系，在推进城市数据大脑建设的同时，深化城市群数据共享和共同治理，并大力推进"数字下乡"，带动数字乡村建设，推动乡村管理服务数字化；要组织包括各类企事业单位、社区组织、行业组织等在内的社会力量，协同健全数字化、智能化的社会治理。在数字政府领域，大中城市和主要城市群应在"十四五"期间率先基本消除信息孤岛，在城市治理领域相关问题的人工智能技术应用方面，取得感知、分析、决策能力的重大突破，推动政府治理流程再造和模式优化，让城市智能化运行中的数据实时性、高效性得到良好体现，促进城市精细化治理水平迈上新台阶。到 2035 年，智慧城市运行应实现覆盖城市治理的全过程，同数字赋能城市治理相适应的体制机制应全面确立。其中尤其要在数字化政府建设中加强对重大风险与危机的应急管理能力。各地的立法机构和政府部门，要把数字治理纳入提升现代化治理体系和治理能力的重点工作，制度建设应至少包括数据的形成、共享与保护、开发与确权、开放与交易等方面的法律法规和运行规则体系。尤其是数据安全方面的制度建设必须加快健全，要把数字安全列入保障国家安全的重要工作，构建高效、可靠、有序、安全的数字化治理体系。

《中华人民共和国国民经济和社会发展第十四个五年规划和2035年远景目标纲要》提出，要"围绕强化数字转型、智能升级、融合创新支撑，布局建设信息基础设施、融合基础设施、创新基础设施等新型基础设施。建设高速泛在、天地一体、集成互联、安全高效的信息基础设施，增强数据感知、传输、存储和运算能力"[1]。要把加强数字化所需的基础设施建设作为新基建的重点，并在超前布局新一代信息基础设施建设中加强统筹规划，破除技术上或行政上的"数字孤岛"，加快打造优良的数字生态，以提高普惠高效的信息服务质量，促进信息化发展效能整体提升，为全社会提供全面、安全、便捷、可靠的数字服务，不断提升人民在数字中国建设中的获得感，提升中国在数字化治理方面对全球经济社会发展的支持力和贡献度。

第三节　实施人才强国战略

实现创新驱动，构建"双循环"新发展格局，人才是第一资源。习近平说："人才是创新的根基，是创新的核心要素。创新驱动实质上是人才驱动。"[2] "人才是创新的第一资源。没有人才优势，就不可能有创新优势、科技优势、产业优势。"[3] 所以，建设创新型国家，就必须实施人才

---

[1]　《中华人民共和国国民经济和社会发展第十四个五年规划和2035年远景目标纲要》，《人民日报》2021年3月13日。

[2]　习近平：《在中央财经领导小组第七次会议上的讲话》（2014年8月18日），《习近平关于社会主义经济建设论述摘编》，中央文献出版社，2017，第137页。

[3]　习近平：《在上海考察时的讲话》（2014年5月23日、24日），《习近平关于社会主义经济建设论述摘编》，中央文献出版社，2017，第133页。

强国战略。

实施人才强国战略，首先要确立正确的人才观，并实施积极的政策和改革措施，完善有利于人才成长和发挥作用的体制机制。习近平明确提出，"培养集聚人才，要有识才的眼光、用才的胆识、容才的雅量、聚才的良方，健全集聚人才、发挥人才作用的体制机制"①。"为了加快形成一支规模宏大、富有创新精神、敢于承担风险的创新型人才队伍，要重点在用好、吸引、培养上下功夫。"② 这里阐明的是科学的人才观与完善的人才集聚使用机制的统一，是用才、引才、育才的统一，是各部门、各领域都需要具备的实施人才战略的思维方式和工作思路。

一　善于用好人才

如何用好人才？这个问题涉及用好谁和怎样用好两个方面。

习近平在十八届中央财经领导小组第七次会议上着重谈了用好人才的问题，他说："用好人才，首先要用好科学家。""用好人才，重点是科技人员。""用好人才，还要用好企业家。"③ 用好科学家，是因为科学家是开展基础研究、原创性研究、关键核心重大科研攻关研究的领军人才和核心团队人才，不尊重科学家，不重视发挥他们的作用，科技强国就没有顶梁柱。用好科技人员，是因为科技人员是落实科技创新成果产业化的孵化和生产规模化应用——包括参与研发、试验和转化及生产过程的质量检测、把控等——的队伍，是以科技进步推进生产力发展的人才群体。许多在工艺上严格把关、技术领先的高水平"工匠"，也是这个队伍的重要组成部分。用好企业家，是因为"企业家是推动创新的重要动

---

① 习近平：《在上海考察时的讲话》（2014年5月23日、24日），《习近平关于社会主义经济建设论述摘编》，中央文献出版社，2017，第133页。

② 习近平：《在中央财经领导小组第七次会议上的讲话》（2014年8月18日），《习近平关于社会主义经济建设论述摘编》，中央文献出版社，2017，第137~138页。

③ 习近平：《在中央财经领导小组第七次会议上的讲话》（2014年8月18日），《习近平关于社会主义经济建设论述摘编》，中央文献出版社，2017，第138~139页。

力。……在把握创新方向、凝聚创新人才、筹措创新投入、创造新组织等方面可以起到重要作用"①。用好这三方面的人才，并注重凝聚这三方面人才的合力，可以为科技强国构建强大的人才支撑力。

用好人才，在政策与体制机制上要从五个方面着力完善。一是在人才作用发挥的空间方面要给予宽松的氛围。越是高水平的科学家，越需要宽松的工作氛围，"要容忍在科学问题上的'异端学说'。不要以出成果的名义干涉科学家的研究……很多科学研究要着眼长远，不能急功近利，欲速则不达，还可能引发学术不端"②。二是考核机制要更加灵活。对于在高校和科研机构的人才，要防止"一刀切"的考核模式，因优秀人才具有各自特点，也有各自开展科学研究的方式和路径，要避免简单化的唯论文或唯专著等标准，更灵活地纳入多样化的研究成果，如决策咨询、发明专利申请与授权等。但对于承担重大攻关项目，特别是负责时效性较强的关键核心技术的研发的人才，还应强化目标管理机制的约束。三是要有必要的激励措施。"既要用事业激发其创新勇气和毅力，也要重视必要的物质激励"③，事业与精神激励和物质激励之间的关系要协调好，一些措施应因地因时因事灵活实施，但任务的艰巨性与激励的强度应有较强的关联性。四是注意培育和维护知识产权及相关权益。如科学家、科技人员的著作权，科技工作者和企业的专利权，企业的商标权和法人财产权等；同时也要保护各类人才个人及其家庭的其他合法权益。五是要善于发现和使用优秀人才。英雄不问出处，要根据不同领域、不同岗位、不同任务而不拘一格使用人才。

---

① 习近平：《在中央财经领导小组第七次会议上的讲话》（2014 年 8 月 18 日），《习近平关于社会主义经济建设论述摘编》，中央文献出版社，2017，第 139 页。

② 习近平：《在中央财经领导小组第七次会议上的讲话》（2014 年 8 月 18 日），《习近平关于社会主义经济建设论述摘编》，中央文献出版社，2017，第 138 页。

③ 习近平：《在中央财经领导小组第七次会议上的讲话》（2014 年 8 月 18 日），《习近平关于社会主义经济建设论述摘编》，中央文献出版社，2017，第 139 页。

二 着力吸引人才

人才具有稀缺性的特征，特别是基础领域和关键核心技术领域的高素质人才更是具有很强的稀缺性，因而人才争夺战在当代社会从未停止。积极并善于延揽人才，才能让人才战略的实施有高的起点、好的开局。

吸引人才要有开放的视野。人才战略是国家改革发展的基本战略，也是构建开放型经济新格局的重要一环。习近平总书记认为，在引进国际资本与技术的同时，必须注重引智即引进人才，习近平总书记明确指出，"要学会招商引资、招人聚才并举，要择天下英才而用之，广泛吸引各类创新人才特别是我们最缺的人才"①。国际经验表明，科技创新力较强的发达国家，来自国外的人才占比也往往较高，如美国硅谷就有 1/3以上人才出生自国外。② 我国在开放型经济发展进入新阶段以来，更加注重引智引才。2017 年 11 月，由国家相关部委制定的《外国人才签证制度实施办法》正式印发，并自 2018 年 3 月 1 日起在全国范围实施。根据该办法，外国人才来华签证在程序上将更简化、更便捷。

吸引人才，核心的因素是为其展示事业发展的较大空间，提供良好的工作平台，以利于其充分施展才干。因此，要有科学的发展规划，同时为人才创造优良的工作条件，例如高水平的实验试验条件、对口的高水平基础科研或应用型研发攻关课题等。在没有整体引进研发团队的情况下，应为引进的人才配备合适的研发团队，这不仅有利于解决人才开展科研所需助手问题，而且能够通过引进高端人才培养自己新的科研队伍；即使在引进研发团队的情况下，也应有协助团队工作的人员配备，

---

① 习近平：《在中央财经领导小组第七次会议上的讲话》（2014 年 8 月 18 日），《习近平关于社会主义经济建设论述摘编》，中央文献出版社，2017，第 122 页。
② 参见王辉耀主编《中国区域国际人才竞争力报告（2017）》，社会科学文献出版社，2017。

承担包括服务于研发活动的相关工作，服务质量要优质高效、确保到位。

吸引人才还要提供相应的经济保障。目前许多地方政府或企事业单位都有这方面的政策。应适当采取科研专项经费、住房补贴、年薪制、货币奖励等，体现以待遇吸引人才的诚意。但也要防止各地各单位过度攀比，除紧缺的拔尖专业人才外，一般情况下也要注意新进人才与本地或本单位原有水平相近的高层次人才在经济待遇的差别上不宜过大，同时也要避免所引进人才的关注重点过分偏向于待遇而不是事业发展，以免弱化人才引进的后续发展效应。此外，经济保障应同时考虑宜居宜业环境，在交通便利度、城市人文与生态环境质量、所引进人才的家属成员的工作、生活及社会公共服务的配套等方面不断改善，以利于优秀的人才心无旁骛，更好发挥创新引领及业务骨干作用。

三 注重培养人才

对人才的吸引和使用，主要针对现有人才而言。但人才也是在理论学习、研究与实践研发、生产中成长的，所以在使用中培养，在培养中使用，既符合人才使用的逻辑，也符合人才成长的逻辑，必须给予高度重视。另外，应注重通过教育系统进行人才培养，从基础教育到高等教育，再到高学历高学位的培养教育，是一国人才可持续供给的最大来源。

习近平总书记谈到要把科技创新搞上去，必须建设一支规模宏大、结构合理、素质优良的创新人才队伍时，就教育系统的工作提出改革要求："要深化教育改革，推进素质教育，创新教育方法，提高人才培养质量，努力形成有利于创新人才成长的育人环境。"[1] 在 2018 年教师节举行的全国教育大会上，习近平勉励高校"积极投身实施创新驱动发展战略，着重培养创新型、复合型、应用型人才"[2]。

---

[1] 习近平：《在十八届中央政治局第九次集体学习时的讲话》（2013 年 9 月 30 日），《习近平关于社会主义经济建设论述摘编》，中央文献出版社，2017，第 129 页。

[2] 《习近平谈治国理政》（第三卷），外文出版社，2020，第 350 页。

　　中国的教育特别是高等教育要培养更多更强的创新型人才，需要做好以下六个方面的工作。一是优化高等教育结构，包括已经实施的做大职业教育份额，完善职业教育多层次培养人才的立体化教育体系的构建，以及普通本科院校中的大部分转型为应用型本科学校的分类举措，扩大研究生层次的专业学位招录培养比例；对科研水平国内领先的高校则以建设一流高校与一流学科为抓手，加强投入，培育其在基础领域和关键核心技术领域冲刺全球科技前沿的能力。二是优化师资队伍结构，要求高职院校吸收一定比例的企业教师，并鼓励高校学生多进入企业实习及接受企业人员的指导，教师也应安排一定时间参与企业实践。三是加强实验环节教育和创新教育，高校要加强实验室和实验课程建设，建设学生创新创业基地，开展多样化的在校生科技研发活动与创新创业竞赛等，为学生接触、参与科技与经济发展前沿提供最新实践的机会。四是丰富学生的课程结构，扩大高校自主设置备案专业的权限，促进高校学科建设和专业培养与国民经济发展需求、市场对人力资源配置的需要有更紧密的对接。五是大力提倡和鼓励产学研合作，让教师和研究人员的研究取向更直接切合生产一线的科技问题，与企业人员合作展开问题导向的研发活动。这也是对教师特别是年轻教师的培养的需要，同时也将带动部分高校学生的参与，构成人才培养链条中协同创新的重要环节。六是在教育观念上，要破除以考试成绩区分学生能力的传统习惯，从娃娃抓起，严格限制社会培训机构对应试教育模式的强化；各层级的教育教学要引导受教育者增强发现问题、提出问题的能力，在此前提下加强分析与解决问题的能力，从而增强学生在学期间的创新思维与创新能力培养；同时要在社会范围内进一步形成有利于受教育者在德智体美劳等各方面全面发展的科学教育观。

　　在教育与实践结合培养及使用创新人才方面，美国硅谷的大学与科技产业结合的模式值得借鉴。如斯坦福大学鼓励师生创业，教师只要完成所安排的教学任务，每周可有一天时间到企业从事兼职工作，还可以申请以 1~2 年时间暂时脱离学校工作去创业或兼职。学生实行弹性学制，可按规定申请短期休学创业，一般两年内可回校继续学业。同时，企业也积极鼓励员工特别是技术人员到大学学习相关课程，加强企业与大学之间的联系。在我国，一些大学已有相似做法。人社部在 2017 年 3 月印发《关于支持和鼓励事业单位专业技术人员创新创业的指导意见》，支持和鼓励专业技术人员挂职、参与项目合作、兼职、离岗创业。该指导意见的适用范围主要是高校、科研院所的专业技术人员；除高校、科研院所之外的事业单位的专业技术人员，符合不同创新创业方式要求的，也可以提出申请。教育部同年 2 月颁布的新修订的《普通高等学校学生管理规定》，包含了"学生参加创新创业、社会实践等活动以及发表论文、获得专利授权等与专业学习、学业要求相关的经历、成果，可以折算为学分，计入学业成绩"和"学校可以根据情况建立并实行灵活的学习制度。对休学创业的学生，可以单独规定最长学习年限，并简化休学批准程序"等新规定，还明确了休学创业后复学的学生因自身情况需要转专业的，学校应当优先考虑的政策。这一系列新的鼓励高校师生与社会创新创业实践更紧密结合的政策，正在对引导高校人才培养和师资队伍建设聚焦科技创新能力发挥着制度性的促进与保障作用。在今后的人才培养中，我们依然需要以教育改革为抓手，建立结构更完善、办学质量更高、教育机制更灵活、服务经济社会高质量发展更有力的创新型人才培养体系。

第七章　实施区域发展战略统筹城乡协调发展

实施区域发展战略与实现城乡协调发展，在新时代对于我国推动高质量发展和形成以国内大循环为主体、国内国际双循环相互促进新发展格局具有重大影响。这是因为区域发展是大国发展的基础，而国内国际经济大循环需要包括统筹城乡协调发展在内的广阔区域空间的联动推进。同时，城镇化是现代化的重要内容，必须在推进现代化进程中做强做优城市的发展功能和治理能力；其中发展领先的城市和城市群，对于区域发展和带动全国城乡高质量协调发展可以发挥更强的示范带动作用。

第一节　优化区域发展战略

改革开放以来，我国把发挥市场对资源配置的决定性作用与更好发挥政府作用结合起来，在支持各地依托国内外市场发挥自身优势的同时，从国家层面先后提出支持东部地区率先发展、实行西部大开发、促进中部崛起、振兴东北老工业基地等区域发展战略。进入新时代，以习近平同志为核心的党中央根据我国国情和国际经验，从区域优势整合、发挥中心城市和城市群带动作用等视角，提出和强化实施京津冀协同发展、长江经济带建设、粤港澳大湾区建设、长三角区域一体化发展、黄河流域生态保护和高质量发展、成渝地区双城经济圈建设等国家重大区域发展战略。[①]

习近平总书记在 2020 年 4 月中央财经委员会第七次会议上的讲话指出："增强中心城市和城市群等经济发展优势区域的经济和人口承载能力，这是符合客观规律的。"[②] 以中心城市与城市群、城市带为核心的区域发展战略，贯彻了新发展理念，突出了核心城市的发展带动作用。我国区域发展战略中的中心城市及其组合的城市群，包含北上广深等超大城市、当今经济最发达的区域和最具成长性的内陆城市群，成为推进更高起点的深化改革和更高层次的对外开放、率先构建现代化经济体系、引领构建"双循环"新发展格局的新高地。

一　优化区域发展战略的意义和总体要求

我国进入新时代实施的区域发展战略，既有各区域的特性，也有相当的共性。在区域的功能差异性方面，要体现区域特色，包括区位特点、历史基础和发展的方向与重点，其中也包括某些弱项需要补强。而其发展的共性要求主要体现在以下三个方面。

第一，通过区域发展战略强化构建新时代高质量发展的区域动力源。习近平总书记指出："我国经济由高速增长阶段转向高质量发展阶段，对区域协调发展提出了新的要求。不能简单要求各地区在经济发展上达到同一水平，而是要根据各地区的条件，走合理分工、优化发展的路子。要形成几个能够带动全国高质量发展的新动力源，特别是京津冀、长三

---

① "一带一路"在作为面向加强国际经济合作、打造新型国际关系和构建人类命运共同体的重要倡议的同时，在一定意义上也是国内区域发展的一种战略安排，因为"一带一路"在国内也形成贯穿东西、联通南北的网络体系，成为中国特别是内陆腹地实现区域协调发展的重要血脉。本书对"一带一路"的分析研究主要集中于第五章"推进更高水平对外开放"，因而对此不再在本章展开讨论。

② 习近平：《国家中长期经济社会发展战略若干重大问题》，《求是》2020 年第 21 期。

角、珠三角三大地区，以及一些重要城市群。不平衡是普遍的，要在发展中促进相对平衡。这是区域协调发展的辩证法。"① 所以，选择发展基础较好且在新时代新发展格局中有条件发挥引领作用的核心区域为国家实施区域带动战略的重点，符合我国国情，具有显著的必要性和可行性。

第二，领先发展的核心区域也需要加强内部资源优化整合。一方面，鉴于"中心城市和城市群正在成为承载发展要素的主要空间形式"②，要进一步加强中心城市的引领作用。如京津冀要以北京、天津为中心，推进京津双城联动发展；长三角要发挥上海龙头带动作用，提升上海服务功能；以珠三角为核心的粤港澳大湾区，则以香港、澳门、广州、深圳四大中心城市作为区域发展的核心引擎；以成渝为中心城市的都市圈要发挥其在西部特别是大西南地区深度构建"双循环"新发展格局的核心作用。另一方面，区域内部围绕中心城市要加强区域协调联动，打破城市间的行政壁垒对资源流动的制约，促进城市群内部的合理分工，提高国土空间的利用效率与效益。因此，区域内部的互联互通是各区域资源优化整合、区域经济社会发展质量提升的重要基础。

第三，各核心区域及中心城市的发展引领必须是全面的发展引领，是贯彻新发展理念的引领，是构建"双循环"发展新格局的引领，是从全面小康向现代化前进的引领，也是国家治理体系和治理能力现代化在先行发展区域的率先引领。

因此，各核心区域发展战略的实施，不仅为这些区域提供了先行发展的政策、规划的支持，更具有影响辐射和带动全国发展的意义。我国构建的"双循环"新发展格局，关键在于"循环"，无论是内循环还是外循环，本质上都体现了资源的盘活和增长的质量与效益问题。就如马克思在《资本论》中所揭示的资本循环与社会再生产的原理一样，在一

① 《习近平谈治国理政》（第三卷），外文出版社，2020，第271页。
② 《习近平谈治国理政》（第三卷），外文出版社，2020，第270页。

个大国，经济循环是层层叠叠、相互交叉融合的。区域内的循环与区域对接国家的内循环，以及区域和国家协同推进的国内国际双循环，都要体现发展的活力。而活力来自区域资源所获得的盘活的机遇与空间，发展空间越大，市场机遇越多，发展绩效就越好。所以，不仅京津冀、长三角、珠三角和成渝地区等核心区域发展战略实施的地方要进一步增强发展的活力与质量，这些区域以外的地区，也应积极对标核心区域，对接核心区域，加快提升城市、城市群和区域的发展水平。在幅员辽阔的中国，在实现第二个百年奋斗目标中，一个区域也不能落下。

二　推进京津冀协同发展

推进京津冀协同发展，对北京而言，需要疏解、转移非首都功能，即把非必要的产业转移到河北及环渤海区域等地，解决城市人口过多、城市建设负荷过重、"城市病"压力过大的问题，以利于更突出和强化首都必备的功能。北京作为首都的发展规模过于膨胀，与亚洲国家传统文化观念的影响有一定关系，如日本的东京、韩国的首尔等，都在承担首都功能的同时，集聚了本国相当大比例的大企业的总部和产业。但从城市治理的要求看，作为首都的城市，在国家内政外交上担负着特殊的功能，应更好地凸显核心功能，减轻非核心功能的负担，优化空间环境，这既对提升首都的现代化治理水平有益，也有利于通过分解转移非首都功能带动周边区域的就业与经济发展。京津冀协同发展还有一个需要解决的重要问题是，"同珠三角和长三角相比，京津冀统一要素市场建设滞后，市场化水平较低"[1]，而且"京津两极过于'肥胖'，周边中小城市过于'瘦弱'，不同规模城市间没有形成合理的分工和分布格局"[2]，这

---

[1]　习近平：《在北京市考察工作结束时的讲话》（2014 年 2 月 26 日），《习近平关于社会主义经济建设论述摘编》，中央文献出版社，2017，第 254 页。

[2]　习近平：《在北京市考察工作结束时的讲话》（2014 年 2 月 26 日），《习近平关于社会主义经济建设论述摘编》，中央文献出版社，2017，第 251 页。

就需要进一步加强市场配置资源的范围和效率，同时要通过政府作用加快调结构、优布局。京津两市在华北地区的资源配置中，要从过去过分强大的包括行政安排在内的资源"虹吸效应"，向更多发挥"辐射效应"转变，而且不仅要在京津冀区域内发挥辐射带动作用，还要成为辐射带动全国发展的重要核心区，即按照《京津冀协同发展规划纲要》确定的"以首都为核心的世界级城市群、区域整体协同发展改革引领区、全国创新驱动经济增长新引擎、生态修复环境改善示范区"的区域发展定位加以实施。

值得注意的是，把"生态修复环境改善"列入京津冀协同发展的定位要求，对于该地区是一种将短板补强补长的要求；而该地区生态环境的短板主要是水资源短缺问题与空气质量问题。在水资源方面，由于长期过度开采地下水，华北平原的沉降现象较为明显，水资源的短缺严重制约了该地区的发展。进入新时代以来，国家通过南水北调工程，开始对京津冀水资源做出力度很大的补强工作，未来这项工作还将持续加强。2020 年 9 月，由国务院全资控股、由副部长级人员出任企业法人代表的中国南水北调集团有限公司正式完成工商登记，注册成立，这是对京津冀协同发展在水资源问题上构筑了制度支撑的载体。但同时，京津冀地区的人口规模需要有一定规划控制，必须提倡节水型生产生活方式并增设激励与约束机制，特别是对消耗水资源较大产业的控制乃至移除应列入该区域发展的战略安排，采取实际措施加以解决。即使建设雄安新区转移部分北京的非首都功能即某些产业发展功能，也不应把消耗水资源大的非必须布局于该区域的产业予以保留，以避免对华北地区较脆弱的生态环境形成新的不利影响。在空气质量方面，因其自然条件的特点、历史上生态环境的损毁及绿化防护林建设的不足，京津冀地区季节性沙尘暴一度比较严重。这一问题随着我国第一个重大生态工程——三北防护林工程的推进获得了一定缓解，至 2020 年 8 月，三北防护林体系建设工程已完成五期。工程开展40多年来，累计完成造林保存面积3014万公顷，工程区森林覆盖率由5.05%提高到13.57%；该项工程计划包括八期，2050年完成，但从近年来持续加大造林进度的情况看，有可能提前完成（但来自境外的不可控因素除外），从而为京津冀乃至整个华北地区构筑起更完善的绿色生态屏障。空气质量方面还有一个问题是$PM_{2.5}$的平均浓度，京津冀地区多年来一直高于长三角，更高于珠三角，特别是秋冬季。这里重要的内生性原因有二。一是北京汽车保有量遥遥领先于国内各城市，其2019年的汽车保有量为636.5万辆，同为一线城市的广州仅为280.3万辆，上海为415.8万辆；汽车尾气与大气中氮氧化物和挥发性有机物的浓度高相关，是$PM_{2.5}$的主要贡献源。二是京津冀地区冬季取暖及部分产业的能源结构中燃煤的比例较大。据生态环境部监测，2019年10月至2020年3月这个秋冬季的$PM_{2.5}$水平，京津冀及周边地区"2+26"城市群实现同比下降13.6%，但$PM_{2.5}$平均浓度仍有70微克/米³；但同期长三角地区$PM_{2.5}$平均浓度为46微克/米³；若与珠三角相比，差距更大一些。虽然因地理因素，京津冀空气污染的易消散性不如珠三角等地区，但加强空气质量从源头开始的全过程治理，依然是该区域建设"生态修复环境改善示范区"的必要路径。

三　推动长江经济带建设和长三角区域一体化发展

长江经济带覆盖上海、江苏、浙江、安徽、江西、湖北、湖南、重庆、四川、云南、贵州等11个省市，面积约205.23万平方公里，占全国陆地总面积的21.4%，人口和地区生产总值均超过全国的40%。2014年9月，国务院印发《关于依托黄金水道推动长江经济带发展的指导意见》，部署将长江经济带建设成为具有全球影响力的内河经济带、东中西互动合作的协调发展带、沿海沿江沿边全面推进的对内对外开放带和生态文明建设的先行示范带。2016年9月，《长江经济带发展规划纲要》正式印发，确立以长江黄金水道为依托，发挥上海、武汉、重庆的核心作用，推动经济由沿海溯江而上梯度发展。2018 年 11 月，中共中央、国务院明确要求充分发挥长江经济带横跨东中西三大板块的区位优势，以共抓大保护、不搞大开发为导向，以生态优先、绿色发展为引领，依托长江黄金水道，推动长江上中下游地区协调发展和沿江地区高质量发展。由此，长江经济带的发展定位不断走向成熟，即首先要强化中国最大水系全流域生态保护的协调配合，维护好长江流域的生态系统，这就是对高质量发展的提速，就是对我国经济体量最大区域可持续发展的保障；与此同时，要加强长江流域经济发展的协调性，用好长江贯穿我国东中西部三大区域、联系三大梯度发展层级的特殊条件，同时结合与"一带一路"的对接，把长三角的优势沿长江流域辐射传递至中西部，促进区域发展差异的相对缩小，提升长江流域整体发展水平并带动影响全国的高质量发展。目前，长江中上游城市带已按照国家战略部署，在加强生态保护的同时，打造长江经济带发展的系列重要节点，比如成都、重庆、武汉等城市近年经济增长速度与绩效在"新一线"城市中表现突出，2019 年从成都、重庆始发的中欧班列数量均在全国三甲之列，这些都体现出长江经济带已为构建"双循环"新发展格局做好了准备，站在了新的起点上。

基于对长江经济带发展定位调整优化为生态优先的考量，为强化长三角作为我国经济发展最强大区域增长极功能，需要在长江经济带战略实施的同时，就长三角构筑为引领国家发展新高地的建设做出战略安排。特别是国家在研究出台粤港澳大湾区发展规划之际提出长三角区域一体化发展战略，将有利于这一区域与京津冀、珠三角相互呼应，构建起以国内最强的三大城市群为骨干的区域领先发展和协调发展的支撑体系。2018 年 11 月 5 日，习近平在首届中国国际进口博览会上宣布，支持长三角区域一体化发展并上升为国家战略，着力落实新发展理念，构建现代化经济体系，推进更高起点的深化改革和更高层次的对外开放，并同"一带一路"建设、京津冀协同发展、长江经济带建设、粤港澳大湾区建设相互配合，完善中国改革开放空间布局。长三角地区作为我国经济发展最活跃、开放程度最高、创新能力最强的区域之一，在国家现代化建设大局和全方位开放格局中具有举足轻重的战略地位。长三角区域一体化发展规划包括上海和江苏、浙江、安徽四省市全域范围（面积 35.8 万平方公里），贯彻落实长三角区域一体化发展，将进一步促进该区域发挥创新力和竞争力优势，提高经济集聚度、区域连接性和政策协同效率，对引领全国高质量发展、建设现代化经济体系意义重大。

列入长三角区域一体化发展的四省市，其经济总量约占全国的 1/4，高水平大学、学科与高水平科研平台占全国的 1/4，研发能力占全国的 1/3，外贸及外资利用占全国的 1/3 强至近四成，其优质发展资源密集，辐射引领"双循环"的能力在全国领先。与京津冀协同发展和粤港澳大湾区建设相比，长三角区域一体化发展，更突出"一体化"这一关键词。2019 年 12 月中共中央、国务院印发的《长江三角洲区域一体化发展规划纲要》，强调该区域要提高经济集聚度、区域连接性和政策协同效率，要"着力推动形成区域协调发展新格局，着力加强协同创新产业体系建设，着力提升基础设施互联互通水平，着力强化生态环境共保联治，着力加快公共服务便利共享，着力推进更高水平协同开放，着力创新一体化发展体制机制"①，这几个"着力"都无一例外在强调协同、联通、共治共享等一体化要求。而相关规划覆盖面远大于京津冀与粤港澳大湾区的地理面积，其一体化进程的效果，将能够更好地发挥在全国的示范作用。从该区域发展规划可见，为避免过强的行政壁垒的阻碍，长三角区域一体化发展突出上海一极的核心功能，明确以提升上海城市能级和核心竞争力引领长三角区域一体化发展；强调发挥上海龙头带动作用，苏浙皖

---

① 《中共中央国务院印发长江三角洲区域一体化发展规划纲要》，《人民日报》2019 年 12 月 2 日。

各扬所长，加强跨区域协调互动，提升都市圈一体化水平。可以预见，长三角区域一体化发展战略的实施，将不仅能够进一步强化该地区自近代以来经济社会发展质量领先的优势，进一步强化该地区自改革开放以来在经济技术和社会文化等多领域领先发展的优势，更可以通过推进一体化发展形成新的制度创新优势。这些推进一体化的新制度新机制新举措，将对全国各区域发展、跨区域发展发挥重要的引领作用，对我国构建"双循环"新发展格局的制度创新体系、推进国家治理体系和治理能力现代化，都将具有重要的影响力、带动力。

四　推进粤港澳大湾区建设

湾区是当代经济全球化国际版图中的突出亮点。湾区经济依托大港口（群），形成发达的国际化海空与陆路交通互联互通体系、高水平开放型经济结构，具有高效的资源配置能力、强大的国际贸易与金融等商务服务功能、先进的产业体系、引领创新发展的可持续能力。因此，湾区，特别是若干以全球城市为核心的大湾区，是引领全球创新，带动全球经济发展的重要发展极。

建设粤港澳大湾区的战略是一个酝酿多年且稳步推进的我国区域发展的重大国家战略。该战略在 2015 年正式提出，2016 年被写入国家"十三五"规划，2017 年 3 月写入国务院政府工作报告："要推动内地与港澳深化合作，研究制定粤港澳大湾区城市群发展规划，发挥港澳独特优势，提升在国家经济发展和对外开放中的地位与功能。"[1] 2017 年 7 月 1 日，在习近平主席见证下，香港特别行政区行政长官、澳门特别行政区行政长官、国家发改委主任、广东省省长共同签署了《深化粤港澳合作　推进大湾区建设框架协议》。按照该协议，粤港澳三地将在中央有关部门支

---

① 李克强：《政府工作报告——2017 年 3 月 5 日在第十二届全国人民代表大会第五次会议上》，《人民日报》2017 年 3 月 17 日。

持下，完善创新合作机制，促进互利共赢合作关系，共同将粤港澳大湾区建设成为更具活力的经济区、宜居宜业宜游的优质生活圈和内地与港澳深度合作的示范区，打造国际一流湾区和世界级城市群。2017年10月，习近平总书记在党的十九大报告中提出，"香港、澳门发展同内地发展紧密相连。要支持香港、澳门融入国家发展大局，以粤港澳大湾区建设、粤港澳合作、泛珠三角区域合作等为重点，全面推进内地同香港、澳门互利合作"①。

习近平总书记在2018年3月7日参加十三届全国人大一次会议广东代表团审议时，对广东在形成全面开放新格局中应抓住参与建设粤港澳大湾区的战略机遇提出了明确要求："要以更宽广的视野、更高的目标要求、更有力的举措推动全面开放，加快发展更高层次的开放型经济，加快培育贸易新业态新模式，积极参与'一带一路'建设，加强创新能力开放合作。要抓住建设粤港澳大湾区重大机遇，携手港澳加快推进相关工作，打造国际一流湾区和世界级城市群。"② 2018年10月，习近平在对广东考察时进一步指出："要把粤港澳大湾区建设作为广东改革开放的大机遇、大文章，抓紧抓实办好。"③ 2019年2月，中共中央、国务院印发《粤港澳大湾区发展规划纲要》，标志着粤港澳大湾区建设的国家战略进入全面实施。该规划纲要对该湾区发展的战略定位包括五个方面：充满活力的世界级城市群；具有全球影响力的国际科技创新中心；"一带一路"建设的重要支撑；内地与港澳深度合作示范区；宜居宜业宜游的优质生活圈。该规划纲要在界定该湾区发展定位基础上，进一步从建设国际科技创新中心、加快基础设施互联互通、构建具有国际竞争力的现代

---

① 《习近平谈治国理政》（第三卷），外文出版社，2020，第43页。

② 《习近平参加广东团审议，充分肯定党的十八大以来广东工作并要求以新的更大作为实现"四个走在全国前列"》，《南方日报》2018年3月8日。

③ 《习近平在广东考察时强调　高举新时代改革开放旗帜　把改革开放不断推向深入》，《人民日报》2018年10月26日。

产业体系、推进生态文明建设、建设宜居宜业宜游的优质生活圈、紧密合作共同参与"一带一路"建设、共建粤港澳合作发展平台等七个方面提出一系列建设任务与实施要求。

作为国家战略的粤港澳大湾区建设，覆盖"一国两制"和三个独立关税区，为联系国内大循环、对接国际大循环、推动"一带一路"建设提供了更加灵活的制度安排。该湾区包括广东省珠江三角洲 9 市（广州、深圳、珠海、佛山、东莞、惠州、江门、中山、肇庆）和香港、澳门，拥有自由港、特别行政区、经济特区、自由贸易试验区等，在大湾区形成制度叠加效应，放大了大湾区城市群的创新空间，扩大了贸易和产业合作的选择面。其国家战略的意义极其重大，概括起来，包括三个基本方面。一是作为新时代推动形成全面开放新格局的新举措，具有进一步形成全面开放新格局的战略性引领和示范作用。粤港澳大湾区包含香港、澳门两大国际自由港，同时已有广东自由贸易试验区，加上改革开放以来深圳、珠海经济特区建设和珠江三角洲开放区的长期探索与发展，积累了主动参与国际市场竞争和配置国际要素的丰富经验，是我国开放水平领先的地区。特别是 2019 年 8 月中央关于支持深圳建设中国特色社会主义先行示范区的意见出台，进一步提升了粤港澳大湾区制度创新的优势地位。在以上一系列制度优势基础上进一步整合粤港澳三地资源并打造新的集成创新优势，势必能在全国形成全面开放新格局和构建"双循环"新发展格局方面发挥好走在前列的创新引领和示范作用。二是作为推动"一国两制"事业发展的新实践，具有携手港澳形成共谋繁荣、共同发展的新战略实施平台的作用。"一国两制"，首先是以"一国"为本，建设粤港澳大湾区就是充分运用"一国"的基础，形成市场联动、资源互补的新优势，港澳的资本、技术和人才将获得更充分的资源配置效益和增强辐射广大内地空间的条件，对增强港澳发展的向心力、保持繁荣稳定有利；广东又能够借力大湾区，更好地为港澳的持续繁荣稳定提供新的平台和支撑，从而使粤港澳大湾区作为贯彻新发展理念的典范，在发挥粤港澳综合优势的战略规划实施中，建设成为富有活力和国际竞争力的一流湾区。三是作为积极吸引和对接全球创新资源的世界级城市群加以建设，体现构建全球资源配置中心新引擎、加强与全球一线城市对话能力的战略定位作用。粤港澳大湾区在扩大港澳资源运用空间的同时，依托国内大循环展示的广阔市场增长潜力，将更强有力地参与国际大循环，进一步扩大对全球要素特别是创新资源的集聚，建成全球城市网络体系中具有枢纽地位的世界级城市群。

粤港澳大湾区的功能在一定意义上是国际上其他三大湾区即纽约湾区、东京湾区、旧金山湾区功能的综合，因而是世界四大湾区中综合性功能最强的一个湾区。纽约湾区最主要的特色是位居国际前列的金融中心，且商贸与创意产业较领先；而粤港澳大湾区之香港是重要国际金融中心，深圳区域金融中心地位在迅速提升，深圳与广州的商贸及文化创意产业发展势头也较迅猛。东京湾区最显著特色是先进制造业及临港产业；而粤港澳大湾区深圳、广州、东莞、佛山等已经拥有及正在强化有全球竞争优势的制造业基地。旧金山湾区有硅谷、生物医药谷等优势；而粤港澳大湾区的深圳、广州在这些领域有较好基础，部分产业的技术或产能居相对领先地位。其他湾区通常具有的交通枢纽功能，在粤港澳大湾区则更为综合和强劲。如在 2019 年全球机场按旅客吞吐量的排序中，粤港澳大湾区的广州、香港、深圳的机场分别居全球第 11、13 和 26 位，2020 年广州白云机场旅客吞吐量更是跃居全球之首；粤港澳大湾区机场群货、客运输总规模已经超过纽约、伦敦、东京等世界级机场群，位于全球湾区机场群之首。在港口运输方面，粤港澳大湾区占了世界七大港口中的 3 席（深、港、穗），因而粤港澳大湾区的集装箱吞吐量已远超其他三大湾区的总和，成为遥遥领先的世界最大港口集群。2019 年，粤港澳大湾区整体实现地区生产总值 11.62 万亿元，高于广东全省（含

21 个地级以上市）的生产总值；按照 2019 年人民币平均汇率为 1 美元兑 6.8985 元人民币折算，折合为 1.68 万亿美元，若参加全球各经济体排序，相当于第 11 位，达到居全球第六位的英国经济总量的 60%。

要发挥粤港澳大湾区的发展优势，需要从以下三个方面入手。一是以开放发展为引领，提升营商环境改革的领先优势，在积极主动对接国际大循环中，做好与国内大循环相互促进的大文章，并通过带动广东全省的区域协调发展，强化以国内大循环辐射带动内地发展，以国际大循环辐射带动对国际国内市场的深度参与，并进一步发展包括与发达经济体合作和陆海丝绸之路在内的全球经济合作。二是加强广东与港澳的合作，通过不同制度、不同关税区之间制度磨合及相互借鉴，打造制度创新优势，并以此强化粤港澳大湾区世界级城市群的国际竞争力影响力，使其成为向世界展示中国开放发展新格局建设的窗口和前沿；同时广东要做强对港澳稳定发展的支撑力，包括为港澳资本投资、港澳青年在湾区创业、加强粤港澳三地人文科技交流、加强深圳建设中国特色社会主义先行示范区的示范效应等方面提供有力支持。三是坚持创新引领，发挥深圳等国际先进的创新型城市作用，发挥广州、香港高校与科研机构较多、高等教育规模较大的优势，打造广深港澳科技创新走廊，形成创新驱动的强大引擎，通过建设国际先进的创新型城市群，进一步集聚国际优质资源，为国家的高质量发展、高水平的"双循环"新发展格局建设做出贡献。

五　建设成渝地区双城经济圈

成渝地区双城经济圈的提出并列入我国区域经济发展战略，是我国推进区域发展战略布局的客观需要。2020 年 1 月，中央财经领导小组讨论了建设成渝地区双城经济圈的问题。中共中央政治局于 10 月 16 日召开会议，审议《成渝地区双城经济圈建设规划纲要》。在此前的区域发展战略着重于发挥东部三大都市圈对我国经济发展的骨干支撑与改革开放引领作用的同时，选择位于内陆腹地且当前发展势头最为突出的成渝都市圈为内陆经济发展的先行区域，有利于形成优势互补、高质量发展的区域经济总体布局，有利于拓展国内国际市场空间、优化和稳定产业链供应链，是形成以国内大循环为主体、国内国际双循环相互促进的新发展格局的一项重大举措。

成渝地区在进入新时代以来，产业布局加快优化，传统优势产业稳定发展，先进制造业等高端产业资源集聚能力显著提升，地区互联互通设施建设加快推进，生态环境治理效果渐见成效，宜居宜业条件优势显现。在开放发展、推进"一带一路"倡议实施中，成渝地区营商环境不断改善，成为我国内陆地区对接国际市场、参与国际大循环的重要高地，近年从成渝两市首发的中欧班列数量居全国前列，为构建新发展格局下的区域发展新引擎创造了良好的基础。

成渝地区双城经济圈建设的目标，是建成具有全国影响力的重要经济中心、科技创新中心、改革开放新高地、高品质生活宜居地，打造带动全国高质量发展的重要增长极和新的动力源。建设的主要路径是健全合作机制，打造区域协作的高水平样板；唱好"双城记"，联手打造内陆改革开放高地，共同建设高标准市场体系，营造一流营商环境，以共建"一带一路"为引领，建设好西部陆海新通道，积极参与国内国际经济双循环；坚持不懈抓好生态环境保护，走出一条生态优先、绿色发展的新路子，推进人与自然和谐共生；处理好中心和区域的关系，着力提升重庆主城和成都的发展能级与综合竞争力，推动城市发展由外延扩张向内涵提升转变，以点带面、均衡发展，同周边市县形成一体化发展的都市圈。

第二节　实现中国特色城镇化与城乡协调发展

城市是当代世界经济社会发展的最重要领域，城市化或城镇化也是一国走向现代化进程中必然不断发展的领域。进入21世纪初，世界城市化进程踏入了一个重大转折点，2008 年全球人口中的城市居民越过了占总人口 50%的节点①。联合国经济和社会事务部人口司在发布的 2014 年修订版《世界城市化展望》报告中显示，从 1950 年到 2014 年，全球城市人口从 7.46 亿增加至 39 亿，占全世界总人口的 54%；到 2050 年，全球城市人口比例将达到 66%。其中新兴经济体是当今世界城市化的最强推进力。

在 21 世纪的世界，中国在全球城市化发展增量中的地位举足轻重。中国城镇化率在 2011 年跨越 50%节点，比世界跨越这一节点迟了 3 年；但在 2019 年跨越 60%节点时，其 60.6%的比例已经高于全球平均城市化率约 5 个百分点。中国城镇化率的迅速提升，反映的是经济快速而优质的发展；同时，由于中国人口基数全球居首，其城镇化率的提升所代表的城市人口在近 10 年间每年的净增额在古今中外的历史上都是前所未有的。城镇化的加速，不仅带来了重大的发展机遇，也带来许多新的问题与挑战。美国城市史学者科特金在 2005 年为其《全球城市史》中文版写的序言中指出："随着工业和科技实力的扩展，中国在从事着世界历史上最雄心勃勃的城市建设活动。"经过近 500 年相对滞后的历史，"中国再次成为现代世界城市规划和建设的中心。中国城市居民层次在提高，收入在增长，将可能塑造很多新的城市生活模式，这是对 21 世纪城市生活非常关键的交通和社会形式的伟大实验。这种变化的速度是突破性的"②。

中国的城镇化在加快发展的同时，必须注重城乡协调发展。城乡协调发展是构建"双循环"新发展格局的重要支撑条件，也是我国建设现代化社会的一个重要内容。从各国经验看，一国在工业化的加快推进中，

---

① 据联合国人口基金会 2007 年 7 月 19 日发布的《2007 年世界人口状况报告》，2008 年全球将有 33 亿人生活在城市，城市居民将占世界总人口的一半。

② 〔美〕乔尔·科特金（Joel Kotkin）：《全球城市史》（修订版），王旭等译，社会科学文献出版社，2010，第 5 页。

工业化与城镇化必然相互伴随、相互促进，而相应会在一定时期内拉大城市与乡村的发展差距。但这种城乡发展差距不能长期存在，更不能无限扩大，因为城乡协调发展不仅是经济发展的问题，也是社会发展乃至政治发展的问题，需要及时而妥善地采取有效举措，适时尽快缩小城乡差距，实现相对均衡协调的同步发展，这个问题在我国实现全面小康后继续向全面现代化进发的时候，显得尤其重要。

一　认识尊重顺应城市发展规律

城市起源于人类文明史的开创，城市也构筑了人类文明史培育、发展的载体、平台与强大引擎。城市的产生可以上溯五六千年，至今留下的最早城市印记是在美索不达米亚平原出现的一度达到25万人口的巴比伦（Babi-ilani，意为诸神降临大地的"众神之门"）；而中国能从地面看到的最早城市，是3600年前就拥有25平方公里面积的郑州商城遗址。历史上，城市的建立主要基于政治、文化和经济的因素，城市的发展也同样离不开由这三个基本因素衍生、演化、互动和推进中形成的一系列内在规律。

作为现代化的重要表征之一，城市化在总体上谱写着时代的主旋律。城市由于能够集聚高端发展要素、引领先进产业集聚、激发创新活力和为人的发展提供更多方面的条件，成为社会经济发展的引领者和主力军。城市为国家工业与服务业发展提供最重要的支撑，构成社会交通与信息集成和辐射的枢纽，形成国家科技与文化贡献和人才培养的主要基地；城市还提供了一国绝大部分的就业机会，形成一国主要的财政收入来源，成为一国在国际上集聚与配置资源的主要载体和国际交流的门户与平台等。所以，一国的主要城市，既在国内经济大循环中发挥主力军作用，又是引入国际资源和在国际社会代表国家参与国际大循环中的竞争与合作，直面国际社会博弈的重要主体。在国际上，如纽约、伦敦、巴黎、东京、旧金山、法兰克福等一线城市，在国际经济发展中都扮演着重要的角色。在以英国拉夫堡大学为基地的全球化与世界级城市研究小组与网络组织（Globalization and World Cities Study Group and Network，GaWC）2020 年发布的榜单中，中国的北京、上海、广州、深圳四个超大城市和香港、台北均进入 Alpha 大类（世界一线城市）的级别，在全球 50 个一线城市中占比超过 10%。

城市在为经济社会发展做出巨大贡献的同时，也容易因人口膨胀、工业拥挤、交通阻滞等因素衍生出生态环境、社会环境等方面的"城市病"，影响和制约城市发展的质量。在许多发达国家和发展中国家都不乏"城市病"极为严重的历史与现代案例（如严重的空气与水污染事件、罪案高发与贫民窟、垃圾"围城"等问题）。因此，在发挥城市对国家经济社会发展的基本支撑作用的同时，控制"城市病"的发生与发展，是与顺应城市发展规律、提升城市治理水平紧密关联的问题，是我们建设中国特色社会主义、完善现代化治理体系与治理能力的一个重要组成部分，我们必须走出有中国特色的城市发展道路。

2013 年党的十八届三中全会通过的《中共中央关于全面深化改革若干重大问题的决定》指出："全面深化改革的总目标是完善和发展中国特色社会主义制度，推进国家治理体系和治理能力现代化。"[①] 而时隔两年后习近平总书记主持召开的中央城市工作会议[②]又把"完善城市治理体系，提高城市治理能力"列入城市工作指导思想，并提出要尊重城市发展规律。这次中央城市工作会议明确提出，做好城市工作，要坚持以人民为中心的发展思想，坚持人民城市为人民。在推进城市化的发展中，在力求提升城市治理水平的努力中，必须研究、尊重和顺应城

---

① 《中共中央关于全面深化改革若干重大问题的决定》（2013 年 11 月 12 日），《十八大以来重要文献选编》（上），中央文献出版社，2014，第 512 页。
② 中央城市工作会议召开于 2015 年 12 月 20~21 日。这是继 1978 年全国城市工作会议后，时隔 37 年的再次召开，标志着城市工作在新时代需要做出新的重大研究部署。

市建设、发展和治理的规律，因势利导，这样方可使人们对美好城市生活的向往成为现实。2020年4月，在中央财经委员会第七次会议上，习近平总书记强调，必须重视以人为核心的城镇化。"目前，我国常住人口城镇化率已经达到60.6%，今后一个时期还会上升。要更好推进以人为核心的城镇化，使城市更健康、更安全、更宜居，成为人民群众高品质生活的空间。"① 这是我国城市建设与城市治理必须遵循的基本理念。

遵循城市发展与运行的规律，必须牢固树立城市工作是一个系统工程的理念，注重提高质量，立足国情，保护自然，集约发展，在统筹上下功夫，在重点难点上求突破，着力于全面提高城市经济社会和生态发展的可持续性和宜业宜居性，做强做大做优城市功能，走出中国特色城市发展的成功道路。为此，要加强城市建设与治理的通盘运筹，包括统筹空间、规模、产业三大结构，优化城市总体布局的科学性；统筹规划、建设、管理三大环节，强化城市发展的过程治理的系统性；统筹改革、科技、文化三大动力，提升城市发展的先进引领性；统筹生产、生活、生态三大布局，增进城市发展的友好性与可持续性；统筹政府、社会、市民三大主体，构建城市治理体系与治理能力的协同性。为做好这些统筹工作，不仅需要建设学习型城市（尤其是学习型政府），还要建设好城市智库，发挥好城市智库的作用，联手社会各界，运用好大数据与智慧城市建设的科学手段，并调动广大市民的积极性，构建共享共治的城市治理新模式。

二　提升城市治理现代化水平

城市治理，是国家治理体系中的基本单元，是国家治理水平实现现代化的基础。中央城市工作会议明确指出，"城市是我国各类要素资源和经济

---

① 习近平：《国家中长期经济社会发展战略若干重大问题》，《求是》2020年第21期。

社会活动最集中的地方，全面建成小康社会、加快实现现代化，必须抓好城市这个'火车头'"，"促进城市治理体系和治理能力现代化"。①

从城市管理走向城市治理，在一般意义上，体现的是城市从单向垂直的管治转向多维的综合的协同治理，实现城市功能的最大化，增进城市发展的可持续性。现代城市治理所涉及的领域极为丰富，包括但不限于以下五个主要方面。

一是经济发展领域的治理，这是由城市作为国家和区域经济发展的主要支撑力量所决定的。现代化城市的经济治理应该以经济结构的优化和发展质量的持续提升为基本方向和工作内容，特别是要着力提升区域中心城市及其相应城市群在生产力组织中的高端资源集聚力和创新力，以强化其在区域乃至国家经济发展中的引领力、支撑力。当前，为适应我国正在开创的以国内大循环为主体、国内国际双循环相互促进的新发展格局，城市特别是大城市、特大城市和超大城市②，无疑应该肩负起"双循环"发展的重要引擎和支柱功能，中等城市也应该成为区域发展的重要节点，通过城市网络体系的联动运作，全面增强经济发展的带动力辐射力。从2019年对中国经济总量的贡献看，我国地区生产总值最高的前30个城市，对GDP的贡献超过四成。所以，重视加强城市经济治理，特别是特大城市和超大城市的经济治理，对国家的经济发展将发挥强有力的保障作用。

二是社会发展领域的治理，这是由城市社会构成的多元性以及由此引起的社会矛盾的丰富表现所决定的。社会是人的集合体，规模越大的现代城市，人口的来源往往越广泛，其社会文化的多元交流与碰撞也越

---

① 《中央城市工作会议在北京举行》，《人民日报》2015年12月23日。
② 按照我国的现行分类标准，以城区常住人口规模为依据，1000万人以上的城市为超大城市，如北上广深四大一线城市均属超大城市；而500万人以上1000万人以下的城市为特大城市，100万人以上500万人以下的城市为大城市，50万人以上100万人以下的城市为中等城市，50万人以下的城市为小城市。

丰富，但社会矛盾和治安等问题也更突出；而且越大的城市、越有人文历史和自然资源吸引游客的城市，以及门户枢纽和重要商贸城市，其流动人口的占比越大，社会信息流越丰富也越复杂，社会治理问题的复杂性、动态性也越强。现代化城市的社会治理应该以城市的人口与社会结构的优化，社会包容性、凝聚力的增强和社会运行的安全与和谐为方向。我国城市社会治理情况近年明显优化，民生服务的质量不断提升，城市社会运行有序。一个显著的例证就是在 2020 年抗击新冠肺炎疫情中，我国城市社会治理的高质量对抗疫斗争取得重大胜利发挥了不可替代的有力作用。

三是城市环境建设领域的治理，这是由城市各种环境污染物产生和排放强度大所决定的。越是大城市、特大城市和超大城市，废气、污水、垃圾等的排放量越是巨大；而人口密集、建筑密集、道路拥堵、机动车流量巨大、二氧化碳等温室气体高度集聚，都给较大城市带来了环境治理的大量难点、痛点。城市环境治理应该以建设环境友好宜居的低碳城市、绿色城市为方向，增强城市可持续发展的能力。所谓"城市病"，在较大程度上是城市环境恶化的表现，除部分属于社会治理问题（如某些国家城市中的贫民窟、黑社会等问题积重难返），大多属于生态环境问题。在绿色发展理念指导下，我国城市生态环境的治理通过采取层层压实责任、开展全民教育、运用先进科技手段和完善城市环境相关基础设施（如排污系统、垃圾分类与处理系统）建设等措施，正在持续推进系统性的质量改善。

四是城市文化领域的治理，这是由城市发展与城市竞争的"软实力"所决定的。城市文化的形成既与城市发展的历史有关，也与人口集聚过程中带来的多元文化以及城市在开放的世界中受到的人流、信息流、文化流的交汇与冲击有关。现代化城市的文化治理应该处理好继承历史文化特别是非物质文化遗产和容纳海内外先进文化的关系，以提升城市文化软实力和打造城市的精、气、神为方向，使城市文化成为城市魅力的重要特征，更好地吸引人才和促进经济社会发展。旧城改造和新城建设，都必须注重文化的传承，处理好保存传统文化与创新现代城市文化的关系。一些较大城市每年新市民的数量较多，如何让来自农村和小城镇的新市民适应大城市的包括行为规范等在内的文化，是一个值得关注和解决的问题，也是"人的城市化"应有的一个重要内涵。部分城市的所谓"城中村"的脏乱差，除因为基础设施配套可能未及时跟上外，在一定意义上也反映出城市文化延伸不足和城市教育功能未能有效提升的问题。

五是城市政府职能与治理方式现代化问题，这由政府机构设置及职能安排、城乡协调、城市管理机制与技术等问题构成。越是大型城市，行政管理的层级和架构越丰富，对行政管理效率的要求也往往越高。现代化城市行政管理应该是保障城市稳定运行的长效机制与面对复杂及突发事件的高效应急处理机制的结合，是依法行政和依靠先进技术手段行政的结合，是以"人的城市化"为中心的人性化治理与大数据基础上的智慧城市治理的结合。习近平在深圳经济特区建立 40 周年庆祝大会上的讲话中提出，"要注重在科学化、精细化、智能化上下功夫"，"让城市运转更聪明、更智慧"。[①] 当前，智慧城市建设正在分级分类推进，上海、深圳、杭州、北京、广州、重庆、天津、宁波、福州等智慧城市建设已走在前列，雄安新区、浦东新区、两江新区、滨海新区、贵安新区、西咸新区等智慧新区建设和长三角、粤港澳大湾区、京津冀等智慧城市群建设正积极探索创新。从城市治理能力现代化的发展要求看，我国的城市都要普遍构建以"城市数字大脑"为支撑的数字政府，集中力量推动开放共享智慧城市基础支撑平台和数据中心建设和运用；充分利用大数据分析、云计算等技术对实时感知数据进行处理，为智慧交通、智慧物

---

① 习近平：《在深圳经济特区建立 40 周年庆祝大会上的讲话》（2020 年 10 月 14 日），《人民日报》2020 年 10 月 15 日。

流、智慧医疗、智慧社区等建设提供优质可靠的智能化服务，为城市职能的有效行使和治理决策的科学性构筑坚实的数据保障。

三　统筹城乡协调发展

如果说在工业化初期、中期，乡村为工业发展和城镇化发展提供了资源支撑，特别是工业与服务业中的劳动力资源，以及城市建设、交通道路建设和工业园区建设等方面的劳动力资源的支撑，那么在我国进入工业化后期，经济发展从外延为主转向内涵为主，以促进高质量发展的历史阶段，城市反哺农村、联手乡村共同发展就需要提升为实现协调发展的主旋律。

协调城乡发展，就要解决乡村发展速度滞后于城市的问题，因为这是矛盾的主要方面。而乡村的问题，首要表现为农民的收入水平不高问题，以及乡村发展不足所形成的贫困人口脱贫较为缓慢的问题。历史地看，中国从 2000 年实现总体小康到 2020 年实现全面小康，其重中之重的一项工作就是通过消除贫困促进乡村振兴以推进城乡协调发展，构建现代化格局下的城乡关系。党的十八大以来，我国为实现全面小康而致力于解决贫困人口问题，在现行标准（贫困线以 2010 年人均 2300 元不变价为基准，按照物价等指数折算为现价，在 2019 年底的现价为 3218 元）下实现现有贫困人口的全部脱贫，平均每年减贫脱贫 1300 多万人，贫困发生率从 2012 年的 10.2% 下降至 2020 年末的 0。与此同时，全国城乡居民人均可支配收入①的差距也在缩小。2000 年我国城镇居民与农村居民人均可支配收入之比为 2.79∶1，2009 年升至 3.33∶1。2010 年以后，特别是党的十八大以来，国家采取更积极的提高农民收入的举措，使农村居民收入增幅保持高于城镇居民收入增幅的态势，城乡居民人均可支配收

---

① 2013 年以前，统计部门对"农村居民人均可支配收入"表述为"农村居民人均纯收入"的概念。

入比从 2012 年的 3.10∶1 降至 2020 年的 2.56∶1。考虑到城市人均衣食住行等生活费用开支明显高于农村的现实因素，城乡居民人均可支配收入之比下降的空间将逐步缩小并趋于相对合理；随着乡村振兴战略的持续实施，城乡差距在收入分配问题上的协调将得到妥善解决。

在缩小城乡收入差距的同时，进一步协调城乡发展，必须着力在城乡规划、基础设施、公共服务等方面推进一体化进程。为加强农村建设，加强农村公共服务体系支撑力、提升农村社会治理水平，2018 年，经全国人大批准，组建农业农村部，将原农业部的职责，以及国家发展改革委、财政部、原国土资源部、水利部的有关农业投资项目管理职责整合于新的农业农村部。这有利于加强农业农村改革发展的领导体制和规划发展的顶层设计。2021 年 2 月，"国家乡村振兴局"挂牌成立，取代原国务院扶贫开发领导小组的职能，体现我国在国家治理上进一步加强从对乡村的扶贫脱贫转向全面实现乡村振兴的顶层考量。

实现城乡发展的统筹协调，需要全面系统谋划，重点从以下三个方面发力。

一是在发展规划方面，要统筹城乡一体化发展规划。一方面，要着力补足乡村基础设施建设的短板，包括修路、供水（自来水）、供电等基本设施，同时要按照当今时代的要求，在网络设施、卫生设施（包括乡村公共厕所建设、改造等）、排污系统等方面加快与城市设施的对接。到 2020 年，我国已实现村村通公路、通电等基础设施建设。当前在做出城市本身新建的基础设施规划方面，包括新基建项目，应按照城乡一体化的要求做出规划（若一些城市因财力制约未能同步建设，也需要先做出统一规划，然后分步实施）。除基础设施外，涉及生态环境系统、城乡产业布局、城市及周边地区功能区划分等规划的内容，也必须统筹城乡格局，着眼长远发展，提升规划的科学性及规划实施效果的长效性。其中如城市建设中近年开展的排水系统重构问题，也要打通城乡需求，做好通盘考虑，以免对未来某些重要基础设施跨城乡运作的系统性效率形成制约。

二是在公共服务方面，要统筹城乡公共服务，使其实现一体化。城乡公共服务体系的协调发展，是现代化社会建设的必然要求。由于历史的原因，在城镇化加快推进过程中，大量人口进入城镇，城镇公共服务供给的压力迅速加大，从而在一定时期内形成优先发展城市公共服务的态势；而两种公有制的并存，在一定历史阶段令农村集体所有制经济需承担农村社区建设，在一定程度上制约了农村公共服务的推进①。进入 21世纪以来，随着从总体小康向全面小康目标的迈进，2003 年《中共中央关于完善社会主义市场经济体制若干问题的决定》提出要增加各级财政对农业和农村的投入，明确"国家新增教育、卫生、文化等公共事业支出主要用于农村"②，以着力补齐农村公共服务的短板；2008 年《中共中央关于推进农村改革发展若干重大问题的决定》提出推进城乡基本公共服务均等化，实现城乡、区域协调发展的要求；2013 年党的十八届三中全会通过的《中共中央关于全面深化改革若干重大问题的决定》，重申统筹城乡基础设施建设和社区建设，推进城乡基本公共服务均等化的要求。为此，中央持续多年的一号文件都指向农业、农村、农民等"三农"问题，强调对农村公共服务的补强。如 2019 年中央一号文件即《中共中央国务院关于坚持农业农村优先发展做好"三农"工作的若干意见》，对于加强农村基本公共服务体系建设提出了更全面和更高的要求：全面提升农村教育、医疗卫生、社会保障、养老、文化体育等公共服务水平，加快推进城乡基本公共服务均等化；推动城乡义务教育一体化发展，深

---

① 农村集体所有制涵盖从土地、资金到生产设施和劳动力等要素在内，农村公共服务的投入在历史上一度较少财政资金介入，与城镇的公共服务水平存在较大差距。进入 21 世纪以来，国家财政加大对农业农村的投入，其中相当大的比例用于农村公共服务的改善，城乡公共服务差距呈现持续缩小态势。

② 《中共中央关于完善社会主义市场经济体制若干问题的决定》（2003 年 10 月 14 日），《改革开放三十年重要文献选编》（下），中央文献出版社，2008，第 1351 页。

入实施农村义务教育学生营养改善计划；实施高中阶段教育普及攻坚计划，加强农村儿童健康改善和早期教育、学前教育；加快标准化村卫生室建设，实施全科医生特岗计划；建立健全统一的城乡居民基本医疗保险制度，同步整合城乡居民大病保险；完善城乡居民基本养老保险待遇确定和基础养老金正常调整机制；统筹城乡社会救助体系，完善最低生活保障制度、优抚安置制度；加快推进农村基层综合性文化服务中心建设；完善农村留守儿童和妇女、老年人关爱服务体系，支持多层次农村养老事业发展，加强和改善农村残疾人服务；推动建立城乡统筹的基本公共服务经费投入机制，完善农村基本公共服务标准。

三是在经济发展方面，要对乡村产业发展做好规划和指导，形成乡村经济可持续"造血"的发展机制。城乡二元结构本质上是经济结构问题，对此，党的十八届三中全会通过的《中共中央关于全面深化改革若干重大问题的决定》指出："城乡二元结构是制约城乡发展一体化的主要障碍。必须健全体制机制，形成以工促农、以城带乡、工农互惠、城乡一体的新型工农城乡关系，让广大农民平等参与现代化进程、共同分享现代化成果。"[①] 这需要以现代技术注入农业生产方式，提升农业发展水平，并使农业这个第一产业的发展与工业生产方式的引入及服务业的融入相交汇，构建更可靠的以农业为本体的全产业链，并融入创新链、做强供应链，提升农业的生产组织能力及与市场对接能力，将其建设成为综合性的高效运行的现代农业产业体系。进入新时代以来，我国以脱贫攻坚战和实行乡村振兴战略为统领，全面推进乡村经济发展提质，主要表现在：通过加大力度支持农业专业生产合作社发展的方式，加强农业生产组织建设，提升农业生产方式与经营方式的企业化、市场化水平；加大对农业科技的研发投入，加强对农业劳动者的技术培训，并引入社

---

① 《中共中央关于全面深化改革若干重大问题的决定》（2013 年 11 月 12 日），《人民日报》2013 年 11 月 16 日。

会资金投资农村经济，支持在农村开展创新创业，在增加农业农村要素投入量的同时，提升农业农村经济中生产要素配置的质量，推进农业生产方式走向现代化；协力通过产业结构的优化调整，加大对接农业农村的生产服务业（包括电商、物流等）发展，并通过与大城市合作建设农产品生产供应基地，增强农产品稳定对接市场需求的能力，提升农村农业经济的综合效益；加强乡村经济发展的生态维护，强化"绿水青山就是金山银山"的绿色发展理念，加强对农田污染的防治与修复工作，在发展乡村旅游等特色产业的同时，做好乡村的污染物排放处理工作等。

第三节　支持深圳建设中国特色社会主义先行示范区

在一个发展中大国，全面实现现代化的进程，不可能齐头并进，而且当前我国已有部分先行发展地区的部分指标达到或接近于现代化社会的一般水平。基于以点带面，从试点中取得经验再加以推广，是我国改革开放与发展实践反复验证的成功做法，在构建新发展格局中，在我国现代化事业的推进中，选择部分地区特别是作为改革开放排头兵的创新型城市进行先行示范，是非常必要和具有重要意义的。

深圳作为我国改革开放历史上首批经济特区之一，在先行先试中取得了尤为突出的成绩，40 年间从当初的边陲小镇跃升为国内国际一线城市，打造了中国特色社会主义城市发展与治理的卓越范例。中央决定支持深圳建设中国特色社会主义先行示范区，这新一轮的试点与标杆的树立，不仅是对深圳发展的肯定与期待，更是对全国各地在实现全面小康基础上，向全面建设社会主义现代化国家的目标再出发所做出的新的昭示和新的号令。

一　从经济特区到中国特色社会主义先行示范区

1980 年，我国在深圳、珠海、汕头、厦门创办首批 4 个经济特区，

1988年中央又批准设立海南经济特区。这些经济特区承担着国家实行改革开放政策先行先试的排头兵、试验区的历史重任。其中深圳的发展最为迅速，其经济总量从1980年的2.7亿元跃升至2019年的2.7万亿元，居亚洲城市第五位，财政收入从不足1亿元增加到9424亿元，实现了由一座落后的边陲小镇到具有全球影响力的国际化大都市的历史性跨越。

2020年10月14日，深圳经济特区建立40周年庆祝大会在深圳隆重举行。习近平总书记高度评价了深圳经济特区取得的成绩和经验，明确指出："党中央对深圳改革开放、创新发展寄予厚望。去年8月，党中央出台了支持深圳建设中国特色社会主义先行示范区的意见，全面部署了有关工作。深圳要建设好中国特色社会主义先行示范区，创建社会主义现代化强国的城市范例，提高贯彻落实新发展理念能力和水平，形成全面深化改革、全面扩大开放新格局，推进粤港澳大湾区建设，丰富'一国两制'事业发展新实践，率先实现社会主义现代化。这是新时代党中央赋予深圳的历史使命。"[①]

回顾深圳经济特区发展的进程，其经历了三个大的发展阶段。

（一）1980~1991年，深圳经济特区起步阶段

在此期间，在中央赋予特殊政策、灵活措施支持下，深圳经济特区成功开局并着重承担向世界展示我国改革开放"窗口"的功能，体现了初始的"杀出一条血路"的观念创新、制度创新与明显的外向型经济特色。

改革开放初期，由于当时我国的经济体制总体被描述为"计划经济与市场调节相结合"，深圳经济特区就肩负着在计划经济大体制中完成区

---

① 习近平：《在深圳经济特区建立40周年庆祝大会上的讲话》（2020年10月14日），《人民日报》2020年10月15日。

域性市场经济实践探索的重任。1984 年，邓小平考察深圳并题词："深圳的发展和经验证明，我们建立经济特区的政策是正确的。"这为深圳经济特区发展拨云驱雾，极大地鼓励了深圳等经济特区加快发展，促成了当年在沿海省市新设立 14 个沿海开放城市及其经济技术开发区的布局，使开放发展从"点"连成"线"。在邓小平理论与广东实践的结合中，广东理论界进而提出经济特区可以市场经济体制为主，并在总结经济特区与珠三角先行一步发展经验基础上，于 1987~1988 年在广州组织"社会主义初级阶段市场经济"大讨论，提出社会主义市场经济是中国经济体制改革目标的前瞻性学术观点。[①] 在此期间，深圳经济特区的经济结构从"三来一补"发展到以"三资企业"为主，较快地优化外向型经济结构，深圳 1991 年外贸出口额达 34.46 亿美元，成为当时全国仅次于上海的出口额居第二位的口岸城市；同年实际利用外资 5.8 亿美元，居全国城市首位。[②]

深圳经济特区在起步阶段的成功，体现了邓小平提出的"特区是个窗口，是技术的窗口，管理的窗口，知识的窗口，也是对外政策的窗口"[③]。随后由邓小平提出并在 1990 年经中共中央和国务院决策的上海浦东的开发和更高水平开放，在一定意义上也是基于对深圳等经济特区和沿海开放城市所做探索并取得经验的高度认可。

（二）1992~2011 年，深圳经济特区转型发展期

以邓小平"南方谈话"为引领，我国明确提出建设社会主义市场经济体制，国家开放政策进一步铺开，深圳适时向以创新力为引领的发展

---

① 这一讨论，作为广东改革开放标志性的学术事件，在 2018 年为纪念改革开放 40 周年在深圳举办的"大潮起珠江——广东改革开放 40 周年展览"中获得展示。习近平总书记参观了这一展览。

② 数据参见 1991 年国家与有关市的国民经济和社会发展统计公报。本节其他数据除另行说明外均采自统计部门公布的数据。

③ 《邓小平年谱（一九七五——一九九七）》（下），中央文献出版社，2004，第 963 页。

方向转型，进一步增强城市综合实力。中央根据深圳等经济特区转型发展的显著绩效，2010 年批准深圳经济特区面积从起步期的 327.5 平方公里扩展至全市的 1952.8 平方公里。

1992 年春天邓小平考察深圳时说，"对办特区，从一开始就有不同意见"，而"深圳的建设成就，明确回答了那些有这样那样担心的人。特区姓'社'不姓'资'"。① 这一时期，全国开放地域在沿海、沿江、沿边及内陆地区逐步推开。在此背景下，深圳意识到，鉴于扩大开放条件下深圳原先的政策优势不再"一枝独秀"，必须从主要依靠政策优势转到发展方式转变上来，从而提出以创新为导向的"二次创业"，着重抓自主创新引领的产业结构调整、升级，从原先以出口加工型产业为主转向以发展高新技术产业和高端生产性服务业为主。从 1995 年正式提出"二次创业"到 2011 年，深圳高新技术产业产值从 146 亿元增长到 11875.6 亿元，增长了 80 多倍；其中具有自主知识产权的高新技术产业产值占比已超过六成。2004 年起，深圳成为 PCT 国际专利申请量居首位的中国城市，2011 年 PCT 国际专利申请量已占全国总量的 45.4%。1999 年起，深圳还创办了多届中国国际高新技术成果交易会（高交会），成为我国高新技术领域国际化展会的重要品牌。

深圳转型发展的另一关键因素是加快补齐对外互联互通短板。深圳机场 1991 年通航、1993 年起开通国际航线，国际集装箱班轮航线 1992 年开通，广深准高铁 1994 年建成，此间还建成数条联结深圳内外的高速公路，为深圳加强城市资源集聚力和优势辐射力创造了必要的基础性支撑条件。

（三）2012 年至今，深圳进入新时代并进而成为中国特色社会主义先行示范区

2012 年 12 月习近平当选中共中央总书记后首次离京考察就选择了深

---

① 《邓小平文选》（第三卷），人民出版社，1993，第 372 页。

圳，向全国人民并向世界宣示中国改革开放的决心坚定不移。2018 年 10 月，习近平总书记再次来到深圳考察并参观"大潮起珠江——广东改革开放 40 周年展览"，他说，"改革开放 40 周年之际再来这里，就是要向世界宣示中国改革不停顿、开放不止步"，"广东要弘扬敢闯敢试、敢为人先的改革精神，立足自身优势，创造更多经验，把改革开放的旗帜举得更高更稳"。① 2019 年 8 月，《中共中央　国务院关于支持深圳建设中国特色社会主义先行示范区的意见》给新时代深圳的发展方向与路径展示了新的蓝图，提出深圳在新时代要创建社会主义现代化强国的城市范例，并建成竞争力、创新力、影响力卓著的全球标杆城市。因此，新时代的深圳要向具有更强的区域与全球资源集聚力与辐射力的方向发展。

近年来，深圳发展获得了重大提升。一是 2014 年设立广东自贸试验区前海蛇口片区，截至 2019 年 5 年来已推出制度创新成果 500 余项。二是进一步加快科技创新和产业升级，2019 年全市研发强度达 4.9%，比肩国际先进国家水平，2019 年先进制造业占规模以上工业增加值的比重达到 71.9%；新基建、新动能加速，2020 年实现全市 5G 网络全覆盖，国家创新型城市地位更加凸显。三是加快补民生短板，近年在教育、医疗、住房保障、养老等领域以空前力度加大投入，2013～2019 年，深圳市级安排落实民生实事 660 件，城市人居质量加快优化。四是中共中央、国务院 2019 年 2 月印发的《粤港澳大湾区发展规划纲要》中确定深圳为大湾区发展四大核心引擎之一，为深圳联手其他核心引擎带动大湾区发展、增强区域国际竞争力影响力提供了国家发展战略层面的支持，对深圳发挥建设中国特色社会主义先行示范区的"先行"与"示范"作用具有重要意义。

---

① 《习近平在广东考察时强调　高举新时代改革开放旗帜　把改革开放不断推向深入》，《人民日报》2018 年 10 月 26 日。

二 深圳经济特区 40 年的发展经验

习近平总书记在深圳经济特区建立 40 周年庆祝大会上总结了经济特区取得的基本经验："一是必须坚持党对经济特区建设的领导，始终保持经济特区建设正确方向。二是必须坚持和完善中国特色社会主义制度，通过改革实践推动中国特色社会主义制度更加成熟更加定型。三是必须坚持发展是硬道理，坚持敢闯敢试、敢为人先，以思想破冰引领改革突围。四是必须坚持全方位对外开放，不断提高'引进来'的吸引力和'走出去'的竞争力。五是必须坚持创新是第一动力，在全球科技革命和产业变革中赢得主动权。六是必须坚持以人民为中心的发展思想，让改革发展成果更多更公平惠及人民群众。七是必须坚持科学立法、严格执法、公正司法、全民守法，使法治成为经济特区发展的重要保障。八是必须践行绿水青山就是金山银山的理念，实现经济社会和生态环境全面协调可持续发展。九是必须全面准确贯彻'一国两制'基本方针，促进内地与香港、澳门融合发展、相互促进。十是必须坚持在全国一盘棋中更好发挥经济特区辐射带动作用，为全国发展作出贡献。"习近平总书记同时强调："以上十条，是经济特区 40 年改革开放、创新发展积累的宝贵经验，对新时代经济特区建设具有重要指导意义，必须倍加珍惜、长期坚持，在实践中不断丰富和发展。"①

习近平总书记总结的经济特区这些发展经验，主要从其对全国各地具有普遍对照、借鉴意义的角度加以总结，因而具有非常强的示范意义和学习、推广的价值，特别是前八项，各地各城市在改革发展中，都应该全面对照，找出差距，补好短板，挖掘潜力，抓住构建新发展格局的重大历史机遇，写下新时代新的发展篇章。

---

① 习近平：《在深圳经济特区建立 40 周年庆祝大会上的讲话》（2020 年 10 月 14 日），《人民日报》2020 年 10 月 15 日。

三　努力创建社会主义现代化强国的城市范例

深圳作为国家一线城市中发展最快的城市，作为粤港澳大湾区一个重要的核心引擎，当前的发展态势依然强劲。在我国实现全面小康和全面转入建设社会主义现代化国家的第二个百年奋斗目标之际，为有利于率先探索全面建设社会主义现代化强国新路径，为实现中华民族伟大复兴的中国梦提供有力支撑，中共中央、国务院在 2019 年发布《关于支持深圳建设中国特色社会主义先行示范区的意见》（以下简称《意见》），并于一年后的 2020 年 10 月，由中共中央办公厅、国务院办公厅印发《深圳建设中国特色社会主义先行示范区综合改革试点实施方案（2020—2025 年）》（以下简称《方案》）。在深圳建设中国特色社会主义先行示范区的指导思想中，《意见》和《方案》都统一明确把"努力创建社会主义现代化强国的城市范例"作为最终落脚点，充分反映了城市现代化与国家现代化建设的内在联系，以及实行深圳先行示范区建设所具有的全局性和时代性重大实践意义。根据中央的意见，深圳的发展定位是高质量发展高地、法治城市示范、城市文明典范、民生幸福标杆、可持续发展先锋。这个系列定位总结了城市经济、文化、社会、生态等主要领域的功能提升要求。同时提出在 2035 年建成我国建设社会主义现代化强国的城市范例，在 21 世纪中叶即我国实现现代化的时候，发展成为竞争力、创新力、影响力卓著的全球标杆城市。

根据《意见》出台后的反响与进展，《方案》按照中央的改革顶层设计和战略部署，根据支持深圳实施综合授权改革试点的原则，进一步扩大了对深圳发展的授权。其重点在于以构建社会主义现代化强国的城市范例为蓝本做出重大的制度创新，从先行城市的角度，探索构建高质量发展体制机制，推进治理体系和治理能力现代化，从而为全国现代化区域治理制度建设做出重要示范。《方案》以相当大的力度，扩大深圳对土地、劳动力、资本、技术、数据等基本要素的支配使用权限，部分权限达到省级政府的事权，包括部分国务院可授予的权限直接授予深圳；同时深化营商环境、科技创新环境、开放型经济体制和民生服务供给体制、生态环境和城市空间治理体制等方面的改革。习近平总书记代表党中央，对深圳用好中央推出的改革先行举措及授予的重大事项自主权，提出压实责任的要求，他指出："党中央经过深入研究，决定以经济特区建立 40 周年为契机，支持深圳实施综合改革试点，以清单批量授权方式赋予深圳在重要领域和关键环节改革上更多自主权，一揽子推出 27 条改革举措和 40 条首批授权事项。深圳经济特区要扛起责任，牢牢把握正确方向，解放思想、守正创新，努力在重要领域推出一批重大改革措施，形成一批可复制可推广的重大制度创新成果。"[1] 可以预见，随着这些改革举措的落实与奏效，深圳将落实习近平总书记要求的"树立全周期管理意识，加快推动城市治理体系和治理能力现代化，努力走出一条符合超大型城市特点和规律的治理新路子"[2]，其作为先行示范区所产生的许多可复制可借鉴的经验将在更多主要城市推开，逐渐形成以点带面、层层推进的覆盖城乡的中国特色现代化治理体系，为中国走向现代化国家注入新的富有活力的制度因素。

四 广东要积极发挥"双区"驱动效应

建设粤港澳大湾区、支持深圳建设中国特色社会主义先行示范区，是习近平总书记亲自谋划、部署和推动的重大国家战略。习近平总书记要求深圳经济特区率先建设高水平开放型经济新体制，更好发挥在"双循环"新发展格局建设中的作用。他指出，深圳"要优化升级生产、分

---

[1] 习近平：《在深圳经济特区建立 40 周年庆祝大会上的讲话》（2020 年 10 月 14 日），《人民日报》2020 年 10 月 15 日。

[2] 习近平：《在深圳经济特区建立 40 周年庆祝大会上的讲话》（2020 年 10 月 14 日），《人民日报》2020 年 10 月 15 日。

配、流通、消费体系，深化对内经济联系、增加经济纵深，增强畅通国内大循环和联通国内国际双循环的功能，加快推进规则标准等制度型开放，率先建设更高水平开放型经济新体制"。同时强调："粤港澳大湾区建设是国家重大发展战略，深圳是大湾区建设的重要引擎。"① 这就要求把粤港澳大湾区建设和深圳建设中国特色社会主义先行示范区更好地结合起来。

深圳被赋予建设中国特色社会主义先行示范区的使命，将不断增强其对广东全省发展的带动作用和对全国现代化城市建设的标杆作用；而粤港澳大湾区集珠三角"9+2"城市实力，结合深圳示范区的标杆作用，在珠三角这块改革开放的热土上，可形成"双区"驱动的集成效应。以"双区"驱动带动广东全省发展，宜从两个方向着重发力：一是引领与示范作用，即在"双区"不断创新发展经验的同时，把可复制推广的成功经验辐射、输出和扩散到全省，带动省内各地发展；二是互补互促作用，深圳在建设中国特色社会主义先行示范区进程中加强与粤港澳大湾区的内外合作，既可克服自身发展空间的制约，又可与大湾区内外的资源与配置产生较高质量的互补，取得共赢效益。大湾区本身在世界级城市群活力的提升中，必然要扩大资源流动空间，其中与粤东西北地区的区域合作占有重要地位，也符合国际上世界级城市及城市群发展对周边地区优先带动的客观事实。

目前，区域间发展差距过大是广东最突出的短板。粤东西北 12 个地级市经济总量在 2019 年只占全省 21 个地级以上市的两成左右，同年广东人均地区生产总值最高的深圳相当于最低的梅州的 7.5 倍。这不仅说明发展不平衡不协调问题是广东最突出的短板，同时也恰好证明"双区"驱动大有可为。目前已有的对口帮扶，包括省内大湾区内外的市际和高

---

① 习近平：《在深圳经济特区建立 40 周年庆祝大会上的讲话》（2020 年 10 月 14 日），《人民日报》2020 年 10 月 15 日。

校间的帮扶已取得一定成效，但粤东西北发展的长效机制尚待"双区"的制度创新与粤东西北的实际进行更有效对接；今后还可进一步突破原有市际帮扶的局限，发挥大湾区城市群合力，构建其与粤东西北城市组团的集群合作机制，以及按照内容分工，开展城际交叉帮扶等。这些都有利于创新"双区"驱动全省"双循环"新发展格局协调发展的绩效，进而为国家的新发展格局做出更大贡献。

在加强"双区"驱动中，依据国家印发的《粤港澳大湾区发展规划纲要》提出的多极带动构建世界级城市群的模式，广东省广州与深圳两个核心引擎可通过双城联动，发挥推进大湾区建设和全省发展的双核功能。其中广州要实现老城市新活力和"四个出新出彩"①，是习近平总书记 2018 年 10 月视察广东时提出的重要指示和殷切期望。让广州这个历史文化根基深厚的老城市与深圳这个充满时代创新活力的新兴城市携手，有利于优势互补，形成强有力的发展轴，这既有利于广深二市自身潜能的发挥，更有利于全面驱动大湾区和全省高质量发展。因此，广州可以其综合性门户城市、综合性交通枢纽、城市文化教育科研优势、国际商贸中心、华南地区最丰富产业体系和国际交流对话平台等优势，与深圳实现协同创新、协同发展。

中央支持深圳建设中国特色社会主义先行示范区，支持粤港澳大湾区建设，有高标准的发展要求。只有更强的"双区"，才能有更强的驱动力。当前，从深圳看，需要在以现有高新技术产业为核心竞争力的条件下，着力扬长补短，进一步加强产业链供应链建设，进一步加快相关民生产业与公共服务体系的建设，并提升城市消费对经济增长的贡献度。目前深圳正在加强的各层级教育服务能力特别是加快高等教育发展，也将对深圳在前沿创新与应用创新基础上进一步发展基

---

① "四个出新出彩"即综合城市功能出新出彩、城市文化综合实力出新出彩、现代服务业出新出彩、现代化国际化营商环境出新出彩。

础研究与应用研究相结合的科研创新体系大有裨益。从大湾区看，为达致《粤港澳大湾区发展规划纲要》提出的"建设富有活力和国际竞争力的一流湾区和世界级城市群，打造高质量发展的典范"，更需要在深化互联互通条件的同时，着力强化资源优化配置的协同效应，加强城际合作与区域功能互补的湾区规划的内外协调，并完善相关体制机制建设，在市场化法治化现代化治理体系与治理能力上先行先试，以实现世界级城市群集群效应的最大化，同时为我国全面实现高质量的现代化进程提供更丰富的经验与更强大的支撑能力。

第八章　实现"两个一百年"奋斗目标

"两个一百年"奋斗目标，即在 2000 年实现总体小康的基础上，到中国共产党建党 100 周年之际实现全面小康，再到 21 世纪中叶即新中国成立 100 周年之际，把我国建设成为富强、民主、文明、和谐、美丽的社会主义现代化强国。这是中国共产党领导中国人民改革开放，开辟、发展中国特色社会主义道路，实现中华民族伟大复兴的中国梦的伟大战略目标。在"两个一百年"奋斗目标引领下，党领导人民砥砺奋进，在实践中不断凝聚全党全国人民智慧，发挥中国特色社会主义的道路自信、理论自信、制度自信、文化自信，在 2020 年迎来了全面小康社会建设的成功，开启了进入第二个百年奋斗目标的新的征程。

第一节　"两个一百年"奋斗目标的形成

"两个一百年"奋斗目标是在实行改革开放以后提出并不断丰富其内涵的，其战略目标的实施路径及其推进步骤也是在实践中不断完善的。其形成和发展过程，体现了中国共产党人持续不断的艰辛探索，体现了立党为公、执政为民的初心和使命。

一 中国实现现代化目标的提出

20 世纪初的五四运动，开启了中国知识分子对中国发展之方向的探索，在 20 世纪 20~30 年代，即有近代化、近代文明和现代化、现代文明的用语屡见于当时的论著及媒体。① 西方研究现代化的理论萌芽于 19 世纪，在 20 世纪中叶基本成形，其对现代化的内涵解释为：现代化是传统社会在经济社会结构方面向现代社会发展，经济结构特征主要是农业社会转型为工业社会，产业升级与经济结构优化；社会结构特征是中等收入阶层成为主要的社会群体，人口受教育程度普遍提升，社会生活方式发生显著变革，城市人口占绝对份额，城市在国家和区域发展中成为主体部分等。

在中国共产党的文献中，建党初期使用的现代化用语，已涉及社会、政治、文化、经济、军事等领域。鉴于当时中国面临的主要任务，现代化的范畴更多与谋求国家独立和民族解放相联系。1949 年，在筹备成立中华人民共和国期间，中国共产党人积极谋划新中国成立后的经济建设问题，"现代化"范畴开始更多与新中国的建设相联系。1949 年 2 月，毛泽东指出"要建设崭新的、现代化的、强大的国民经济"②。在党的七届二中全会上所做的报告中，毛泽东强调，农业经济和手工业经济，是可能和必须"引导它们向着现代化和集体化的方向发展的"③。

新中国成立后，中国共产党领导中国人民开展了国民经济恢复和推

---

① 20 世纪 20 年代至 40 年代，在中国知识界、舆论界的话语中，"现代化"和"近代化"两词基本通用，源于对英文 Modernization 的两种译法。相关史料参见罗荣渠主编《从"西化"到现代化——五四以来有关中国的文化趋向和发展道路论争文选》，北京大学出版社，1990；韩广富《20 世纪 30 年代中国知识界关于现代化问题的讨论》，《理论学刊》2004 年第 5 期。

② 《毛泽东传（1893—1949）》，中央文献出版社，2004，第 947 页。

③ 《毛泽东选集》（第四卷），人民出版社，1991，第 1432 页。

进社会主义革命与建设的各项工作，对中国社会主义建设远景目标的描绘也在实践中更趋清晰。1954 年 9 月 23 日，周恩来在第一届全国人民代表大会第一次会议上做的《政府工作报告》正式提出，为了摆脱落后和贫困，我国要"建设起强大的现代化的工业、现代化的农业、现代化的交通运输业和现代化的国防"①。这是新中国成立以来党和国家文献中首次公开做出"四个现代化"的表述。1964 年 12 月 21 日，周恩来总理在第三届全国人民代表大会第一次会议上宣布了新的实现四个现代化的目标，即"把我国建设成为一个具有现代农业、现代工业、现代国防和现代科学技术的社会主义强国"②。但由于后来发生的"文化大革命"的干扰，"现代化"的范畴一度被搁置。1974 年 11 月 6 日，毛泽东在听取李先念关于国民经济情况的汇报时，做出"把国民经济搞上去"的重要指示，为筹备中的第四届全国人民代表大会重申"四个现代化"的发展目标提供了指引。③ 1975 年 1 月，在第四届全国人民代表大会第一次会议上，周恩来总理在《政府工作报告》中再次宣布中国一定要实现"四个现代化"的目标，为"文革"后期拨乱反正展示了鼓舞人心的前景："遵照毛主席的指示，三届人大的政府工作报告曾经提出，从第三个五年计划开始，我国国民经济的发展，可以按两步来设想：第一步，用十五年时间，即在一九八〇年以前，建成一个独立的比较完整的工业体系和国民经济体系；第二步，在本世纪内，全面实现农业、工业、国防和科学技术的现代化，使我国国民经济走在世界的前列。"④ 但由于此前一度存在的"左"的思潮与政策的影响，特别是"文革"对经济发展正常秩序的严重冲击，这一愿景按当时设想的时间节点予以实现已经来不及，何况现代化本身含义亦具有一定的动态发展因素，我们被历史耽误的工

---

① 《周恩来选集》（下卷），人民出版社，1984，第 132 页。
② 《周恩来选集》（下卷），人民出版社，1984，第 439 页。
③ 参见《毛泽东传（1949—1976）》（下），中央文献出版社，2003，第 1715 页。
④ 《周恩来选集》（下卷），人民出版社，1984，第 479 页。

作只能通过抓住未来的发展机遇而竭力完成。这一美好愿景最终成为可行的蓝图，是在改革开放、开创和发展建设中国特色社会主义道路的实践中完成的。

从现代化的内容看，自"文革"结束以后，我们逐步拓展了对现代化认识的视野，突破了此前以工业、农业、国防、科技四个领域的现代化代替全面现代化的局限。时任全国人大常委会委员长的叶剑英在庆祝中华人民共和国成立30周年大会上的讲话阐明："我们所说的四个现代化，是实现现代化的四个主要方面，并不是说现代化事业只以这四个方面为限。我们要在改革和完善社会主义经济制度的同时，改革和完善社会主义政治制度，发展高度的社会主义民主和完备的社会主义法制。我们要在建设高度物质文明的同时，提高全民族的教育科学文化水平和健康水平，树立崇高的革命理想和革命道德风尚，发展高尚的丰富多采的文化生活，建设高度的社会主义精神文明。这些都是我们社会主义现代化的重要目标，也是实现四个现代化的必要条件。"① 邓小平进一步指出："我们搞的现代化，是中国式的现代化。我们建设的社会主义，是有中国特色的社会主义。"② 这些阐述，一是强调中国特色现代化的属性；二是明确中国实现的现代化的内容是丰富的，是一个发展的体系，是需要体现社会主义现代化建设所包括的经济、政治、文化、社会等各个方面的现代化。其中现代化的中国特质，体现了中国共产党为中国人民谋幸福、为中华民族谋复兴的核心宗旨；而关于中国要实现的现代化范畴在外延和内涵上的扩展和充实，体现了国家发展的全局需要，体现了现代化是社会生产与生活方式的全面发展进步。1981年6月27日，党的十一届六中全会通过的《关于建国以来党的若干历史问题的决议》明确使用"社会主义现代

---

① 《叶剑英选集》，人民出版社，1996，第540页。
② 《邓小平文选》（第三卷），人民出版社，1993，第29页。

化国家"的提法；此后，党的十三大提出建设"富强、民主、文明的社会主义现代化国家"；党的十七大提出建设"富强、民主、文明、和谐的社会主义现代化国家"。在对现代化内涵加以丰富的同时，结合国情又调整了"四个现代化"的指向，党的十八大报告指出，坚持走中国特色新型工业化、信息化、城镇化、农业现代化道路，推动信息化和工业化深度融合、工业化和城镇化良性互动、城镇化和农业现代化相互协调，促进工业化、信息化、城镇化、农业现代化同步发展。

二 关于实现小康与现代化的分步走战略

改革开放初期，邓小平根据马克思主义实事求是的思想方法，提出把实现现代化的目标分解为首先解决温饱，然后达到小康，再向现代化进发，并把实现现代化的时间落在 21 世纪中叶，这体现了对国情的尊重和对事物发展演进规律的尊重。这一战略考虑既明确了中国走向现代化的必然性，又设计了现代化进程应分步走的可行方案。

"小康"概念的提出并纳入国策予以实施，是邓小平古为今用的一个典型范例。"小康"一词源于《诗经·大雅·民劳》，描述治国应让百姓从劳苦转向安康；后人对该词的内涵做出进一步丰富，更多指向生活条件有保障的无忧状态。在现代社会，小康水平指生活质量高于温饱、人的需求的多样性的满足情况得到改善，社会赋予人的发展机会和发展条件更加充分。

1982 年 9 月，党的十二大把小康作为主要奋斗目标及我国国民经济和社会发展的阶段性标志，提出："从一九八一年到本世纪末的二十年，我国经济建设总的奋斗目标是，在不断提高经济效益的前提下，力争使全国工农业的年总产值翻两番……实现了这个目标，我国国民收入总额和主要工农业产品的产量将居于世界前列，整个国民经济的现代化过程将取得重大进展，城乡人民的收入将成倍增长，人民的物质文化生活可以达到小康水平。"① 1987 年 10 月，党的十三大将"三步走"列为中国经济发展的总体战略部署：第一步，1981 年到 1990 年实现国民生产总值比 1980 年翻一番，解决人民的温饱问题，这在 20 世纪 80 年代末基本实现；第二步，1991 年到 20 世纪末国民生产总值再增长一倍，人民生活达到小康水平；第三步，到 21 世纪中叶人民生活比较富裕，基本实现现代化，人均国民生产总值达到中等发达国家水平，人民过上比较富裕的生活。

由于温饱问题在 20 世纪 80 年代已经总体解决，从 90 年代起，实现小康成为中国发展中持续 30 年的主要目标任务。1990 年 12 月，党的十三届七中全会审议并通过的《中共中央关于制定国民经济和社会发展十年规划和"八五"计划的建议》对实现小康的含义做出描述，即"人民生活从温饱达到小康，生活资料更加丰裕，消费结构趋于合理，居住条件明显改善，文化生活进一步丰富，健康水平继续提高，社会服务设施不断完善"②。

1997 年党的十五大基于对总体小康实现后的发展战略的考虑，阐述了进入 21 世纪的"三步走"战略，即第一步，在 21 世纪第一个十年实现国民生产总值比 2000 年翻一番；第二步，再经过十年的努力，到建党

① 胡耀邦：《全面开创社会主义现代化建设的新局面》（1982 年 9 月 1 日），《改革开放三十年重要文献选编》（上），中央文献出版社，2008，第 266~267 页。需要说明的是，20 世纪 80 年代初提出"翻两番"时，采取的是工农业总产值的指标，这是我国 50 年代起沿用苏联统计模式并运用至 1985 年的国民经济发展的核心指标。此后按照联合国及国际更通用的统计方式进行统计指标体系改革，改用以国内生产总值为核心的指标体系，并对 1985 年前的统计数据按新统计指标体系进行回溯性的核算调整。事实上，后来使用的国内生产总值翻两番的口径，难度大于工农业总产值翻两番，原因在于国内生产总值须剔除工农业总产值中各环节原材料消耗的重复计算的价值，该部分价值大于计入的服务业新价值。但由于改革开放促发展的基本国策成功实施，我国在 2000 年如期实现总体小康。

② 《中共中央关于制定国民经济和社会发展十年规划和"八五"计划的建议》（1990 年 12 月 30 日中国共产党第十三届中央委员会第七次全体会议通过），《改革开放三十年重要文献选编》（上），中央文献出版社，2008，第 588 页。

100 年时，使国民经济更加发展，各项制度更加完善；第三步，到 21 世纪中叶建国 100 年时，基本实现现代化，建成富强民主文明的社会主义国家。[①] 2008 年 12 月 18 日，在纪念党的十一届三中全会召开 30 周年大会上，胡锦涛概括了"两个一百年"的提法，即："到我们党成立一百年时建成惠及十几亿人口的更高水平的小康社会，到新中国成立一百年时基本实现现代化，建成富强民主文明和谐的社会主义现代化国家。"[②]

三 新时代对"两个一百年"奋斗目标的拓展

党的十八大报告提出在建党 100 年时全面建成小康社会。用"全面小康"置换此前描述的"更高水平的小康"的概念，更恰当地体现了小康社会在全国各地各民族的普遍实现，体现了实现全面小康社会在本质上是我国建设成为现代化国家征途上的重要里程碑。党的十八大召开后不久，习近平以中共中央总书记的身份参观了《复兴之路》展览，首次阐述了"中国梦"的内涵，同时深刻昭示了实现全面小康和现代化这"两个一百年"奋斗目标与实现中国梦的内在联系。他指出："实现中华民族伟大复兴，就是中华民族近代以来最伟大的梦想。"[③]"我坚信，到中国共产党成立 100 年时全面建成小康社会的目标一定能实现，到新中国成立 100 年时建成富强民主文明和谐的社会主义现代化国家的目标一定能实现，中华民族伟大复兴的梦想一定能实现。"[④]

我们党在新时代对"两个一百年"奋斗目标的诠释进一步深化、拓展和创新。

一是把"两个一百年"奋斗目标的实现与中国梦的实现紧密联系起

---

① 参见江泽民《高举邓小平理论伟大旗帜，把建设有中国特色社会主义事业全面推向二十一世纪》（1997 年 9 月 12 日），《人民日报》1997 年 9 月 22 日。
② 胡锦涛：《在纪念党的十一届三中全会召开三十周年大会上的讲话》（2008 年 12 月 18 日），《胡锦涛文选》（第三卷），人民出版社，2016，第 171 页。
③ 《习近平谈治国理政》，外文出版社，2014，第 425 页。
④ 《习近平谈治国理政》，外文出版社，2014，第 36 页。

来，汇成全民族和全体人民的共同愿景，并揭示"两个一百年"奋斗目标与中国梦所要实现目标的基本内涵是国家富强、民族振兴、人民幸福。正如习近平在 2013 年 3 月十二届全国人大一次会议上首次当选国家主席后向大会做的讲话所述："实现全面建成小康社会、建成富强民主文明和谐的社会主义现代化国家的奋斗目标，实现中华民族伟大复兴的中国梦，就是要实现国家富强、民族振兴、人民幸福。"①

二是强化了全面小康和现代化的实现应涵盖各地区、各民族全体人民。习近平强调："人民立场是中国共产党的根本政治立场……带领人民创造幸福生活，是我们党始终不渝的奋斗目标。"② "各民族都是中华民族大家庭的一份子，脱贫、全面小康、现代化，一个民族也不能少。各族群众携手并进，共同迈入全面小康社会，这体现了我们中华民族的优良传统，也体现了我们中国特色社会主义制度的优越性。"③ "全面小康，覆盖的人口要全面，是惠及全体人民的小康。"④ 从空间区域看，"全面小康，覆盖的区域要全面，是城乡区域共同的小康。努力缩小城乡区域发展差距，是全面建成小康社会的一项重要任务"，其重点在"缩小居民收入水平、基础设施通达水平、基本公共服务均等化水平、人民生活水平等方面的差距"。⑤ 因此，全面小康实现之日，就是贫困县、贫困乡、贫困村消除之时。要体现全民小康，就"要按照人人参与、人人尽力、人人享有的要求，坚守底线、突出重点、完善制度、引导预期，注重机会公平，着力保障基本民生"⑥。所以，要特别把农村贫困人口全面脱贫作为全面建成小康社会的基本标志；同时在完成脱贫后继续实施乡村振兴

---

① 《习近平谈治国理政》，外文出版社，2014，第 39 页。
② 《习近平谈治国理政》（第二卷），外文出版社，2017，第 40 页。
③ 《习近平：脱贫、全面小康、现代化，一个民族也不能少》，中华人民共和国中央人民政府，http://www.gov.cn/xinwen/2020-06/09/content_ 5518164.htm，最后访问日期：2021年 11 月 25 日。
④ 《习近平谈治国理政》（第二卷），外文出版社，2017，第 79 页。
⑤ 《习近平谈治国理政》（第二卷），外文出版社，2017，第 81 页。
⑥ 《习近平谈治国理政》（第二卷），外文出版社，2017，第 79 页。

战略，以接力奔向城乡协调实现现代化的愿景。

三是全面小康与现代化建设都是覆盖经济社会发展各领域的，"两个一百年"奋斗目标的发展方向是一致的。从二者覆盖的领域看，新型工业化、信息化、城镇化、农业现代化这些我们需要加快发展的领域，是当今中国实现现代化所需要着力加强的领域，也是小康社会建设和第二个百年奋斗目标的共同任务。同时，现代化的进程必须涵盖建设经济、政治、文化、社会、生态文明五大方面，实现"五位一体"总体布局的协同推进；全面小康社会建设也不例外，"全面小康社会要求经济更加发展、民主更加健全、科教更加进步、文化更加繁荣、社会更加和谐、人民生活更加殷实"①。所以，"两个一百年"奋斗目标在方向、道路等方面是一致的，只是存在基于发展中大国实现现代化进程中从量变到质变的阶段性发展差异。

四是在建成全面小康和实现现代化道路上，必须注意防范化解各种风险，保障安全发展，这样方能行稳致远。在中国国内经济社会加快转型、世界面临百年未有之大变局之际，各种风险挑战难以避免，关键在于善于预测预判，善于防范化解。这个问题的纳入，不仅有利于增强我们在实现现代化进程中抗干扰的能力，也有利于全国人民增强发展定力、保持良好发展预期。习近平指出："如果发生重大风险又扛不住，国家安全就可能面临重大威胁，全面建成小康社会进程就可能被迫中断。"这些风险既包括国内的经济、政治、意识形态、社会风险以及来自自然界的风险，也包括国际经济、政治、军事风险等，"我们必须把防风险摆在突出位置，'图之于未萌，虑之于未有'，力争不出现重大风险或在出现重大风险时扛得住、过得去"②。全党要"深刻认识和准确把握外部环境的深刻变化和我国改革发展稳定面临的新情况新问题新挑战，坚持底线思

---

① 《习近平谈治国理政》（第二卷），外文出版社，2017，第78~79页。
② 《习近平谈治国理政》（第二卷），外文出版社，2017，第81页。

维，增强忧患意识，提高防控能力，着力防范化解重大风险，保持经济持续健康发展和社会大局稳定，为决胜全面建成小康社会、夺取新时代中国特色社会主义伟大胜利、实现中华民族伟大复兴的中国梦提供坚强保障"①。习近平总书记在科学把握国内外大势的基础上，多年来反复强调的这些具有高度预见性、针对性的内容，为中国克服国际上某些发达国家政客掀起的对华政治、经济、科技的限制、打压所造成的困难，科学处理和防范化解国内经济社会发展中的矛盾与问题，包括抗击新冠肺炎疫情重大风险，提供了理论准备和思想指引，是我国在实现全面小康和走向现代化道路上行稳致远的指导思想的重要组成部分。

五是强调中国现代化建设事业的发展必须坚持以创新、协调、绿色、开放、共享的新发展理念为指导，要做好全局协调、全面贯彻。习近平总书记引述邓小平说过的"现代化建设的任务是多方面的，各个方面需要综合平衡，不能单打一"②，论证了党的十八大以来提出的"五位一体"总体布局、"四个全面"战略布局等的方法论意义。③ 在新发展理念基础上，党的十九大报告对建设社会主义现代化国家的内涵界定，从此前的"富强民主文明和谐"发展为"富强民主文明和谐美丽"，从而以"美丽中国"体现人与自然和谐的境界。这也是中国古代先贤提出的"天人合一"理念在当代中国的弘扬及创新发展，为中国人民对美好生活的向往和中国梦实现进程增添了重要元素。

六是在"两个一百年"奋斗目标之第一个百年奋斗目标即将实现之际，站在更高的历史起点上，设计和部署第二个百年奋斗目标的实现路径与发展阶段，充实了现代化事业的新内涵。习近平总书记在党的十九大报告中指出："从十九大到二十大，是'两个一百年'奋斗目标的历史交汇期。我们既要全面建成小康社会、实现第一个百年奋斗目标，又要

---

① 《习近平谈治国理政》（第三卷），外文出版社，2020，第219页。
② 《邓小平文选》（第二卷），人民出版社，1994，第250页。
③ 参见《习近平谈治国理政》（第二卷），外文出版社，2017，第205页。

乘势而上开启全面建设社会主义现代化国家新征程，向第二个百年奋斗目标进军。"并提出了把从实现全面小康到实现现代化的 30 年发展进程分为两大发展阶段的战略安排：第一个阶段是 2020~2035 年，在实现全面小康基础上，奋斗 15 年，基本实现社会主义现代化；第二个阶段是 2035 年至 21 世纪中叶，在基本实现现代化基础上，再奋斗 15 年，把我国建成富强民主文明和谐美丽的社会主义现代化强国。① 这里提出的第二个百年奋斗目标分两步走，强化了我国现代化战略的实施要求，并把"基本"实现现代化的时间从党的十七大以前设想的"本世纪中叶"提前至 2035 年，同时根据中国经济社会发展的态势明确在 21 世纪中叶要"建成"社会主义现代化强国。这是改革开放以来关于"两个一百年"奋斗目标理论与战略部署的创新发展，对在实现全面小康基础上凝聚全党全国人民的意志和力量向第二个百年奋斗目标进发具有新的时代价值和历史意义。

七是提出现代化的本质是人的现代化。习近平总书记强调，"现代化的本质是人的现代化"②。这是基于发展为了人民、发展依靠人民的我们党执政兴国的根本宗旨而提出的，是马克思主义关于未来社会最终实现的目标是人的全面自由发展这一重要思想的时代体现。人是实现现代化的主体，离开了人，现代化就没有了目的，也没有了驱动现代化的主体力量，现代化的概念也就失去存在的价值。人类提出现代化的愿景，并在实践中以人的积极活动推动现代化的进程，创造现代化的丰硕成果，同时自身也成为现代化成果的受益群体。"现代化"是一个发展的概念，是一个根据时代的演进不断丰富完善的范畴。因此，人作为现代化的主体，必然要在历史发展中不断提升自己的发展素质，包括思维方式、价值观念及在生产力发展中的主体功能和对生产方式、生活方式的改造等，

---

① 《习近平谈治国理政》（第三卷），外文出版社，2020，第 22~23 页。
② 习近平：《在中央城镇化工作会议上的讲话》（2013 年 12 月 12 日），《十八大以来重要文献选编》（上），中央文献出版社，2014，第 594 页。

通过在现代化进程中实现主观世界与客观世界的互动，实现人自身素质与经济社会发展素质的互动演进。

八是从治理体系与治理能力的高度，提出了现代化发展在制度建设上的总目标。习近平总书记主持的党的十八届三中全会通过的《中共中央关于全面深化改革若干重大问题的决定》，首次明确提出全面深化改革的总目标是完善和发展中国特色社会主义制度，推进国家治理体系和治理能力现代化。习近平总书记指出："坚持把完善和发展中国特色社会主义制度，推进国家治理体系和治理能力现代化作为全面深化改革的总目标。邓小平同志在1992年提出，再有30年的时间，我们才会在各方面形成一整套更加成熟更加定型的制度。这次全会在邓小平同志战略思想的基础上，提出要推进国家治理体系和治理能力现代化。这是完善和发展中国特色社会主义制度的必然要求，是实现社会主义现代化的应有之义。"① 把国家治理体系和治理能力列入"实现社会主义现代化的应有之义"，是对国内外关于现代化学说的理论创新，体现了国家现代化发展进程不仅仅表现为工业、农业、城镇化与信息化水平的提升，也不仅仅表现为教育、科技、国防和军队等各个领域的现代化，还需要特别注重整体治理水平的现代化，从而为中国特色现代化理论体系注入了新的重要内涵，具有深刻的理论价值和实践意义。党的十九大把"国家治理体系和治理能力现代化"正式列入实现社会主义现代化强国建设的内涵。党的十九届四中全会通过的《中共中央关于坚持和完善中国特色社会主义制度　推进国家治理体系和治理能力现代化若干重大问题的决定》进一步强调国家治理体系与治理能力现代化和实现"两个一百年"奋斗目标的内在联系："坚持和完善中国特色社会主义制度、推进国家治理体系和治理能力现代化的总体目标是，到我们党成立一百年时，在各方面制度更加成熟更加定型上取得明显成效；到二〇三五年，各方面制度更加完

---

① 《习近平谈治国理政》，外文出版社，2014，第90页。

善，基本实现国家治理体系和治理能力现代化；到新中国成立一百年时，全面实现国家治理体系和治理能力现代化，使中国特色社会主义制度更加巩固、优越性充分展现。"①

以上所归纳的八个方面，反映了党的十八大以来对中国实现现代化奋斗目标的基本内涵和实施要求在总体上做出的重大理论创新，极大丰富了党领导人民实现现代化、实现中国梦的马克思主义中国化的理论宝库。

中国共产党人在对现代化内涵与实施战略做出创新探索的同时，领导中国人民开创了中国特色社会主义道路的成功实践。历史与现实充分证明，中国的现代化事业必须坚持中国共产党领导，走建设中国特色社会主义道路方能实现。建设现代化强国，不仅是中国共产党人的初心，也是中国历史发展的必然选择，是中国人民从苦难走向辉煌的必然选择。习近平总书记在分析近代以来中国人民不懈奋斗的历程时明确指出："一个国家实行什么样的主义，关键要看这个主义能否解决这个国家面临的历史性课题。在中华民族积贫积弱、任人宰割的时期，各种主义和思潮都进行过尝试，资本主义道路没有走通，改良主义、自由主义、社会达尔文主义、无政府主义、实用主义、民粹主义、工团主义等也都'你方唱罢我登场'，但都没能解决中国的前途和命运问题。是马克思列宁主义、毛泽东思想引导中国人民走出了漫漫长夜、建立了新中国，是中国特色社会主义使中国快速发展起来了。"② "中国共产党建立近百年来，团结带领中国人民所进行的一切奋斗，就是为了把我国建设成为现代化强国，实现中华民族伟大复兴。"③ 所以，"中国特色社会主义最本质的特征

---

① 《中共中央关于坚持和完善中国特色社会主义制度　推进国家治理体系和治理能力现代化若干重大问题的决定》（2019 年 10 月 31 日中国共产党第十九届中央委员会第四次全体会议通过），《人民日报》2019 年 11 月 6 日。

② 习近平：《关于坚持和发展中国特色社会主义的几个问题》，《求是》2019 年第 7 期。

③ 习近平：《论中国共产党历史》，中央文献出版社，2021，第 302 页。

是中国共产党领导，中国特色社会主义制度的最大优势是中国共产党领导。坚持和完善党的领导，是党和国家的根本所在、命脉所在，是全国各族人民的利益所在、幸福所在"①。

第二节　脱贫攻坚，全面建成小康社会

全面小康，一个都不能少，这是对全面小康的非常朴实的解读。改革开放以来，中国经济发展保持了世界领先的长期增长，中国人民生活水平普遍提高，形成了世界各国中规模最大即人数最多的中等收入阶层，部分人口进入高收入群体；但在 2000 年实现总体小康时，还主要是从总体水平或平均水平考虑，当时尚有相当部分低收入群体和贫困阶层。因此，全面小康的目标，就是要消除贫困，同时提升广大人民群众的生活质量，从而体现社会主义的本质是逐步实现共同富裕，不断实现人民对美好生活的向往，并为下一阶段的全面建设现代化国家打下扎实基础。

一　加强对脱贫工作的顶层设计和制度安排

在中国工业化进程中，农业农村发展出现相对短板是一种阶段性的现象，在实现全面小康和向现代化进发过程中，应当依照新发展理念指引，按照协调发展、共享发展等要求，适时予以解决。习近平总书记对此高度重视，指出："小康不小康，关键看老乡。一定要看到，农业还是'四化同步'的短腿，农村还是全面建成小康社会的短板。中国要强，农业必须强；中国要美，农村必须美；中国要富，农民必须富。农业基础稳固，农村和谐稳定，农民安居乐业，整个大局就有保障，各项工作都会比较主动。"② 这一指示，充分体现了我们党坚持以人民为中心的发展

① 习近平：《论中国共产党历史》，中央文献出版社，2021，第 133 页。
② 习近平：《在中央农村工作会议上的讲话》（2013 年 12 月 23 日），《十八大以来重要文献选编》（上），中央文献出版社，2014，第 658 页。

理念，体现了我们党和国家在全面小康社会建设和走向现代化道路上坚持的辩证唯物论与历史唯物论的马克思主义基本方法论的运用。

在工业化与城镇化相互结合、加快推进的历史背景下，农业农村发展不足成为影响经济协调发展的矛盾的主要方面。按照以发展解决发展中的问题的基本思路和方法，以习近平同志为核心的党中央拟定了一系列顶层设计的制度安排和工作指导方针，以加强党对脱贫工作的领导为核心，在全面建成小康社会的奋斗目标如期实现之前，把工作的重点放在农村的脱贫攻坚方面。

第一，把扶贫脱贫作为实现第一个百年奋斗目标的重点任务。"党的十八大以来，党中央从全面建成小康社会要求出发，把扶贫开发工作纳入'五位一体'总体布局、'四个全面'战略布局，作为实现第一个百年奋斗目标的重点任务，作出一系列重大部署和安排，全面打响脱贫攻坚战。"[1] 从党的十八大到党的十九大，五年累计脱贫 6853 万人，平均每年脱贫 1370.6 万人；党的十九大以后，对其余 3040 余万贫困人口进行最后三年的脱贫攻坚，至 2020 年最终实现全面脱贫。党的十八大以来的新时代，实现了现行标准下 9899 万农村贫困人口全部脱贫，832 个贫困县全部摘帽，12.8 万个贫困村全部出列，贫困发生率从 2012 年末的 10.2% 下降到 2020 年底的 0。[2]

第二，巩固脱贫攻坚的组织制度，从完善制度建设的层面构建扎实的脱贫攻坚治理体系。习近平总书记在总结脱贫攻坚伟大实践的经验时，把"坚持党的领导，强化组织保证"放在首要位置，指出："脱贫攻坚，加强领导是根本。必须坚持发挥各级党委总揽全局、协调各方的作用，落实脱贫攻坚一把手负责制，省市县乡村五级书记一起抓，为脱贫攻坚

---

① 《习近平谈治国理政》（第三卷），外文出版社，2020，第 148 页。
② 参见国务院新闻办公室《人类减贫的中国实践》白皮书（2021 年 4 月 6 日），《人民日报》2021 年 4 月 7 日。

提供坚强政治保证。"① 同时，在派遣各级干部到基层开展脱贫攻坚工作以及加强各级干部脱贫攻坚奔小康的学习培训的同时，为加强村级基层党组织的领导力，开拓脱贫攻坚的思路和方法，保障脱贫攻坚的成效落到实处，还专门设计了向有关村派出党支部第一书记和驻贫困村工作队的创新做法；2013 年以来，全国累计选派 300 多万名第一书记和驻村干部开展精准帮扶。实践证明，这一创新的制度设计在基层发挥了重要作用甚至是关键性的作用，既有利于提升贫困村基层党组织的战斗力，又促进了帮扶各方合力的增强，同时也有利于培养党的基层干部和加强基层风清气正的廉政建设。习近平总书记指出："我们加强党对脱贫攻坚工作的全面领导，建立各负其责、各司其职的责任体系……这个制度体系中，根本的是中央统筹、省负总责、市县抓落实的管理体制，从中央到地方逐级签订责任书，明确目标，增强责任，强化落实。这些制度成果，为全球减贫事业贡献了中国智慧和中国方案。"②

第三，强化精准施策的要求，把党的实事求是的思想路线贯彻到脱贫攻坚全过程。各地各县各村或者各民族的贫困问题，其形成的原因不尽相同，有历史的、文化的、自然条件的或者政策错位的等原因，即使是同一类原因，比如自然条件原因，其具体成因也往往不同，所以不能采取粗放的一刀切的措施。要坚持精准施策，提高脱贫成效，要"解决好扶持谁、谁来扶、怎么扶、如何退问题，不搞大水漫灌，不搞'手榴弹炸跳蚤'，因村因户因人施策，对症下药、精准滴灌、靶向治疗，扶贫扶到点上扶到根上"③。精准扶贫在操作上，一是对贫困户进行精准识别、建档立卡；二是根据不同致贫因素精准施策、对症下药。精准扶贫的制度与政策设计，体现了马克思主义辩证法中矛盾的一般性与特殊性的结

① 《习近平谈治国理政》（第三卷），外文出版社，2020，第 151 页。
② 习近平：《在打好精准脱贫攻坚战座谈会上的讲话》（2018 年 2 月 12 日），《求是》2020 年第 9 期。
③ 《习近平谈治国理政》（第三卷），外文出版社，2020，第 151 页。

合在中国脱贫实践中的创新运用，使中国这个发展中大国，在贫困人口总量较大、贫困成因复杂多样的情况下，能够通过精准扶贫取得全面脱贫奔小康的伟大成绩。

第四，明确贫困人口脱贫的基本要求和核心指标，为脱贫验收和巩固脱贫成果做出制度安排。习近平提出："到 2020 年稳定实现农村贫困人口不愁吃、不愁穿，义务教育、基本医疗、住房安全有保障，是贫困人口脱贫的基本要求和核心指标，直接关系攻坚战质量。"[①] 这里强调的内容，体现了小康生活的基本诉求，既反映中国国情下的脱贫标准，又与联合国人文发展指标所涵盖的基本内容相一致，体现了脱贫攻坚的时代要求和历史责任的统一。其重要的意义在于，脱贫不是狭义的物质生活水平的改善，还应包括义务教育和基本医疗保障等因素，这显然体现了脱贫是实现人的自由而全面发展的重要起点。扶贫同时需要扶智，包括解决这一代贫困人口的贫困问题的同时要保障下一代不再出现贫困，所以义务教育必须覆盖乡村，使所有适龄孩子享有同等的受教育权利；扶贫还要解决因病致贫、因病返贫等现实问题，所以必须完成乡村的基本医疗体系的全覆盖。这些制度安排都具有对农村实现脱贫及巩固脱贫成果构筑长效机制的作用。

第五，通过构建多层次帮扶和结对帮扶制度，形成全面动员多方参与的共建格局。除中央财政安排专项扶贫资金（"十三五"期间截至 2020 年 4 月累计安排 5240 多亿元[②]）外，按照中央部署，各经济较发达地区对口扶持贫困地区，通过各省级及以下政府和企事业单位，派出大批干部、科技教育和工程技术人员，投入大批资金和物资等，构建了全国上下齐心协力帮扶贫困地区脱贫、共建全面小康的格局。重点是东部 9

---

① 《习近平谈治国理政》（第三卷），外文出版社，2020，第 159 页。
② 数据来自财政部，参见《专项扶贫资金连续 4 年每年净增 200 亿元——中央财政全力保障扶贫资金投入》，《经济日报》2019 年 7 月 18 日；《目前已累计下达 2020 年中央财政专项扶贫资金 1396. 36 亿元——中央扶贫资金力度大下拨早》，《经济日报》2020 年 4 月 9 日。

个省级行政区及其主要城市承担对西部及个别中部贫困地区的一一对应的结对帮扶工作，自2016年底起，对全国30个少数民族自治州进行脱贫帮扶全覆盖、全落实和全面加强，体现了全面小康不能缺了任何一个民族的坚定理念。其中江苏、浙江、山东、福建、广东五省除省级政府承担帮扶职责外，其省内若干城市还单独承担对口帮扶省外贫困地区的责任。与此同时，各存在贫困县、贫困乡和贫困村的省级行政区，还建立了省内的对口扶贫制度，包括有关地级市、县或市辖区、各省属行政事业单位等，都承担了扶贫任务。这种层层落实、分工协调的方式，体现了中国特色社会主义制度优势，有利于调动更多地区的积极性，实现精准扶贫，也有利于建立长期的区域合作发展模式，包括在脱贫后继续开展乡村振兴的持续帮扶，这对于做大做强以国内大循环为主体、国内国际双循环相互促进的新发展格局，具有深化理念、形成机制、开拓路径、共促发展的长远意义。

二　开辟多种脱贫攻坚的方式路径

一个发展中大国要通过脱贫攻坚实现全面小康，必须广辟路径。要从既加快脱贫进度，又巩固脱贫成效、构建长效发展机制考虑，因地制宜探索脱贫攻坚的方式和路径。

一是产业扶贫脱贫。这是最重要的路径，是变"输血"为"造血"机制的必然选择。脱贫需要经济发展，经济发展基础在于产业做强。习近平总书记指出："产业增收是脱贫攻坚的主要途径和长久之策……农业产业要注重长期培育和发展，防止急功近利。"[1] 因此，各地在脱贫攻坚中，在做好基础设施建设和农村公共服务条件改善的同时，要把因地制宜强化产业发展能力作为重头戏。产业扶贫的主要途径有以下三种。其一，强化农业产业化的组织，如通过农业专业合作社的组建、农业种养

---

[1] 《习近平谈治国理政》（第三卷），外文出版社，2020，第156页。

业的规模化发展、农业产业与生产服务业或商贸流通业加强结合,包括引入电商等,提升农产品生产专业化水平和市场价值实现能力。其二,产业结构优化与产业布局调整。根据当地的自然条件,结合市场需求结构变化等特点,引入资本和技术,对原有产业结构进行调整。这个方式实际上是运用了供给侧结构性改革的思路,根据市场及消费者对农副产品等需求的结构性变化做出适应性的改变,包括对原有农产品进行深加工、引入农业或养殖业新品种、发展民俗文化产业、打造美丽乡村发展乡村旅游等,都属于调整产业结构的表现。由此,许多乡村不仅在第一产业领域有结构性优化调整,还联动发展了第二、第三产业,扩大了农民增收的渠道,也拓展了乡村发展的视野。其三,产业转移,主要指承接城镇产业的转移。一些不适合种养业发展的地区和非农用地块,可以引入城镇产业的部分生产环节,这样既吸纳此前外出打工的农民回流,也带动当地农民参与,为农村居民带来"家门口就业"的便利。这种产业转移在一定程度上保留了与城镇产业体系的结合或融合,构成城乡链接的产业链供应链体系,成为城乡共赢的产业发展共同体的一种雏形。

二是智力扶贫。习近平指出:"要加强扶贫同扶志、扶智相结合,激发贫困群众积极性和主动性,激励和引导他们靠自己的努力改变命运,使脱贫具有可持续的内生动力。"[1] 这正是我们党发展为了人民、发展依靠人民的核心宗旨的体现。所以,一方面,通过扶志,让贫困地区贫困人口有志气脱贫奔小康;另一方面,通过扶智,让他们有能力脱贫奔小康。这样做就真正把外部帮扶转化为当地人民群众脱贫致富的内在动力和内在能力,使贫困群众不仅成为减贫的受益者,也成为发展的贡献者。因此,从中央到地方,采取科技、教育、文化下乡等多种形式,对农民免费培训生产技术,对农村教师开展培训,以及实施资助建设公益性的乡村图书室、文化站等方式,许多专业人员还定期或不定期下乡进行指

---

① 《习近平谈治国理政》(第三卷),外文出版社,2020,第158页。

导，解决农业生产与农产品流通中的关键节点及其他重点难点问题，这些对于提升农业劳动者生产技术水平和经营水平，提高农产品质量和经济效益，发挥了重要作用。

三是移民脱贫。这种易地扶贫搬迁安置方式，针对少数环境条件恶劣、生态脆弱而难以通过发展农业或其他相关产业脱贫的地区，将其部分或整体实施搬迁，迁至有相应配套资源、便于移民就业或谋划实施新的生产项目的地区。这一举措作为辅助性的措施，主要针对难以在当地实施产业扶贫脱贫的少数乡村及部分贫困户而实施。在执行中要防止简单化和急功近利的操作。

四是加强基础设施建设，改善贫困地区条件。基础设施建设可发挥积极的扶贫效应。如通过修路架桥，一些原来交通不便的贫困山村农产品外运销售条件大为改善，商贸活动辐射力大为增强，村中跑运输、搞物流、做贸易的农民获得脱贫致富的机会；同时，因交通条件改善，游客及外部人才可以更便捷地到达这些乡村，间接激活乡村旅游、民俗文化的开发等；此外对引进产业项目也创造了有利条件。再如，改善网络通信等设施条件，使乡村在沟通外界、拓展市场、开展线上线下互促的经济活动方面极大缩小了与城镇的差距。另外，在加强基础设施建设的同时，一些地区因地制宜通过实行并村增强基础设施建设的规模效益，也增进了农村资源集约化的发展合力。

在党的领导和全国人民的共同努力下，"中华民族千百年来存在的绝对贫困问题，将在我们这一代人的手里历史性地得到解决"[1]。这是党的领导和国家发展的伟大成就，是现代化进程中的重大阶段性胜利，是中华民族伟大复兴事业所跨越的重要一步，在中国和世界反贫困历史上，谱写了前所未有的伟大篇章。

---

[1]　《习近平谈治国理政》（第三卷），外文出版社，2020，第158页。

三 巩固脱贫成果，促进乡村振兴

乡村振兴是党的十九大提出的一项重大战略，是决胜全面建成小康社会和引领农业农村现代化的关乎全局性的发展战略。正如没有农业农村的小康就没有全国全面的小康一样，没有农业农村的现代化也将没有现代化强国的全面建成。

实现乡村振兴，脱贫攻坚是首要战役和优先任务。在完成脱贫攻坚任务后，乡村振兴战略将进入持续巩固脱贫成果、进一步提升发展水平的阶段，从解决绝对贫困转向解决相对贫困，进而实现城乡一体化发展和携手走向现代化。

党的十九大对乡村振兴战略的基本内容做出总概括："要坚持农业农村优先发展，按照产业兴旺、生态宜居、乡风文明、治理有效、生活富裕的总要求，建立健全城乡融合发展体制机制和政策体系，加快推进农业农村现代化。"[1] 习近平总书记指出："农业农村现代化是实施乡村振兴战略的总目标，坚持农业农村优先发展是总方针，产业兴旺、生态宜居、乡风文明、治理有效、生活富裕是总要求，建立健全城乡融合发展体制机制和政策体系是制度保障。"[2]

要充分认识产业兴旺、生态宜居、乡风文明、治理有效、生活富裕这"二十个字"的总要求，因为其反映了乡村振兴战略的丰富内涵，体现了在实现全面小康基础上对乡村发展水平提出的更高要求，对于今后实现乡村发展与现代化的接轨，具有很强的针对性和指导性。习近平总书记为此专门做了分析："本世纪初，我国刚刚实现总体小康，面临着全面建设小康社会的任务，我们党就提出了'生产发展、生活宽裕、乡风文明、村容整洁、管理民主'的社会主义新农村建设总要求，这在当时

---

[1] 《习近平谈治国理政》（第三卷），外文出版社，2020，第25页。
[2] 《习近平谈治国理政》（第三卷），外文出版社，2020，第257页。

是符合实际的。现在，中国特色社会主义进入了新时代，社会主要矛盾、农业主要矛盾发生了很大变化，广大农民群众有更高的期待，需要对农业农村发展提出更高要求。产业兴旺，是解决农村一切问题的前提，从'生产发展'到'产业兴旺'，反映了农业农村经济适应市场需求变化、加快优化升级、促进产业融合的新要求。生态宜居，是乡村振兴的内在要求，从'村容整洁'到'生态宜居'，反映了农村生态文明建设质的提升，体现了广大农民群众对建设美丽家园的追求。乡风文明，是乡村振兴的紧迫任务，重点是弘扬社会主义核心价值观，保护和传承农村优秀传统文化，加强农村公共文化建设，开展移风易俗，改善农民精神风貌，提高乡村社会文明程度。治理有效，是乡村振兴的重要保障，从'管理民主'到'治理有效'，是要推进乡村治理能力和治理水平现代化，让农村既充满活力又和谐有序。生活富裕，是乡村振兴的主要目的，从'生活宽裕'到'生活富裕'，反映了广大农民群众日益增长的美好生活需要。"①

乡村振兴是包括产业振兴、人才振兴、文化振兴、生态振兴、组织振兴的全面振兴，构成了新时代经济建设、政治建设、文化建设、社会建设、生态文明建设"五位一体"总体布局的乡村实践，构成了我国实现全面小康和现代化强国建设的重要条件。其中产业振兴，需要以创新为第一动力，在农业产业体系中，注重加大农业科技的研发，在品种、质量和产量上进一步优化和提升；在农业产业组织上，进一步发挥专业生产合作社与现代农场等组织形式的优势，并借鉴现代企业管理机制与方法；在农业产业链的创新上，形成与第二、第三产业的对接与融合发展，提升农产品增值能力，增强农业产业在产业链供应链方面的安全保障。要实现产业振兴，就离不开人才振兴，必须加强农业农村人才队伍建设，要持续推进科技下乡、人才下乡工作，同时要加大新型农民的知

---

① 《习近平谈治国理政》（第三卷），外文出版社，2020，第258～259页。

识与技能培训；在农业农村产业发展基础上，吸引更多农村人才回流，包括鼓励支持大学毕业生返乡创业创新，并结合城乡产业链的对接，形成城乡人才链的对接。文化振兴，既包括乡村建设中的文化提升，建设文明乡村，也包括乡村文化产业的发展。生态振兴，就是要坚持"绿水青山就是金山银山"的发展理念，以生态环境的优化保障农产品质量安全，以生态环境的优美和美丽乡村的打造，进一步丰富乡村产业结构，促进乡村经济社会可持续发展。组织振兴主要依靠制度创新，在实现乡村党建固本强基的前提下，健全乡村基层组织，发展有特色有竞争力的乡村经营组织，依托市场联结，实现乡村经济优化提质。

乡村振兴战略的实施，关系到国家安全。一方面，乡村振兴有利于乡村发展大局的稳定，这是实现国家发展大局安全稳定的重要内容；另一方面，乡村振兴有利于农业发展的稳定，特别是粮食生产的稳定，这是国家安全的重要基础。确实，对于一个国家，特别是人口已达 14 亿的大国来说，其经济安全领域居首要位置的是粮食安全。习近平说："毛泽东同志说：'吃饭是第一件大事。'手中有粮，心中不慌。我国十三亿多张嘴要吃饭，不吃饭就不能生存，悠悠万事、吃饭为大。只要粮食不出大问题，中国的事就稳得住。"[①] 在党的十九大报告中，习近平总书记专门强调要"确保国家粮食安全，把中国人的饭碗牢牢端在自己手中"[②]。因此，党的十九届四中全会通过的《中共中央关于坚持和完善中国特色社会主义制度　推进国家治理体系和治理能力现代化若干重大问题的决定》提出，要"实施乡村振兴战略，完善农业农村优先发展和保障国家粮食安全的制度政策，健全城乡融合发展体制机制"[③]。这一阐述，在强

---

① 习近平：《在中央农村工作会议上的讲话》（2013 年 12 月 23 日），《十八大以来重要文献选编》（上），中央文献出版社，2014，第 659 页。

② 《习近平谈治国理政》（第三卷），外文出版社，2020，第 25 页。

③ 《中共中央关于坚持和完善中国特色社会主义制度　推进国家治理体系和治理能力现代化若干重大问题的决定》（2019 年 10 月 31 日中国共产党第十九届中央委员会第四次全体会议通过），《人民日报》2019 年 11 月 6 日。

调乡村优先发展以补足原有短板不足，健全城乡融合发展体制机制的同时，进一步从国家治理体系和治理能力的高度，强调说明保障国家粮食安全是乡村振兴战略的重要内涵。所以我们要从现代化国家治理的高度，实施好乡村振兴战略，确保粮食安全、农业产业安全，确保城乡一体化协调发展局面的形成，确保农业农村现代化进程与乡村的全面振兴达到更好的互动互促，为实现全面小康后的现代化强国建设，扎扎实实地做好乡村振兴这篇大文章。

实施乡村振兴战略，要坚持正确的思想方法和工作方法。一是要坚持问题导向、目标导向。问题在哪里，主要问题是什么，各区各镇各乡不尽相同。有的地方是主打产业的选择问题，有的是生态维护问题，有的是基础设施问题，有的是资金、技术问题，有的是经济活动的组织问题，还有的是领导班子问题，等等。无论是存在较少问题的地方还是同时存在多种问题的地方，均要按照问题的类型及存在问题的内在逻辑关系，找到具体制约乡村发展的主要矛盾和矛盾的主要方面，根据问题类型与分阶段的实施目标做出行动方案，精准聚焦，攻坚克难，这样方能因势利导，盘活全局。二是要坚持把做强富民兴村产业作为乡村振兴首要任务。以经济建设为中心，是我们党的基本路线的核心内容，是马克思主义历史唯物主义方法论在当代中国的实践。要把做强富民兴村产业与坚持问题导向的工作方法结合起来，针对具体乡村的不同条件，实行一镇一策、一村一策，做出各自的产业特色，防止产业选择的过多雷同和急功近利的简单仿效，这样才能从整体上形成丰富的可持续发展的乡村产业体系，实现乡村经济的全面繁荣。三是要坚持把市场决定资源配置与更好发挥政府作用结合起来。要凝心聚力，全方位调动各方面积极性，包括市、区、镇各级政府，企事业单位，涉农产业的各行业组织，村社组织，聚集各方合力服务乡村振兴。其中，村级党组织的风清气正、固本强基是确保乡村振兴的核心因素。另外，在政策配套、各方重视的同时，必须尊重市场的决定性作用，把乡村经济的产业发展与乡村经济的市场主体发展都纳入社会主义市场经济的轨道，形成可持续自主发展的长效机制。

第三节　向全面建成社会主义现代化强国迈进

2020 年，中国已实现全面小康。"从全面建成小康社会到基本实现现代化，再到全面建成社会主义现代化强国，是新时代中国特色社会主义发展的战略安排。"① 在向全面建成社会主义现代化强国迈进的新征程中，我们必须科学把握中国特色社会主义现代化事业的发展方向、发展规律、发展阶段和发展要求，坚忍不拔、锲而不舍、同心协力、排除万难，全面实现第二个百年奋斗目标，实现中华民族的伟大复兴。

一　全面建成社会主义现代化强国的总体部署

新中国成立初期，随着国民经济的恢复和社会主义建设事业的推进，实现现代化的远大目标成为全党全国人民的共同愿景，在国家发展领域先后提出了包括工业、农业、科技、国防等领域的一系列与"现代化"相关的概念。党的十一届三中全会后，"现代化"的内涵与外延进一步扩展。党的十八大以来，中国共产党人在探索中国特色社会主义现代化进程中，完成了实现全面小康这一极其重要的阶段性历史任务，并更为注重现代化建设的系统性、整体性、协同性，进而提出了"国家治理体系和治理能力现代化"，提升和丰富了我国所要实现的现代化的内涵。

现代化，既是人类社会所普遍期待实现的发展目标，也是一个在生产力发展基础上逐步推进的发展过程。中国共产党把实现中国特色社会

---

① 《习近平谈治国理政》（第三卷），外文出版社，2020，第 23 页。

主义现代化强国的建设进程，首先区分为实现全面小康与实现现代化两大发展阶段，作为"两个一百年"奋斗目标。在此基础上，在2000年实现总体小康，在2020年实现全面小康。而2020年全面小康的实现，又同时意味着我们向建成中国特色社会主义现代化强国的第二个百年奋斗目标的迈进已全面起步。因此，在2017年召开的党的十九大上，在即将全面建成小康社会、实现第一个百年奋斗目标的前夕，习近平总书记在集中全党智慧的基础上，适时阐明了我们将要开启的建成社会主义现代化强国的实施方略："综合分析国际国内形势和我国发展条件，从二○二○年到本世纪中叶可以分两个阶段来安排。""第一个阶段，从二○二○年到二○三五年，在全面建成小康社会的基础上，再奋斗十五年，基本实现社会主义现代化。到那时，我国经济实力、科技实力将大幅跃升，跻身创新型国家前列；人民平等参与、平等发展权利得到充分保障，法治国家、法治政府、法治社会基本建成，各方面制度更加完善，国家治理体系和治理能力现代化基本实现；社会文明程度达到新的高度，国家文化软实力显著增强，中华文化影响更加广泛深入；人民生活更为宽裕，中等收入群体比例明显提高，城乡区域发展差距和居民生活水平差距显著缩小，基本公共服务均等化基本实现，全体人民共同富裕迈出坚实步伐；现代社会治理格局基本形成，社会充满活力又和谐有序；生态环境根本好转，美丽中国目标基本实现。""第二个阶段，从二○三五年到本世纪中叶，在基本实现现代化的基础上，再奋斗十五年，把我国建成富强民主文明和谐美丽的社会主义现代化强国。到那时，我国物质文明、政治文明、精神文明、社会文明、生态文明将全面提升，实现国家治理体系和治理能力现代化，成为综合国力和国际影响力领先的国家，全体人民共同富裕基本实现，我国人民将享有更加幸福安康的生活，中华民族将以更加昂扬的姿态屹立于世界民族之林。"①

---

① 《习近平谈治国理政》（第三卷），外文出版社，2020，第22~23页。

按照这一实施方略的顶层设计，我国社会主义现代化强国建设分两阶段推进实施，并对各阶段基本的目标任务提出实施要求。从实现现代化这新的"两步走"的实施内容可见，我们对中国特色社会主义现代化的发展内涵有更清晰更全面的认识，它涵盖国家经济、科技、政治、文化、民生、社会、生态等各重要方面，并且把"各方面制度更加完善，国家治理体系和治理能力现代化基本实现"和"实现国家治理体系和治理能力现代化"分阶段加以纳入。这体现我们党和国家对于社会主义现代化强国建设内涵的认识达到了新的历史高度。

开创全面建成社会主义现代化强国新局面，标志着我国经济社会发展踏入新阶段。2021年1月，习近平在省部级主要领导干部学习贯彻党的十九届五中全会精神专题研讨班开班式上的讲话指出："新发展阶段是我国社会主义发展进程中的一个重要阶段。社会主义初级阶段不是一个静态、一成不变、停滞不前的阶段，也不是一个自发、被动、不用费多大气力自然而然就可以跨过的阶段，而是一个动态、积极有为、始终洋溢着蓬勃生机活力的过程，是一个阶梯式递进、不断发展进步、日益接近质的飞跃的量的积累和发展变化的过程。全面建设社会主义现代化国家、基本实现社会主义现代化，既是社会主义初级阶段我国发展的要求，也是我国社会主义从初级阶段向更高阶段迈进的要求。"[①]

2020年10月召开的党的十九届五中全会审议通过了《中共中央关于制定国民经济和社会发展第十四个五年规划和二○三五年远景目标的建议》，在党的十九大做出的战略安排的基础上，进一步提出到2035年基本实现社会主义现代化的远景目标，强化了国家建设和社会发展的综合素质的全面提升：我国经济实力、科技实力、综合国力将大幅跃升，经济总量和城乡居民人均收入将再迈上新的大台阶，关键核心技术

[①] 《习近平在省部级主要领导干部学习贯彻党的十九届五中全会精神专题研讨班开班式上发表重要讲话强调 深入学习坚决贯彻党的十九届五中全会精神 确保全面建设社会主义现代化国家开好局》，《人民日报》2021年1月12日。

实现重大突破，进入创新型国家前列；基本实现新型工业化、信息化、城镇化、农业现代化，建成现代化经济体系；基本实现国家治理体系和治理能力现代化，人民平等参与、平等发展权利得到充分保障，基本建成法治国家、法治政府、法治社会；建成文化强国、教育强国、人才强国、体育强国、健康中国，国民素质和社会文明程度达到新高度，国家文化软实力显著增强；广泛形成绿色生产生活方式，碳排放达峰后稳中有降，生态环境根本好转，美丽中国建设目标基本实现；形成对外开放新格局，参与国际经济合作和竞争新优势明显增强；人均国内生产总值达到中等发达国家水平，中等收入群体显著扩大，基本公共服务实现均等化，城乡区域发展差距和居民生活水平差距显著缩小；平安中国建设达到更高水平，基本实现国防和军队现代化；人民生活更加美好，人的全面发展、全体人民共同富裕取得更为明显的实质性进展。① 该建议中这部分表述已全面写入 2021 年 3 月第十三届全国人民代表大会第四次会议通过的《中华人民共和国国民经济和社会发展第十四个五年规划和2035 年远景目标纲要》。

二 建成富强民主文明和谐美丽的社会主义现代化强国

建成富强民主文明和谐美丽的社会主义现代化强国，是我国现代化建设的主要出发点与落脚点，涵盖了经济、政治、文化、社会和生态文明各个方面，体现了党的十八大以来关于"五位一体"总体布局面向现代化的战略部署。

"富强"，要求我们从经济大国向经济强国迈进。这就需要我们加快建设现代化经济体系，转变经济发展方式、优化经济结构、转换经济增长动力，"要建设创新引领、协同发展的产业体系，实现实体经济、科技创新、现代金融、人力资源协同发展，使科技创新在实体经济发展中的

---

① 参见《中共十九届五中全会在京举行》，《人民日报》2020 年 10 月 30 日。

贡献份额不断提高，现代金融服务实体经济的能力不断增强，人力资源支撑实体经济发展的作用不断优化"①。必须把做强实体经济作为构建现代化经济体系的根本基础，把我国实体经济涵盖的产业门类最齐全、生产能力居全球首位的优势进一步夯实，做强做大先进的产业链供应链；必须把创新驱动战略的实施作为构建现代化经济体系的关键抓手，加强国家现代化创新体系建设，形成自主创新的强大动力机制，在关键核心技术上不断取得突破，推动科技创新与经济社会发展深度融合；必须在以国内大循环为主体、国内国际双循环的新发展格局构建中，进一步推进区域协调与城乡协调发展，调动各地各方面积极性，促进各地区在社会主义现代化强国建设中发挥好协同发展的更强合力，实现国家经济安全、社会富足、国力强盛。

"民主"，要求我们坚持党的领导、人民当家作主、依法治国有机统一。在中国特色社会主义现代化事业中，党的领导是实现依法治国和人民当家作主的最根本保证；人民当家作主，是坚持以人民为中心的发展理念，坚持中国共产党不忘初心、牢记使命的必然要求，必须在党的领导下充分发扬民主，健全人民代表大会制度，发挥人民政协参政议政作用，发挥中国特色智库作用，形成广泛深入群众调研、听取群众呼声和建议的长效机制；依法治国，首先是依宪治国，并构建起系统性、整体性、协同性的法治体系，确保国家长治久安，确保人民权益依法受到保障。要在国家治理体系和治理能力现代化建设中不断增强中国特色社会主义的制度建设，更好保障为了人民、依靠人民、造福人民的社会主义现代化强国的全面建成。

"文明"，要求我们增强文化自信，建设社会主义文化强国。我们要继承和弘扬世界上唯一能够绵延五千年历史的中华文明的优秀传统，继承发扬好近代以来在民族独立和人民解放事业中形成的革命文化，发展

---

① 《习近平谈治国理政》（第三卷），外文出版社，2020，第241页。

好社会主义先进文化，同时善于学习各国各民族的优秀文化，激发全民族文化创新创造活力。要提升全民族的文化和科学素质，建设教育强国，建设好学习型社会，让丰厚的中华文化底蕴与现代社会文明结合起来，充分增强文化自信，让中华民族以更强大的文明优势自立于世界民族之林。要向世界讲好中国故事、传播中国声音，提升中国的文化软实力和中华文明的影响力。要把社会主义核心价值观融入社会发展各方面，引导全体人民自觉践行，在社会主义现代化事业中凝心聚力，弘扬社会主义精神风貌，为建成社会主义现代化强国注入源源不断的精神力量，在国家富强的范畴中，注入文化强国的丰富内涵。

"和谐"，要求我们维护社会和谐稳定大局，建设具有稳固社会基础的现代化强国。中华民族具有深厚的凝聚力，在中国共产党领导下，这种凝聚力向心力得到空前加强，并在国际社会遇到的各种风险波折中，仍然保持社会运行的定力。在 2020 年面临新冠肺炎疫情时，在党中央的统一部署下，各级党组织发挥战斗堡垒作用，党和政府各基层组织在社会一线构筑起群防群治的抗疫阵线，为我国在较短时间里取得抗疫斗争的阶段性重大成果打下了扎实的社会基础。这在 14 亿人口的大国，无疑缔造了一个世界奇迹。这再一次证明了习近平总书记所揭示的我们党领导人民在新中国成立 70 年来创造的世界罕见的两大奇迹——"一是经济快速发展奇迹"，"二是社会长期稳定奇迹"[1]。我们在实现现代化的道路上奋进的时候，一定能够进一步保持和弘扬这两大奇迹，为国家各方面的现代化建设提供更加稳固、和谐稳定的社会支撑力量。

"美丽"，要求我们加快构建生态文明体系，全面推动绿色发展，建成现代化的美丽中国。习近平总书记专门结合党的十九大提出的我国现代化强国建设按"两阶段"予以实施的战略部署，阐明了相应的美丽中国建设的两阶段要求："要通过加快构建生态文明体系，使我国经济发展

---

① 《习近平谈治国理政》（第三卷），外文出版社，2020，第124页。

质量和效益显著提升，确保到 2035 年节约资源和保护环境的空间格局、产业结构、生产方式、生活方式总体形成，生态环境质量实现根本好转，生态环境领域国家治理体系和治理能力现代化基本实现，美丽中国目标基本实现。到本世纪中叶，建成富强民主文明和谐美丽的社会主义现代化强国，物质文明、政治文明、精神文明、社会文明、生态文明全面提升，绿色发展方式和生活方式全面形成，人与自然和谐共生，生态环境领域国家治理体系和治理能力现代化全面实现，建成美丽中国。"① 因此，美丽中国是人民对美好生活向往的重要内容，是中国特色现代化内涵的题中应有之义，必须把"实现经济社会发展和生态环境保护协调统一、人与自然和谐共处"② 的原则贯穿于推进现代化发展的各环节和全过程。

基于中国共产党的宗旨，基于马克思主义辩证唯物主义与历史唯物主义的方法论，我们在建设富强民主文明和谐美丽的社会主义现代化强国进程中，在实现国家治理体系和治理能力现代化的进程中，要始终坚持依靠人民、为了人民，把为国家谋富强、为民族谋复兴和为人民谋幸福作为不断增强执政能力的永恒使命。因此，从建成社会主义现代化强国的内涵看，富强是国家富强与人民富裕的统一，现代化强国建设的进程就是人民生活水平稳步提高、经济发展成果为民共享的进程；民主是党的领导、人民当家作主和依法治国的统一，现代化民主建设的进程就是不断发扬社会主义民主政治，察民情、聚民智和用法治保障人民权益的进程；文明是社会整体的历史文化与当今文明的凝聚和升华，现代化文明社会建设的进程就是广大人民群众包括文化修养和精神风貌在内的综合文明素质提升的进程；和谐是社会凝聚力的提升，现代化和谐社会建设的进程就是各民族各阶层人人齐心协力、团结奋斗的携手发展的进程；美丽是古人"天人合一"美好憧憬在当今时代的创新实践，现代化

---

① 《习近平谈治国理政》（第三卷），外文出版社，2020，第 366~367 页。
② 《习近平谈治国理政》（第三卷），外文出版社，2020，第 367 页。

美丽中国的建设进程，是人与自然和谐关系优化重构，并使我国的人民在美丽的生态环境中更加健康地实现自身发展的进程。

新中国建设 70 多年来，我们完成了全面小康社会建设，正从"两个一百年"历史交汇点上向社会主义现代化强国的目标进发。今日中国人均 GDP 已经达到世界银行所划定的上中等收入经济体标准偏上的水平；人均寿命在 70 年来翻了一番多，在"十四五"和以后的发展阶段中还将继续延长；基础教育高度普及，高等教育也自 2019 年起从大众化转而跨入普及化阶段，绝大部分适龄人口获得了接受高等教育的机会。在联合国计划开发署《人类发展指数》年度报告中，中国该指数已从 2010 年的 0.663 上升到 2020 年的 0.761，保持稳步上升态势，在国际分类排序中也从 2010 年的中等人类发展指数国家升入现在的高人类发展指数国家。实践表明：中国的发展就是中国人民的发展，中国的崛起就是中华民族的复兴。

今日中国，正开启全面建成社会主义现代化强国的新征程，但中国目前依然是发展中国家，人民日益增长的美好生活需要和不平衡不充分的发展之间的矛盾是我国当前时代的社会主要矛盾；而世界的发展潮流中也还存在暗流和逆流。因此，中国实现现代化的道路仍是不平坦的，仍然需要我们谦虚谨慎、戒骄戒躁，需要我们凝心聚力、砥砺奋进。实践是检验真理的唯一标准，实践的发展必将继续证明：在中国共产党领导下，在中国人民的团结奋斗中，中国的现代化必将与中国人民的发展融为一体，在全面建成社会主义现代化强国的伟大进程中，实现中华民族整体的伟大发展、伟大复兴！

参考文献

马克思：《资本论》，人民出版社，2004。

《马克思恩格斯选集》（第一卷、第二卷），人民出版社，2012。

《邓小平文选》（第二卷、第三卷），人民出版社，1993。

《胡锦涛文选》（第三卷），人民出版社，2016。

《习近平谈治国理政》，外文出版社，2014。

《习近平谈治国理政》（第二卷），外文出版社，2017。

《习近平谈治国理政》（第三卷），外文出版社，2020。

《习近平关于社会主义经济建设论述摘编》，中央文献出版社，2017。

习近平：《论中国共产党历史》，中央文献出版社，2021。

中共中央党史和文献研究院编《中华人民共和国大事记（1949 年 10 月—2019 年 9 月）》，《人民日报》2019 年 9 月 28 日。

《邓小平年谱（一九七五—— 一九九七）》（下），中央文献出版社，2004。

《十八大以来重要文献选编》（上册），中央文献出版社，2014。

《十八大以来重要文献选编》（中册），中央文献出版社，2016。

《十八大以来重要文献选编》（下册），中央文献出版社，2018。

《中共中央关于坚持和完善中国特色社会主义制度 推进国家治理体系和治理能力现代化若干重大问题的决定》（2019 年 10 月 31 日中国共产党第十九届中央委员会第四次全体会议通过），《人民日报》2019 年 11 月 6 日。

习近平：《在纪念孙中山先生诞辰 150 周年大会上的讲话》（2016 年 11 月 11 日），《人民日报》2016 年 11 月 12 日。

习近平：《在民营企业座谈会上的讲话》（2018 年 11 月 1 日），《人民日报》2018 年 11 月 2 日。

习近平：《在中央政治局常委会会议研究应对新型冠状病毒肺炎疫情工作时的讲话》（2020 年 2 月 3 日），《求是》2020 年第 4 期。

习近平：《在全国抗击新冠肺炎疫情表彰大会上的讲话》（2020 年 9 月 8 日），《人民日报》2020 年 9 月 9 日。

习近平：《在深圳经济特区建立 40 周年庆祝大会上的讲话》（2020 年 10 月 14 日），《人民日报》2020 年 10 月 15 日。

《中华人民共和国国民经济和社会发展第十四个五年规划和 2035 年远景目标纲要》，《人民日报》2021 年 3 月 13 日。

萧国亮、隋福民编著《中华人民共和国经济史（1949—2010）》，北京大学出版社，2011。

王辉耀主编《中国区域国际人才竞争力报告（2017）》，社会科学文献出版社，2017。

罗荣渠主编《从"西化"到现代化——五四以来有关中国的文化趋向和发展道路论争文选》，北京大学出版社，1990。

〔美〕L. S. 斯塔夫里阿诺斯（Leften Stavros Stavrianos）：《全球通史：从史前史到 21 世纪》（第 7 版），董书慧等译，北京大学出版社，2005。

〔美〕乔尔·科特金（Joel Kotkin）：《全球城市史》（修订版），王旭等译，社会科学文献出版社，2010。

后　记

　　本书是广州市社会科学界联合会、广州市社会科学规划领导小组办公室立项的2020年广州市哲学社会科学发展"十三五"规划重大委托课题（项目批准号/课题编号：2020GZWTZD01）的研究成果。

　　在本项目最终成果提交出版之际，特向立项委托方的全力指导和同系列课题各项目负责专家在共同切磋讨论中给予的启迪和帮助表达衷心的感谢，对在本书写作过程中给予关心、支持的亲密友人与同事表示深深的谢意，向本书书稿的评审专家和社会科学文献出版社在审稿和编辑、出版中付出辛勤劳动的编辑致以诚挚的敬意！

　　本课题立足中国改革开放、建设中国特色社会主义进入新时代的发展实际，在我国实现全面小康并开启全面建成社会主义现代化国家新征程的历史节点上，总结了改革开放以来特别是党的十八大以来中国经济发展的主要经验，聚焦我国经济发展的重大命题和主要方面，分析、总结和前瞻性地阐明了中国经济发展的内在规律与鲜明特色。全书以习近平新时代中国特色社会主义经济思想为指导，运用马克思主义辩证唯物主义和历史唯物主义的方法，以发展的视野，注重从理论脉络与实践的结合上开展学理性诠释。

期待本书能够给各界读者以有益的参考和启迪。

谨以此书致敬我们伟大的时代！

董小麟

2021 年 6 月，于广州

图书在版编目(CIP)数据

新时代经济发展论纲／董小麟著.--北京：社会
科学文献出版社，2022.4
（习近平新时代中国特色社会主义思想与实践研究丛
书）
ISBN 978-7-5228-0035-6

Ⅰ.①新…　Ⅱ.①董…　Ⅲ.①中国经济-经济发展-
研究　Ⅳ.①F124

中国版本图书馆 CIP 数据核字（2022）第 065848 号

习近平新时代中国特色社会主义思想与实践研究丛书
新时代经济发展论纲

著　　者／董小麟

出 版 人／王利民
责任编辑／周　琼
文稿编辑／程丽霞
责任印制／王京美

出　　版／社会科学文献出版社·政法传媒分社（010）59367156
　　　　　　地址：北京市北三环中路甲 29 号院华龙大厦　邮编：100029
　　　　　　网址：www.ssap.com.cn
发　　行／社会科学文献出版社（010）59367028
印　　装／天津千鹤文化传播有限公司

规　　格／开 本：787mm×1092mm　1/16
　　　　　　印 张：19　字 数：252 千字
版　　次／2022 年 4 月第 1 版　2022 年 4 月第 1 次印刷
书　　号／ISBN 978-7-5228-0035-6
定　　价／89.00 元

读者服务电话：4008918866